Problemas de gênero

Sujeito e História
Organização de Joel Birman

A coleção Sujeito e História tem caráter interdisciplinar. As obras nela incluídas estabelecem um diálogo vivo entre a psicanálise e as demais ciências humanas, buscando compreender o sujeito nas suas dimensões histórica, política e social.

Títulos publicados:

A crueldade melancólica, Jacques Hassoun
A psicanálise e o feminino, Regina Neri
Arquivos do mal-estar e da resistência, Joel Birman
Cadernos sobre o mal, Joel Birman
Cartão-postal, Jacques Derrida
Deleuze e a psicanálise, Monique David-Ménard
Foucault, Paul Veyne
Gramáticas do erotismo, Joel Birman
Lacan com Derrida, Rene Major
Lacan e Lévi-Strauss ou o retorno a Freud (1951-1957), Markos Zafiropoulos
Mal-estar na atualidade, Joel Birman
Metamorfoses entre o sexual e o social, Carlos Augusto Peixoto Jr.
O aberto, Giorgio Agamben
O desejo frio, Michel Tort
O olhar do poder, Maria Izabel O. Szpacenkopf
O sujeito na contemporaneidade, Joel Birman
Ousar rir, Daniel Kupermann
Problemas de gênero, Judith Butler
Rumo equivocado, Elisabeth Badinter

Judith Butler

Problemas de gênero
Feminismo e subversão da identidade

Tradução de
Renato Aguiar

Revisão técnica de
Joel Birman

27ª edição

CIVILIZAÇÃO BRASILEIRA

Rio de Janeiro
2024

Copyright © Routledge, Champman & Hall, Inc., 1990
Copyright da tradução © Civilização Brasileira, 2003
Edição em língua portuguesa publicada mediante acordo com Routledge, Inc.

Título original: *Gender Trouble — Feminism and the Subversion of Identity*

CIP-BRASIL. CATALOGAÇÃO NA FONTE
SINDICATO NACIONAL DOS EDITORES DE LIVROS, RJ

B992p
    Butler, Judith P.
       Problemas de gênero: feminismo e subversão da identidade/ 27ª ed. Judith Butler; tradução de Renato Aguiar. – 27ª ed. – Rio de Janeiro: Civilização Brasileira, 2024.
       – (Sujeito e História)

       ISBN 978-85-200-0611-5

       1. Feminismo. 2. Teoria feminista. 3. Papel sexual. 4. Sexo – Diferenças (Psicologia). 5. Identidade (Psicologia). I. Título. II. Título: Feminismo e subversão da identidade. III. Série.

02-2104
       CDD – 305.4
       CDU – 396

EDITORA AFILIADA

Todos os direitos reservados. É proibido reproduzir, armazenar ou transmitir partes deste livro, através de quaisquer meios, sem prévia autorização por escrito.

Texto revisado segundo o Novo Acordo Ortográfico da Língua Portuguesa.

Direitos exclusivos desta tradução adquiridos pela
EDITORA CIVILIZAÇÃO BRASILEIRA
Um selo da
EDITORA JOSÉ OLYMPIO LTDA.
Rua Argentina, 171 – Rio de Janeiro, RJ – 20921-380 –
Tel.: (21) 2585-2000

Seja um leitor preferencial Record.
Cadastre-se no site www.record.com.br e receba informações sobre nossos lançamentos e nossas promoções.

Atendimento e venda direta ao leitor:
sac@record.com.br

Impresso no Brasil
2024

Sumário

Prefácio   7

CAPÍTULO 1 Sujeitos do sexo/gênero/desejo   17
"Mulheres" como sujeito do feminismo   17
A ordem compulsória do sexo/gênero/desejo   25
Gênero: as ruínas circulares do debate contemporâneo   28
Teorizando o binário, o unitário e além   37
Identidade, sexo e a metafísica da substância   42
Linguagem, poder e estratégias de deslocamento   56

CAPÍTULO 2 Proibição, psicanálise e a produção
da matriz heterossexual   71
A permuta crítica do estruturalismo   77
Lacan, Riviere e as estratégias da mascarada   84
Freud e a melancolia do gênero   106
A complexidade do gênero e os limites da identificação   120
Reformulando a proibição como poder   129

CAPÍTULO 3 Atos corporais subversivos   141
A corpo-política de Julia Kristeva   141
Foucault, Herculine e a política da descontinuidade
sexual   165
Monique Wittig: desintegração corporal e sexo fictício   193
Inscrições corporais, subversões performativas   222

Conclusão   245

Notas   257
Índice   283

Prefácio

Os debates feministas contemporâneos sobre os significados do conceito de gênero levam repetidamente a uma certa sensação de problema, como se sua indeterminação pudesse culminar finalmente num fracasso do feminismo. Mas "problema" talvez não precise ter uma valência tão negativa. No discurso vigente na minha infância, criar problema era precisamente o que não se devia fazer, pois isso traria problemas para nós. A rebeldia e sua repressão pareciam ser apreendidas nos mesmos termos, fenômeno que deu lugar a meu primeiro discernimento crítico da artimanha sutil do poder: a lei dominante ameaçava com problemas, ameaçava até nos colocar em apuros, para evitar que tivéssemos problemas. Assim, concluí que problemas são inevitáveis e nossa incumbência é descobrir a melhor maneira de criá-los, a melhor maneira de tê-los. Com o passar do tempo, outras ambiguidades alcançaram o cenário crítico. Observei que os problemas algumas vezes exprimiam, de maneira eufemística, algum misterioso problema fundamental, geralmente relacionado ao pretenso mistério do feminino. Li Beauvoir, que explicava que ser mulher nos termos de uma cultura masculinista é ser uma fonte de mistério e de incognoscibilidade para os homens, o que pareceu confirmar-se de algum modo quando li Sartre, para quem todo desejo, problematicamente

PROBLEMAS DE GÊNERO

presumido como heterossexual e masculino, era definido como *problema*. Para esse sujeito masculino do desejo, o problema tornou-se escândalo com a intrusão repentina, a intervenção não antecipada, de um "objeto" feminino que devolvia inexplicavelmente o olhar, revertia a mirada, e contestava o lugar e a autoridade da posição masculina. A dependência radical do sujeito masculino diante do "Outro" feminino expôs repentinamente o caráter ilusório de sua autonomia. Contudo, essa reviravolta dialética do poder não pôde reter minha atenção — embora outras o tenham feito, seguramente. O poder parecia ser mais do que uma permuta entre sujeitos ou uma relação de inversão constante entre um sujeito e um Outro; na verdade, o poder parecia operar na própria produção dessa estrutura binária em que se pensa o conceito de gênero. Perguntei-me então: que configuração de poder constrói o sujeito e o Outro, essa relação binária entre "homens" e "mulheres", e a estabilidade interna desses termos? Que restrição estaria operando aqui? Seriam esses termos não problemáticos apenas na medida em que se conformam a uma matriz heterossexual de conceituação do gênero e do desejo? O que acontece ao sujeito e à estabilidade das categorias de gênero quando o regime epistemológico da presunção da heterossexualidade é desmascarado, explicitando-se como produtor e reificador dessas categorias ostensivamente ontológicas?

Mas como questionar um sistema epistemológico/ontológico? Qual a melhor maneira de problematizar as categorias de gênero que sustentam a hierarquia dos gêneros e a heterossexualidade compulsória? Considere o fardo dos "problemas de mulher", essa configuração histórica de uma indisposição feminina sem nome, que mal disfarça a noção de que ser mulher é uma indisposição natural.

PREFÁCIO

Por mais séria que seja a medicalização dos corpos das mulheres, o termo também é risível, e rir de categorias sérias é indispensável para o feminismo. Sem dúvida, o feminismo continua a exigir formas próprias de seriedade. *Problemas femininos* é também o título do filme de John Waters estrelado por Divine, que é herói/heroína de *Hairspray — Éramos todos jovens,* cuja personificação de mulheres sugere implicitamente que o gênero é uma espécie de imitação persistente, que passa como real. A performance dela/dele desestabiliza as próprias distinções entre natural e artificial, profundidade e superfície, interno e externo — por meio das quais operam quase sempre os discursos sobre gênero. Seria a *drag* uma imitação de gênero, ou dramatizaria os gestos significantes mediante os quais o gênero se estabelece? Ser mulher constituiria um "fato natural" ou uma performance cultural, ou seria a "naturalidade" constituída mediante atos performativos discursivamente compelidos, que produzem o corpo no interior das categorias de sexo e por meio delas? Contudo, as práticas de gênero de Divine nos limites das culturas gay e lésbica tematizam frequentemente "o natural" em contextos de paródia que destacam a construção performativa de um sexo original e verdadeiro. Que outras categorias fundacionais da identidade — identidade binária de sexo, gênero e corpo — podem ser apresentadas como produções a criar o efeito do natural, original e inevitável?

Explicar as categorias fundacionais de sexo, gênero e desejo como efeitos de uma formação específica de poder supõe uma forma de investigação crítica, a qual Foucault, reformulando Nietzsche, chamou de "genealogia". A crítica genealógica recusa-se a buscar as origens do gênero, a verdade íntima do desejo feminino, uma identidade sexual genuína ou autêntica que a repressão impede de ver; em vez disso, ela investiga as apostas políticas, designando como *origem* e *causa* categorias de identidade que, na verdade, são *efeitos* de instituições, práticas e discursos cujos pontos de origem são múltiplos e difusos. A tarefa dessa investigação é centrar-se — e descentrar-se — nessas instituições definidoras: o falocentrismo e a heterossexualidade compulsória.

A genealogia toma como foco o gênero e a análise relacional por este sugerida justamente porque o "feminino" já não parece mais uma noção estável, sendo o seu significado tão problemático e errático quanto o significado de "mulher", e também porque ambos os termos ganham esse significado problemático apenas como termos relacionais. Além disso, não é mais certo que a teoria feminista deva tentar resolver as questões da identidade primária para dar continuidade à tarefa política. Em vez disso, devemos nos perguntar: que possibilidades políticas são consequência de uma crítica radical das categorias de identidade? Que formas novas de política surgem quando a noção de identidade como base comum já não restringe o discurso sobre políticas feministas? E até que ponto o esforço para localizar uma identidade comum como fundamento para uma política feminista impede uma investigação radical sobre as construções e as normas políticas da própria identidade?

O presente texto se divide em três capítulos, que empreendem uma genealogia crítica das categorias de gênero em campos discursivos muito distintos. O capítulo 1, "Sujeitos do sexo/gênero/desejo", reconsidera o *status* da "mulher" como sujeito do feminismo e a distinção de sexo/gênero. A heterossexualidade compulsória e o falocentrismo são

PREFÁCIO

compreendidos como regimes de poder/discurso com maneiras frequentemente divergentes de responder às questões centrais do discurso do gênero: como a linguagem constrói as categorias de sexo? "O feminino" resiste à representação no âmbito da linguagem? A linguagem é compreendida como falocêntrica (a pergunta de Luce Irigaray)? Seria "o feminino" o único sexo representado numa linguagem que funde o feminino e o sexual (a afirmação de Monique Wittig)? Onde e como convergem heterossexualidade compulsória e falocentrismo? Onde estão os pontos de ruptura entre eles? Como a língua produz a construção fictícia de "sexo" que sustenta esses diversos regimes de poder? No âmbito linguageiro da heterossexualidade presumida, que tipos de continuidades se presume que existam entre sexo, gênero e desejo? Seriam esses termos distintos e separados? Quais práticas culturais produzem uma descontinuidade e uma dissonância subversivas entre sexo, gênero e desejo e questionam suas supostas relações?

O capítulo 2, "Proibição, psicanálise e a produção da matriz heterossexual", oferece uma leitura seletiva do estruturalismo, relatos psicanalíticos e feministas do tabu do incesto como mecanismo que tenta impor identidades de gênero distintas e internamente coerentes no âmbito de uma estrutura heterossexual. Em alguns discursos psicanalíticos, a questão da homossexualidade é invariavelmente associada a formas de ininteligibilidade cultural e, no caso do lesbianismo, à dessexualização do corpo feminino. Por outro lado, usa-se a teoria psicanalítica para explicar "identidades" de gênero complexas por meio de análises da identidade, da identificação e da mascarada, como em Joan Riviere e outros textos psicanalíticos. Uma vez o tabu do incesto submetido à crítica foucaultiana da hipótese

PROBLEMAS DE GÊNERO

repressiva, em *História da sexualidade*, revelou-se que essa estrutura proibitiva ou jurídica tanto instala a heterossexualidade compulsória no interior de uma economia sexual masculinista como possibilita um questionamento dessa economia. Seria a psicanálise uma investigação antifundamentalista a afirmar o tipo de complexidade sexual que desregula eficientemente códigos sexuais rígidos e hierárquicos, ou preservaria ela um conjunto de suposições não confessadas sobre os fundamentos da identidade, o qual funciona em favor dessas hierarquias?

O último capítulo, "Atos corporais subversivos", inicia-se com uma consideração crítica sobre a construção do corpo materno em Julia Kristeva, para mostrar as normas implícitas que governam a inteligibilidade cultural do sexo e da sexualidade no trabalho dela. Embora Foucault se empenhasse em apresentar uma crítica a Kristeva, um exame mais detido de alguns dos próprios trabalhos dele revela uma indiferença problemática em relação à diferença sexual. Contudo, a crítica foucaultiana da categoria de sexo fornece uma visão das práticas reguladoras de algumas ficções médicas contemporâneas, concebidas para designar um sexo unívoco. Tanto a teoria como a ficção de Monique Wittig propõem uma "desintegração" de corpos culturalmente constituídos, sugerindo que a própria morfologia seria consequência de um sistema conceitual hegemônico. A parte final do capítulo, "Inscrições corporais, subversões performativas", considera que a fronteira e a superfície dos corpos são politicamente construídas, inspirando-se no trabalho de Mary Douglas e de Julia Kristeva. Como estratégia para descaracterizar e dar novo significado às categorias corporais, descrevo e proponho uma série de práticas parodísticas baseadas numa teoria performativa

PREFÁCIO

de atos de gênero que rompem as categorias de corpo, sexo, gênero e sexualidade, ocasionando sua ressignificação subversiva e sua proliferação além da estrutura binária.

Parece que cada texto possui mais fontes do que pode reconstruir em seus próprios termos. Trata-se de fontes que definem e informam a linguagem do texto, de modo a exigir uma exegese abrangente do próprio texto para ser compreendido — é claro, não haveria garantias de que tal exegese pudesse acabar um dia. Embora eu tenha iniciado este prefácio com uma história de infância, trata-se de uma fábula irredutível aos fatos. Certamente, a proposta aqui é, de maneira geral, observar o modo como as fábulas de gênero estabelecem e fazem circular sua denominação errônea de fatos naturais. É claramente impossível recuperar as origens destes ensaios, localizar os várics momentos que viabilizaram este texto. Os textos estão reunidos para facilitar uma convergência política das perspectivas feministas, gays e lésbicas sobre o gênero com a da teoria pós-estruturalista. A filosofia é o mecanismo disciplinar predominante que mobiliza presentemente esta autora-sujeito, embora, de forma bastante rara, apareça dissociada de outros discursos. Esta investigação busca afirmar essas posições nos limites críticos da vida disciplinar. A questão não é permanecer marginal, mas participar de todas as redes de zonas marginais geradas a partir de outros centros disciplinares, que, juntas, constituam um deslocamento múltiplo dessas autoridades. A complexidade do conceito de gênero exige um conjunto interdisciplinar e pós-disciplinar de discursos, com vistas a resistir à domesticação acadêmica dos estudos sobre gênero ou dos estudos sobre as mulheres, e a radicalizar a noção de crítica feminista.

PROBLEMAS DE GÊNERO

Escrever estes textos foi possível graças a numerosas formas de apoio institucional e individual. O American Council of Learned Societies forneceu uma bolsa para o outono de 1987 (Recent Recipient of the Ph.D. Fellowship) e a School of Social Science do Institute for Advanced Study, em Princeton, proporcionou bolsa, alojamento e discussões estimulantes ao longo do ano acadêmico de 1987-1988. A George Washington University Faculty Research Grant também apoiou minha pesquisa durante os verões de 1987 e 1988. Joan W. Scott foi uma crítica inestimável e incisiva ao longo das várias etapas deste trabalho. Seu compromisso e sua disposição de repensar criticamente os pressupostos da política feminista me desafiaram e inspiraram. O Gender Seminar, realizado no Institute for Advanced Study sob a direção de Joan, ajudou-me a esclarecer e a elaborar meus pontos de vista, em virtude das divisões significativas e instigantes em nosso pensamento coletivo. Consequentemente, agradeço a Lila Abu-Lughod, Yasmine Ergas, Donna Haraway, Evelyn Fox Keller, Dorinne Kondo, Rayna Rapp, Carroll Smith-Rosemberg e Louise Tilly. Meus alunos no seminário Gender, Identity, and Desire, realizado na Wesleyan University e em Yale, em 1985 e 1986, respectivamente, foram indispensáveis por sua disposição de imaginar mundos com gêneros alternativos. Também apreciei muito a variedade de respostas críticas que recebi do Princeton Women's Studies Colloquium, do Humanities Center da Johns Hopkins University, da University of Notre Dame, da University of Kansas, da Amherst College e da Yale University School of Medicine, quando da apresentação de partes do presente trabalho. Meus agradecimentos igualmente a Linda Singer, cujo radicalismo persistente foi inestimável, a Sandra Bartky,

PREFÁCIO

por seu trabalho e suas oportunas palavras de estímulo, a Linda Nicholson, por seu conselho editorial e crítico, e a Linda Anderson, por suas agudas intuições políticas. E também agradeço às seguintes pessoas, amigos e colegas, que deram forma a meu pensamento e o apoiaram: Eloise Moore Agger, Inés Azar, Peter Caws, Nancy F. Cott, Kathy Natanson, Lois Natanson, Maurice Natanson, Stacy Pies, Josh Shapiro, Margaret Soltan, Robert V. Stone, Richard Vann e Eszti Votaw. Agradeço a Sandra Schmidt por seu excelente trabalho de ajuda na preparação do manuscrito, e a Meg Gilbert por sua assistência. Também agradeço a Maureen MacGrogan, por encorajar este projeto e outros com humor, paciência e excelente orientação editorial.

Como sempre, agradeço a Wendy Owen por sua imaginação implacável, sua crítica aguçada e pela provocação de seu trabalho.

CAPÍTULO 1 Sujeitos do sexo/gênero/desejo

Ninguém nasce mulher: torna-se mulher.

Simone de Beauvoir

Estritamente falando, não se pode dizer que existam "mulheres".

Julia Kristeva

Mulher não tem sexo.

Luce Irigaray

A manifestação da sexualidade [...] estabeleceu esta noção de sexo.

Michel Foucault

A categoria do sexo é a categoria política que funda a sociedade heterossexual.

Monique Wittig

"Mulheres" como sujeito do feminismo

Em sua essência, a teoria feminista tem presumido que existe uma identidade definida, compreendida pela categoria de mulheres, que não só deflagra os interesses e objetivos feministas no interior de seu próprio discurso, mas constitui o sujeito mesmo em nome de quem a representação política

PROBLEMAS DE GÊNERO

é almejada. Mas *política* e *representação* são termos polêmicos. Por um lado, a *representação* serve como termo operacional no seio de um processo político que busca estender visibilidade e legitimidade às mulheres como sujeitos políticos; por outro lado, a representação é a função normativa de uma linguagem que revelaria ou distorceria o que é tido como verdadeiro sobre a categoria das mulheres. Para a teoria feminista, o desenvolvimento de uma linguagem capaz de representá-las completa ou adequadamente pareceu necessário, a fim de promover a visibilidade política das mulheres. Isso parecia obviamente importante, considerando a condição cultural difusa na qual a vida das mulheres era mal representada ou simplesmente não representada.

Recentemente, essa concepção dominante da relação entre teoria feminista e política passou a ser questionada a partir do interior do discurso feminista. O próprio sujeito das mulheres não é mais compreendido em termos estáveis ou permanentes. É significativa a quantidade de material ensaístico que não só questiona a viabilidade do "sujeito" como candidato último à representação, ou mesmo à libertação, como indica que é muito pequena, afinal, a concordância quanto ao que constitui, ou deveria constituir, a categoria das mulheres. Os domínios da "representação" política e linguística estabeleceram *a priori* o critério segundo o qual os próprios sujeitos são formados, com o resultado de a representação só se estender ao que pode ser reconhecido como sujeito. Em outras palavras, as qualificações do ser sujeito têm que ser atendidas para que a representação possa ser expandida.

Foucault observa que os sistemas jurídicos de poder *produzem* os sujeitos que subsequentemente passam a representar.[1] As noções jurídicas de poder parecem regular a vida política em termos puramente negativos — isto é, por meio

18

SUJEITOS DO SEXO/GÊNERO/DESEJO

da limitação, proibição, regulamentação, controle e mesmo "proteção" dos indivíduos relacionados àquela estrutura política, mediante uma ação contingente e retratável de escolha. Porém, em virtude de a elas estarem condicionados, os sujeitos regulados por tais estruturas são formados, definidos e reproduzidos de acordo com as exigências delas. Se esta análise é correta, a formação jurídica da linguagem e da política que representa as mulheres como "o sujeito" do feminismo é em si mesma uma formação discursiva e efeito de uma dada versão da política representacional. Assim, o sujeito feminista se revela discursivamente constituído, e pelo próprio sistema político que supostamente deveria facilitar sua emancipação, o que se tornaria politicamente problemático, se fosse possível demonstrar que esse sistema produz sujeitos com traços de gênero determinados em conformidade com um eixo diferencial de dominação, ou os produz presumivelmente masculinos. Em tais casos, um apelo acrítico a esse sistema em nome da emancipação das "mulheres" estaria inelutavelmente fadado ao fracasso.

"O sujeito" é uma questão crucial para a política, e particularmente para a política feminista, pois os sujeitos jurídicos são invariavelmente produzidos por via de práticas de exclusão que não "aparecem", uma vez estabelecida a estrutura jurídica da política. Em outras palavras, a construção política do sujeito procede vinculada a certos objetivos de legitimação e de exclusão, e essas operações políticas são efetivamente ocultas e naturalizadas por uma análise política que toma as estruturas jurídicas como seu fundamento. O poder jurídico "produz" inevitavelmente o que alega meramente representar; consequentemente, a política tem de se preocupar com essa função dual do poder: jurídica e produtiva. Com efeito, a lei produz e

19

PROBLEMAS DE GÊNERO

depois oculta a noção de "sujeito perante a lei",[2] de modo a invocar essa formação discursiva como premissa básica natural que legitima, subsequentemente, a própria hegemonia reguladora da lei. Não basta inquirir como as mulheres podem se fazer representar mais plenamente na linguagem e na política. A crítica feminista também deve compreender como a categoria das "mulheres", o sujeito do feminismo, é produzida e reprimida pelas mesmas estruturas de poder por intermédio das quais se busca a emancipação.

Certamente, a questão das mulheres como sujeito do feminismo suscita a possibilidade de não haver um sujeito que se situe "perante" a lei, à espera de representação na lei ou pela lei. Talvez o sujeito, bem como a evocação de um "antes" temporal, sejam constituídos pela lei como fundamento fictício de sua própria reivindicação de legitimidade. A hipótese prevalecente da integridade ontológica do sujeito perante a lei pode ser vista como o vestígio contemporâneo da hipótese do estado natural, essa fábula fundante que é constitutiva das estruturas jurídicas do liberalismo clássico. A invocação performativa de um "antes" não histórico torna-se a premissa básica a garantir uma ontologia pré-social de pessoas que consentem livremente em ser governadas, constituindo assim a legitimidade do contrato social.

Contudo, além das ficções "fundacionistas" que sustentam a noção de sujeito, há o problema político que o feminismo encontra na suposição de que o termo *mulheres* denote uma identidade comum. Ao invés de um significante estável a comandar o consentimento daquelas a quem pretende descrever e representar, *mulheres* — mesmo no plural — tornou-se um termo problemático, um ponto de contestação, uma causa de ansiedade. Como sugere o título de Denise Riley, *Am I That Name?* [Sou eu este nome?],

SUJEITOS DO SEXO/GÊNERO/DESEJO

trata-se de uma pergunta gerada pela possibilidade mesma dos múltiplos significados do nome.[3] Se alguém "é" uma mulher, isso certamente não é tudo o que esse alguém é; o termo não logra ser exaustivo, não porque os traços predefinidos de gênero da "pessoa" transcendam a parafernália específica de seu gênero, mas porque o gênero nem sempre se constituiu de maneira coerente ou consistente nos diferentes contextos históricos, e porque o gênero estabelece interseções com modalidades raciais, classistas, étnicas, sexuais e regionais de identidades discursivamente constituídas. Resulta que se tornou impossível separar a noção de "gênero" das interseções políticas e culturais em que invariavelmente ela é produzida e mantida.

A presunção política de ter de haver uma base universal para o feminismo, a ser encontrada numa identidade supostamente existente em diferentes culturas, acompanha frequentemente a ideia de que a opressão das mulheres possui uma forma singular, discernível na estrutura universal ou hegemônica da dominação patriarcal ou masculina. A noção de um patriarcado universal tem sido amplamente criticada em anos recentes, por seu fracasso em explicar os mecanismos da opressão de gênero nos contextos culturais concretos em que ela existe. Exatamente onde esses vários contextos foram consultados por essas teorias, eles o foram para encontrar "exemplos" ou "ilustrações" de um princípio universal pressuposto desde o ponto de partida. Esta forma de teorização feminista foi criticada por seus esforços de colonizar e se apropriar de culturas não ocidentais, instrumentalizando-as para confirmar noções marcadamente ocidentais de opressão, e também por tender a construir um "Terceiro Mundo" ou mesmo um "Oriente" em que a opressão de gênero é sutilmente explicada como sintomática de um barbarismo intrínseco e não ocidental. A urgência do feminismo no sentido de conferir um *status* universal ao patriarcado, com vistas a fortalecer aparência de representatividade das reivindicações do feminismo, motivou ocasionalmente um atalho na direção de uma universalidade categórica ou fictícia da estrutura de dominação, tida como responsável pela produção da experiência comum de subjugação das mulheres. Embora afirmar a existência de um patriarcado universal não tenha mais a credibilidade ostentada no passado, a noção de uma concepção genericamente compartilhada das "mulheres", corolário dessa perspectiva, tem se mostrado muito mais difícil de superar. É verdade, houve muitos debates: existiriam traços comuns entre as "mulheres", preexistentes à sua opressão, ou estariam as "mulheres" ligadas em virtude somente de sua opressão? Há uma especificidade das culturas das mulheres, independente de sua subordinação pelas culturas masculinistas hegemônicas? Caracterizam-se sempre a especificidade e a integridade das práticas culturais ou linguísticas das mulheres por oposição e, portanto, nos termos de alguma outra formação cultural dominante? Existe uma região do "especificamente feminino", diferenciada do masculino como tal e reconhecível em sua diferença por uma universalidade indistinta e consequentemente presumida das "mulheres"? A noção binária de masculino/feminino constitui não só a estrutura exclusiva em que essa especificidade pode ser reconhecida, mas de todo modo a "especificidade" do feminino é mais uma vez totalmente descontextualizada, analítica e politicamente separada da constituição de classe, raça, etnia e outros eixos de relações de poder, os quais tanto constituem a "identidade" como tornam equívoca a noção singular de identidade.[4]

SUJEITOS DO SEXO/GÊNERO/DESEJO

É minha sugestão que as supostas universalidade e unidade do sujeito do feminismo são de fato minadas pelas restrições do discurso representacional em que funcionam. Com efeito, a insistência prematura num sujeito estável do feminismo, compreendido como uma categoria una das mulheres, gera, inevitavelmente, múltiplas recusas a aceitar essa categoria. Esses domínios de exclusão revelam as consequências coercitivas e reguladoras dessa construção, mesmo quando a construção é elaborada com propósitos emancipatórios. Não há dúvida, a fragmentação no interior do feminismo e a oposição paradoxal ao feminismo — por parte de "mulheres" que o feminismo afirma representar — sugerem os limites necessários da política da identidade. A sugestão de que o feminismo pode buscar representação mais ampla para um sujeito que ele próprio constrói gera a consequência irônica de que os objetivos feministas correm o risco de fracassar, justamente em função de sua recusa a levar em conta os poderes constitutivos de suas próprias reivindicações representacionais. Fazer apelos à categoria das mulheres, em nome de propósitos meramente "estratégicos", não resolve nada, pois as estratégias sempre têm significados que extrapolam os propósitos a que se destinam. Nesse caso, a própria exclusão pode restringir como tal um significado inintencional, mas que tem consequências. Por sua conformação às exigências da política representacional de que o feminismo articule um sujeito estável, o feminismo abre assim a guarda a acusações de deturpação cabal da representação.

Obviamente, a tarefa política não é recusar a política representacional — como se pudéssemos fazê-lo. As estruturas jurídicas da linguagem e da política constituem o campo contemporâneo do poder; consequentemente, não há posição fora desse campo, mas somente uma genealogia

PROBLEMAS DE GÊNERO

crítica de suas próprias práticas de legitimação. Assim, o ponto de partida crítico é o *presente histórico*, como definiu Marx. E a tarefa é justamente formular, no interior dessa estrutura constituída, uma crítica às categorias de identidade que as estruturas jurídicas contemporâneas engendram, naturalizam e imobilizam.

Talvez exista, na presente conjuntura político-cultural, período que alguns chamariam de "pós-feminista", uma oportunidade de refletir a partir de uma perspectiva feminista sobre a exigência de se construir um sujeito do feminismo. Parece necessário repensar radicalmente as construções ontológicas de identidade na prática política feminista, de modo a formular uma política representacional capaz de renovar o feminismo em outros termos. Por outro lado, é tempo de empreender uma crítica radical, que busque libertar a teoria feminista da necessidade de construir uma base única e permanente, invariavelmente contestada pelas posições de identidade ou anti-identidade que o feminismo invariavelmente exclui. Será que as práticas excludentes que baseiam a teoria feminista numa noção das "mulheres" como sujeito solapam, paradoxalmente, os objetivos feministas de ampliar suas reivindicações de "representação"?[5]

Pode ser que o problema seja ainda mais sério. Seria a construção da categoria das mulheres como sujeito coerente e estável uma regulação e reificação inconsciente das relações de gênero? E não seria essa reificação precisamente o contrário dos objetivos feministas? Em que medida a categoria das mulheres só alcança estabilidade e coerência no contexto da matriz heterossexual?[6] Se a noção estável de gênero dá mostras de não mais servir como premissa básica da política feminista, talvez um novo tipo de política feminista seja agora desejável para contestar as próprias reificações do gênero

SUJEITOS DO SEXO/GÊNERO/DESEJO

e da identidade — isto é, uma política feminista que tome a construção variável da identidade como um pré-requisito metodológico e normativo, senão como um objetivo político. Determinar as operações políticas que produzem e ocultam o que se qualifica como sujeito jurídico do feminismo é precisamente a tarefa da *genealogia feminista* da categoria das mulheres. No decurso desse esforço de questionar a noção de "mulheres" como sujeito do feminismo, a invocação não problematizada dessa categoria pode *impedir* a possibilidade do feminismo como política representacional. Qual o sentido de estender a representação a sujeitos cuja constituição se dá mediante a exclusão daqueles que não se conformam às exigências normativas não explicitadas do sujeito? Que relações de dominação e exclusão se afirmam não intencionalmente quando a representação se torna o único foco da política? A identidade do sujeito feminista não deve ser o fundamento da política feminista, pois a formação do sujeito ocorre no interior de um campo de poder sistematicamente encoberto pela afirmação desse fundamento. Talvez, paradoxalmente, a ideia de "representação" só venha realmente a fazer sentido para o feminismo quando o sujeito "mulheres" não for presumido em parte alguma.

A ordem compulsória do sexo/gênero/desejo

Embora a unidade não problematizada da noção de "mulheres" seja frequentemente invocada para construir uma solidariedade da identidade, uma divisão se introduz no sujeito feminista por meio da distinção entre sexo e gênero. Concebida originalmente para questionar a formulação de que a biologia é o destino, a distinção entre sexo e gênero atende à tese de que, por mais que o sexo pareça intratável em termos biológicos, o gênero é culturalmente construído: consequentemente, não é nem o resultado causal do sexo nem tampouco tão aparentemente fixo quanto o sexo. Assim, a unidade do sujeito já é potencialmente contestada pela distinção que abre espaço ao gênero como interpretação múltipla do sexo.[7]

Se o gênero são os significados culturais assumidos pelo corpo sexuado, não se pode dizer que ele decorra de um sexo desta ou daquela maneira. Levada a seu limite lógico, a distinção sexo/gênero sugere uma descontinuidade radical entre corpos sexuados e gêneros culturalmente construídos. Supondo por um momento a estabilidade do sexo binário, não decorre daí que a construção de "homens" se aplique exclusivamente a corpos masculinos, ou que o termo "mulheres" interprete somente corpos femininos. Além disso, mesmo que os sexos pareçam não problematicamente binários em sua morfologia e constituição (ao que será questionado), não há razão para supor que os gêneros também devam permanecer em número de dois.[8] A hipótese de um sistema binário dos gêneros encerra implicitamente a crença numa relação mimética entre gênero e sexo, na qual o gênero reflete o sexo ou é por ele restrito. Quando o *status* construído do gênero é teorizado como radicalmente independente do sexo, o próprio gênero se torna um artifício flutuante, com a consequência de que *homem* e *masculino* podem, com igual facilidade, significar tanto um corpo feminino como um masculino, e *mulher* e *feminino*, tanto um corpo masculino como um feminino.

Essa cisão radical do sujeito tomado em seu gênero levanta outro conjunto de problemas. Podemos referir-nos a um "dado" sexo ou um "dado" gênero, sem primeiro investigar

SUJEITOS DO SEXO/GÊNERO/DESEJO

como são dados o sexo e/ou o gênero e por que meios? E o que é, afinal, o "sexo"? É ele natural, anatômico, cromossômico ou hormonal, e como deve a crítica feminista avaliar os discursos científicos que alegam estabelecer tais "fatos" para nós?[9] Teria o sexo uma história?[10] Possuiria cada sexo uma história ou histórias diferentes? Haveria uma história de como se estabeleceu a dualidade do sexo, uma genealogia capaz de expor as opções binárias como uma construção variável? Seriam os fatos ostensivamente naturais do sexo produzidos discursivamente por vários discursos científicos a serviço de outros interesses políticos e sociais? Se o caráter imutável do sexo é contestável, talvez o próprio construto chamado "sexo" seja tão culturalmente construído quanto o gênero; a rigor, talvez o sexo sempre tenha sido o gênero, de tal forma que a distinção entre sexo e gênero revela-se absolutamente nula.[11]

Se o sexo é, ele próprio, uma categoria tomada em seu gênero, não faz sentido definir o gênero como a interpretação cultural do sexo. O gênero não deve ser meramente concebido como a inscrição cultural de significado num sexo previamente dado (uma concepção jurídica); tem de designar também o aparato mesmo de produção mediante o qual os próprios sexos são estabelecidos. Resulta daí que o gênero não está para a cultura como o sexo para a natureza; ele também é o meio discursivo/cultural pelo qual "a natureza sexuada" ou "um sexo natural" é produzido e estabelecido como "pré-discursivo", anterior à cultura, uma superfície politicamente neutra *sobre a qual* age a cultura. Essa concepção do "sexo" como radicalmente não construído será novamente objeto de nosso interesse na discussão sobre Lévi-Strauss e o estruturalismo, no capítulo 2. Na conjuntura atual, já está claro que colocar a

PROBLEMAS DE GÊNERO

dualidade do sexo num domínio pré-discursivo é uma das maneiras pelas quais a estabilidade interna e a estrutura binária do sexo são eficazmente asseguradas. Essa produção do sexo *como* pré-discursivo deve ser compreendida como efeito do aparato de construção cultural que designamos por *gênero*. Assim, como deve a noção de gênero ser reformulada, para abranger as relações de poder que produzem o efeito de um sexo pré-discursivo e ocultam, desse modo, a própria operação da produção discursiva?

Gênero: as ruínas circulares do debate contemporâneo

Haverá "um" gênero que as pessoas *possuem,* conforme se diz, ou é o gênero um atributo essencial do que se diz que a pessoa *é,* como implica a pergunta "Qual é o seu gênero?" Quando teóricas feministas afirmam que o gênero é uma interpretação cultural do sexo, ou que o gênero é construído culturalmente, qual é o modo ou mecanismo dessa construção? Se o gênero é construído, poderia sê-lo diferentemente, ou sua característica de construção implica alguma forma de determinismo social que exclui a possibilidade de agência ou transformação? Porventura a noção de "construção" sugere que certas leis geram diferenças de gênero em conformidade com eixos universais da diferença sexual? Como e onde ocorre a construção do gênero? Que juízo podemos fazer de uma construção que não pode presumir um construtor humano anterior a ela mesma? Em algumas explicações, a ideia de que o gênero é construído sugere certo determinismo de significados do gênero, inscritos em corpos anatomicamente diferenciados, sendo esses corpos compreendidos como recipientes passivos de uma lei cultural inexorável. Quando a

SUJEITOS DO SEXO/GÊNERO/DESEJO

"cultura" relevante que "constrói" o gênero é compreendida nos termos dessa lei ou conjunto de leis, tem-se a impressão de que o gênero é tão determinado e tão fixo quanto na formulação de que a biologia é o destino. Nesse caso, não a biologia, mas a cultura se torna o destino.

Por outro lado, Simone de Beauvoir sugere, em *O segundo sexo*, que "Ninguém nasce mulher: torna-se mulher".[12] Para Beauvoir, o gênero é "construído", mas há um agente implicado em sua formulação, um *cogito* que de algum modo assume ou se apropria desse gênero, podendo, em princípio, assumir algum outro. É o gênero tão variável e volitivo quanto parece sugerir a explicação de Beauvoir? Pode, nesse caso, a noção de "construção" reduzir-se a uma forma de escolha? Beauvoir diz claramente que alguém "se torna" mulher, mas sempre sob uma compulsão cultural a fazê-lo. E tal compulsão claramente não vem do "sexo". Não há nada em sua explicação que garanta que o "ser" que se torna mulher seja necessariamente fêmea. Se, como afirma ela, "o corpo é uma situação",[13] não há como recorrer a um corpo que já não tenha sido sempre interpretado por meio de significados culturais; consequentemente, o sexo não poderia qualificar-se como uma facticidade anatômica pré-discursiva. Sem dúvida, será sempre apresentado, por definição, como tendo sido gênero desde o começo.[14]

A controvérsia sobre o significado de *construção* parece basear-se na polaridade filosófica convencional entre livre-arbítrio e determinismo. Em consequência, seria razoável suspeitar que algumas restrições linguísticas comuns ao pensamento tanto formam como limitam os termos do debate. Nos limites desses termos, "o corpo" aparece como um meio passivo sobre o qual se inscrevem significados culturais, ou então como o instrumento pelo

PROBLEMAS DE GÊNERO

qual uma vontade de apropriação ou interpretação determina o significado cultural por si mesma. Em ambos os casos, o corpo é representado como um mero *instrumento* ou *meio* com o qual um conjunto de significados culturais é apenas externamente relacionado. Mas o "corpo" é em si mesmo uma construção, assim como o é a miríade de "corpos" que constitui o domínio dos sujeitos com marcas de gênero. Não se pode dizer que os corpos tenham uma existência significável anterior à marca do seu gênero; e emerge então a questão: em que medida pode o corpo *vir a existir* na(s) marca(s) do gênero e por meio delas? Como conceber novamente o corpo, não mais como um meio ou instrumento passivo à espera da capacidade vivificadora de uma vontade caracteristicamente imaterial?[15]

Se o gênero ou o sexo são fixos ou livres, é função de um discurso que, como se irá sugerir, busca estabelecer certos limites à análise ou salvaguardar certos dogmas do humanismo como um pressuposto de qualquer análise do gênero. O *locus* de intratabilidade, tanto na noção de "sexo" como na de "gênero", bem como no próprio significado da noção de "construção", fornece indicações sobre as possibilidades culturais que podem e não podem ser mobilizadas por meio de quaisquer análises posteriores. Os limites da análise discursiva do gênero pressupõem e definem por antecipação as possibilidades das configurações imagináveis e realizáveis do gênero na cultura. Isso não quer dizer que toda e qualquer possibilidade de gênero seja facultada, mas que as fronteiras analíticas sugerem os limites de uma experiência discursivamente condicionada. Tais limites se estabelecem sempre nos termos de um discurso cultural hegemônico, baseado em estruturas binárias que se apresentam como a linguagem da racionalidade

SUJEITOS DO SEXO/GÊNERO/DESEJO

universal. Assim, a coerção é introduzida naquilo que a linguagem constitui como o domínio imaginável do gênero.

Embora os cientistas sociais se refiram ao gênero como um "fator" ou "dimensão" da análise, ele também é aplicado a pessoas reais como uma "marca" de diferença biológica, linguística e/ou cultural. Nestes últimos casos, o gênero pode ser compreendido como um significado assumido por um corpo (já) diferenciado sexualmente; contudo, mesmo assim esse significado só existe *em relação* a outro significado oposto. Algumas teóricas feministas afirmam ser o gênero "uma relação", aliás um conjunto de relações, e não um atributo individual. Outras, na senda de Beauvoir, argumentam que somente o gênero feminino é marcado, que a pessoa universal e o gênero masculino se fundem em um só gênero, definindo com isso as mulheres nos termos do sexo deles e enaltecendo os homens como portadores de uma pessoalidade universal que transcende o corpo.

Num movimento que complica ainda mais a discussão, Luce Irigaray argumenta que as mulheres constituem um paradoxo, se não uma contradição, no seio do próprio discurso da identidade. As mulheres são o "sexo" que não é "uno". Numa linguagem difusamente masculinista, uma linguagem falocêntrica, as mulheres constituem o *irrepresentável*. Em outras palavras, as mulheres representam o sexo que não pode ser pensado, uma ausência e opacidade linguísticas. Numa linguagem que repousa na significação unívoca, o sexo feminino constitui aquilo que não se pode restringir nem designar. Nesse sentido, as mulheres são o sexo que não é "uno", mas múltiplo.[16] Em oposição a Beauvoir, para quem as mulheres são designadas como o Outro, Irigaray argumenta que tanto o sujeito como o

PROBLEMAS DE GÊNERO

Outro são os esteios de uma economia significante falocêntrica e fechada, que atinge seu objetivo totalizante por via da completa exclusão do feminino. Para Beauvoir, as mulheres são o negativo dos homens, a falta em confronto com a qual a identidade masculina se diferencia; para Irigaray, essa dialética particular constitui um sistema que exclui uma economia significante inteiramente diferente. Não só as mulheres são falsamente representadas na perspectiva sartriana do sujeito-significador e do Outro-significado, como a falsidade da significação salienta a inadequação de toda a estrutura da representação. Assim, o sexo que não é uno propicia um ponto de partida para a crítica das representações ocidentais hegemônicas e da metafísica da substância que estrutura a própria noção de sujeito.

O que é a metafísica da substância, e como ela informa o pensamento sobre as categorias de sexo? Em primeiro lugar, as concepções humanistas do sujeito tendem a presumir uma pessoa substantiva, portadora de vários atributos essenciais e não essenciais. A posição feminista humanista compreenderia o gênero como um *atributo* da pessoa, caracterizada essencialmente como uma substância ou um "núcleo" de gênero preestabelecido, denominado pessoa, que denota uma capacidade universal de razão, moral, deliberação moral ou linguagem. Como ponto de partida de uma teoria social do gênero, entretanto, a concepção universal da pessoa é deslocada pelas posições históricas ou antropológicas que compreendem o gênero como uma *relação* entre sujeitos socialmente constituídos, em contextos especificáveis. Este ponto de vista relacional ou contextual sugere que o que a pessoa "é" — e a rigor, o que o gênero "é" — refere-se sempre às relações construídas em que ela é determinada.[17] Como fenômeno inconstante e

32

contextual, o gênero não denota um ser substantivo, mas um ponto relativo de convergência entre conjuntos específicos de relações, cultural e historicamente convergentes.

Irigaray afirmaria, no entanto, que o "sexo" feminino é um ponto de *ausência* linguística, a impossibilidade de uma substância gramaticalmente denotada e, consequentemente, o ponto de vista que expõe essa substância como uma ilusão permanente e fundante de um discurso masculinista. Essa ausência não é marcada como tal na economia significante masculinista — afirmação que se contrapõe ao argumento de Beauvoir (e de Wittig) de que o sexo feminino é marcado, ao passo que o masculino não o é. Para Irigaray, o sexo feminino não é uma "falta" ou um "Outro" que define o sujeito negativa e imanentemente em sua masculinidade. Ao contrário, o sexo feminino se furta às próprias exigências da representação, pois ela não é nem o "Outro" nem a "falta", categorias que permanecem relativas no sujeito sartriano, imanentes a esse esquema falocêntrico. Assim, para Irigaray, o feminino jamais poderia ser a *marca de um sujeito,* como sugeriria Beauvoir. Além disso, o feminino não poderia ser teorizado em termos de uma *relação* determinada entre o masculino e o feminino em qualquer discurso dado, pois a noção de discurso não é relevante aqui. Mesmo tomados em sua variedade, os discursos constituem modalidades da linguagem falocêntrica. O sexo feminino é, portanto, também o *sujeito* que não é uno. A relação entre masculino e feminino não pode ser representada numa economia significante em que o masculino constitua o círculo fechado do significante e do significado. Paradoxalmente, Beauvoir prefigurou essa impossibilidade em *O segundo sexo,* ao argumentar que os homens não podiam resolver a questão das mulheres porque, nesse caso, estariam agindo como juízes e como partes interessadas.[18]

As distinções existentes entre as posições acima mencionadas estão longe de ser nítidas, podendo cada uma delas ser compreendida como a problematização da localização e do significado do "sujeito" e do "gênero" no contexto de uma assimetria de gênero socialmente instituída. As possibilidades interpretativas do conceito de gênero não se exaurem absolutamente nas alternativas acima sugeridas. A circularidade problemática da investigação feminista sobre o gênero é sublinhada pela presença, por um lado, de posições que pressupõem ser o gênero uma característica secundária das pessoas, e por outro, de posições que argumentam ser a própria noção de pessoa, posicionada na linguagem como "sujeito", uma construção masculinista e uma prerrogativa que exclui efetivamente a possibilidade semântica e estrutural de um gênero feminino. Essas discordâncias tão agudas sobre o significado do gênero (se *gênero* é de fato o termo a ser discutido, ou se a construção discursiva do *sexo* é mais fundamental, ou talvez a noção de *mulheres* ou *mulher e/* ou de *homens* ou *homem)* estabelecem a necessidade de repensar radicalmente as categorias da identidade no contexto das relações de uma assimetria radical do gênero.

Para Beauvoir, o "sujeito", na analítica existencial da misoginia, é sempre já masculino, fundido com o universal, diferenciando-se de um "Outro" feminino que está fora das normas universalizantes que constituem a condição de pessoa, inexoravelmente "particular", corporificado e condenado à imanência. Embora se veja frequentemente em Beauvoir uma defensora do direito de as mulheres se tornarem de fato sujeitos existenciais e, portanto, de serem incluídas nos termos de uma universalidade abstrata, sua posição também implica uma crítica fundamental à própria descorporificação do sujeito epistemológico masculino abstrato.[19] Esse sujeito é abstrato na medida em que repudia sua cor-

SUJEITOS DO SEXO/GÊNERO/DESEJO

porificação socialmente marcada e em que, além disso, projeta essa corporificação renegada e desacreditada na esfera feminina, renomeando efetivamente o corpo como feminino. Essa associação do corpo com o feminino funciona por relações mágicas de reciprocidade, mediante as quais o sexo feminino se torna restrito a seu corpo, e o corpo masculino, plenamente renegado, torna-se, paradoxalmente, o instrumento incorpóreo de uma liberdade ostensivamente radical. A análise de Beauvoir levanta implicitamente a questão: mediante que ato de negação e renegação posa o masculino como uma universalidade descorporificada e é o feminino construído como uma corporalidade renegada? A dialética do senhor e do escravo, aqui plenamente reformulada nos termos não recíprocos da assimetria do gênero, prefigura o que Irigaray descreveria mais tarde como a economia significante masculina, a qual inclui tanto o sujeito existencial como o seu Outro.

Beauvoir propõe que o corpo feminino deve ser a situação e o instrumento da liberdade da mulher, e não uma essência definidora e limitadora.[20] A teoria da corporificação que impregna a análise de Beauvoir é claramente limitada pela reprodução acrítica da distinção cartesiana entre liberdade e corpo. Apesar de meus próprios esforços anteriores de argumentar o contrário, fica claro que Beauvoir mantém o dualismo mente/corpo, mesmo quando propõe uma síntese desses termos.[21] A preservação dessa distinção pode ser lida como sintomática do próprio falocentrismo que Beauvoir subestima. Na tradição filosófica que se inicia em Platão e continua em Descartes, Husserl e Sartre, a distinção ontológica entre corpo e alma (consciência, mente) sustenta, invariavelmente, relações de subordinação e hierarquia políticas e psíquicas. A mente não só subjuga o corpo, mas nutre ocasionalmente a fantasia de fugir

PROBLEMAS DE GÊNERO

completamente à corporificação. As associações culturais entre mente e masculinidade, por um lado, e corpo e feminilidade, por outro, são bem documentadas nos campos da filosofia e do feminismo.[22] Resulta que qualquer reprodução acrítica da distinção corpo/mente deve ser repensada em termos da hierarquia de gênero que essa distinção tem convencionalmente produzido, mantido e racionalizado.

A construção discursiva "do corpo" e sua separação do estado de "liberdade", em Beauvoir, não consegue marcar no eixo do gênero a própria distinção corpo/mente que deveria esclarecer a persistência da assimetria dos gêneros. Oficialmente, Beauvoir assevera que o corpo feminino é marcado no interior do discurso masculinista, pelo qual o corpo masculino, em sua fusão com o universal, permanece não marcado. Irigaray sugere claramente que tanto o marcador como o marcado são mantidos no interior de um modo masculinista de significação, no qual o corpo feminino é como que "separado" do domínio do significável. Em termos pós-hegelianos, ela seria "anulada", mas não preservada. Na leitura de Irigaray, a afirmação de Beauvoir de que mulher "é sexo" inverte-se para significar que ela não é o sexo que é designada a ser, mas, antes, é ainda — *encore* (e *en corps)** — o sexo masculino, apresentado à maneira da alteridade. Para Irigaray, esse modo falocêntrico de significar o sexo feminino reproduz perpetuamente as fantasias de seu próprio desejo autoengrandecedor. Ao invés de um gesto linguístico autolimitativo que garanta a alteridade ou a diferença das mulheres, o falocentrismo oferece um nome para eclipsar o feminino e tomar seu lugar.

---

*Ressalta-se o jogo de palavras, citadas em francês no original, entre *encore* (ainda) e *en corps* (no corpo), homófonas em francês. (*N. R. T.*)

SUJEITOS DO SEXO/GÊNERO/DESEJO

Teorizando o binário, o unitário e além

Beauvoir e Irigaray diferem claramente sobre as estruturas fundamentais que reproduzem a assimetria do gênero; Beauvoir volta-se para a reciprocidade malograda de uma dialética assimétrica, ao passo que Irigaray sugere ser a própria dialética a elaboração monológica de uma economia significante masculinista. Embora Irigaray amplie claramente o espectro da crítica feminista pela exposição das estruturas lógicas, ontológicas e epistemológicas de uma economia significante masculinista, o poder de sua análise é minado precisamente por seu alcance globalizante. Será possível identificar a economia masculinista monolítica e também monológica que atravessa toda a coleção de contextos culturais e históricos em que ocorre a diferença sexual? Será o fracasso em reconhecer as operações culturais específicas da própria opressão do gênero uma espécie de imperialismo epistemológico, imperialismo esse que não se atenua pela elaboração pura e simples das diferenças culturais como "exemplos" do mesmíssimo falocentrismo? O esforço de *incluir* "Outras" culturas como ampliações diversificadas de um falocentrismo global constitui um ato de apropriação que corre o risco de repetir o gesto autoengrandecedor do falocentrismo, colonizando sob o signo do mesmo diferenças que, de outro modo, poderiam questionar esse conceito totalizante.[23]

A crítica feminista tem de explorar as afirmações totalizantes da economia significante masculinista, mas também deve permanecer autocrítica em relação aos gestos totalizantes do feminismo. O esforço de identificar o inimigo como singular em sua forma é um discurso invertido que mimetiza acriticamente a estratégia do opressor, em vez de oferecer um conjunto diferente de termos. O fato de a tática

PROBLEMAS DE GÊNERO

poder funcionar igualmente em contextos feministas e antifeministas sugere que o gesto colonizador não é primária ou irredutivelmente masculinista. Ele pode operar para levar a cabo outras relações de subordinação heterossexista, racial e de classe, para citar apenas algumas. Claro que arrolar as variedades de opressão, como comecei a fazer, supõe sua coexistência descontínua e sequencial ao longo de um eixo horizontal que não descreve suas convergências no campo social. Um modelo vertical seria igualmente insuficiente; as opressões não podem ser sumariamente classificadas, relacionadas causalmente, e distribuídas entre planos pretensamente correspondentes ao que é "original" e ao que é "derivado".[24] Certamente, o campo de poder em parte estruturado pelo gesto imperializante de apropriação dialética excede e abrange o eixo da diferença sexual, oferecendo um mapa de interseções diferenciais que não podem ser sumariamente hierarquizadas, nem nos termos do falocentrismo, nem nos de qualquer outro candidato à posição de "condição primária da opressão". Em vez de tática exclusiva das economias significantes masculinistas, a apropriação e a supressão dialéticas do Outro são uma tática entre muitas, centralmente empregada, é fato, mas não exclusivamente a serviço da expansão e da racionalização do domínio masculinista.

Os debates feministas contemporâneos sobre o essencialismo colocam de outra maneira a questão da universalidade da identidade feminina e da opressão masculina. As alegações universalistas são baseadas em um ponto de vista epistemológico comum ou compartilhado, compreendido como consciência articulada, ou como estruturas compartilhadas de opressão, ou como estruturas ostensivamente transculturais da feminilidade, maternidade,

SUJEITOS DO SEXO/GÊNERO/DESEJO

sexualidade e/ou da *écriture feminine*. A discussão que abre este capítulo argumenta que esse gesto globalizante gerou certo número de críticas da parte das mulheres que afirmam ser a categoria das "mulheres" normativa e excludente, invocada enquanto as dimensões não marcadas do privilégio de classe e de raça permanecem intactas. Em outras palavras, a insistência sobre a coerência e unidade da categoria das mulheres rejeitou efetivamente a multiplicidade das interseções culturais, sociais e políticas em que é construído o espectro concreto das "mulheres".

Alguns esforços foram realizados para formular políticas de coalizão que não pressuponham qual seria o conteúdo da noção de "mulheres". Eles propõem, em vez disso, um conjunto de encontros dialógicos mediante o qual mulheres diferentemente posicionadas articulem identidades separadas na estrutura de uma coalizão emergente. E claro, não devemos subestimar o valor de uma política de coalizão; porém, a forma mesma da coalizão, de uma montagem emergente e imprevisível de posições, não pode ser antecipada. Apesar do impulso claramente democratizante que motiva a construção de coalizões, a teórica aliancista pode inadvertidamente reinserir-se como soberana do processo, ao buscar *antecipar* uma forma ideal para as estruturas da coalizão, vale dizer, aquela que garanta efetivamente a unidade do resultado. Esforços correlatos para determinar qual é e qual não é a verdadeira forma do diálogo, aquilo que constitui a posição do sujeito — e, o mais importante, quando a "unidade" foi ou não alcançada —, podem impedir a dinâmica de autoformação e autolimitação da coalizão.

Insistir *a priori* no objetivo de "unidade" da coalizão supõe que a solidariedade, qualquer que seja seu preço, é um pré-requisito da ação política. Mas que espécie de política

PROBLEMAS DE GÊNERO

exige esse tipo de busca prévia da unidade? Talvez as coalizões devam reconhecer suas contradições e agir deixando essas contradições intactas. Talvez o entendimento dialógico também encerre em parte a aceitação de divergências, rupturas, dissensões e fragmentações, como parcela do processo frequentemente tortuoso de democratização. A própria noção de "diálogo" é culturalmente específica e historicamente delimitada, e mesmo que uma das partes esteja certa de que a conversação está ocorrendo, a outra pode estar certa de que não. Em primeiro lugar, devemos questionar as relações de poder que condicionam e limitam as possibilidades dialógicas. De outro modo, o modelo dialógico corre o risco de degenerar num liberalismo que pressupõe que os diversos agentes do discurso ocupam iguais posições de poder e falam apoiados nas mesmas pressuposições sobre o que constitui "acordo" e "unidade", que seriam certamente os objetivos a serem perseguidos. Seria errado supor de antemão a existência de uma categoria de "mulheres" que apenas necessitasse ser preenchida com os vários componentes de raça, classe, idade, etnia e sexualidade para tornar-se completa. A hipótese de sua incompletude essencial permite à categoria servir permanentemente como espaço disponível para os significados contestados. A incompletude por definição dessa categoria poderá, assim, vir a servir como um ideal normativo, livre de qualquer força coercitiva.

A "unidade" é necessária para a ação política efetiva? Não será, precisamente, a insistência prematura no objetivo de unidade a causa da fragmentação cada vez maior e mais acirrada das fileiras? Certas formas aceitas de fragmentação podem facilitar a ação, e isso exatamente porque a "unidade" da categoria das mulheres não é nem pressuposta nem desejada. Não implica a "unidade" uma

SUJEITOS DO SEXO/GÊNERO/DESEJO

norma excludente de solidariedade no âmbito da identidade, excluindo a possibilidade de um conjunto de ações que rompam as próprias fronteiras dos conceitos de identidade, ou que busquem precisamente efetuar essa ruptura como um objetivo político explícito? Sem a pressuposição ou o objetivo da "unidade", sempre instituído no nível conceitual, unidades provisórias podem emergir no contexto de ações concretas que tenham outras propostas que não a articulação da identidade. Sem a expectativa compulsória de que as ações feministas devam instituir-se a partir de um acordo estável e unitário sobre a identidade, essas ações bem poderão desencadear-se mais rapidamente e parecer mais adequadas ao grande número de "mulheres" para as quais o significado da categoria está em permanente debate.

Essa abordagem antifundacionista da política de coalizões não supõe que a "identidade" seja uma premissa, nem que a forma ou significado da assembleia coalizada possa ser conhecida antes de realizar-se na prática. Considerando que a articulação de uma identidade nos termos culturais disponíveis instaura uma definição que exclui previamente o surgimento de novos conceitos de identidade nas ações politicamente engajadas e por meio delas, a tática fundacionista não é capaz de tomar como objetivo normativo a transformação ou expansão dos conceitos de identidade existentes. Além disso, quando as identidades ou as estruturas dialógicas consensuais, pelas quais as identidades já estabelecidas são comunicadas, não constituem o tema ou o objeto da política, isso significa que as identidades podem ganhar vida e se dissolver, dependendo das práticas concretas que as constituam. Certas práticas políticas instituem identidades em bases contingentes, de modo a atingir os objetivos em vista. A política de coalizões não exige uma

PROBLEMAS DE GÊNERO

categoria ampliada de "mulheres" nem um *eu* internamente múltiplo a desvelar de chofre sua complexidade.

O gênero é uma complexidade cuja totalidade é permanentemente protelada, jamais plenamente exibida em qualquer conjuntura considerada. Uma coalizão aberta, portanto, afirmaria identidades alternativamente instituídas e abandonadas, segundo as propostas em curso; tratar-se-á de uma assembleia que permita múltiplas convergências e divergências, sem obediência a um *telos* normativo e definidor.

Identidade, sexo e a metafísica da substância

O que pode então significar "identidade", e o que alicerça a pressuposição de que as identidades são idênticas a si mesmas, persistentes ao longo do tempo, unificadas e internamente coerentes? Mais importante, como essas suposições impregnam o discurso sobre as "identidades de gênero"? Seria errado supor que a discussão sobre a "identidade" deva ser anterior à discussão sobre a identidade de gênero, pela simples razão de que as "pessoas" só se tornam inteligíveis ao adquirir seu gênero em conformidade com padrões reconhecíveis de inteligibilidade do gênero. Convencionalmente, a discussão sociológica tem buscado compreender a noção de pessoa como uma agência que reivindica prioridade ontológica aos vários papéis e funções pelos quais assume viabilidade e significado sociais. No próprio discurso filosófico, a noção de "pessoa" tem sido analiticamente elaborada com base na suposição de que, qualquer que seja o contexto social em que "está", a pessoa permanece de algum modo externamente relacionada à estrutura definidora da condição de pessoa, seja esta a

SUJEITOS DO SEXO/GÊNERO/DESEJO

consciência, a capacidade de linguagem ou a deliberação moral. Embora não esteja aqui em exame essa literatura, uma das premissas dessas indagações é o foco de exploração e inversão críticas. Enquanto a indagação filosófica quase sempre centra a questão do que constitui a "identidade pessoal" nas características internas da pessoa, naquilo que estabeleceria sua continuidade ou autoidentidade no decorrer do tempo, a questão aqui seria: em que medida as *práticas reguladoras* de formação e divisão do gênero constituem a identidade, a coerência interna do sujeito, e, a rigor, o *status* autoidêntico da pessoa? Em que medida é a "identidade" um ideal normativo, ao invés de uma característica descritiva da experiência? E como as práticas reguladoras que governam o gênero também governam as noções culturalmente inteligíveis de identidade? Em outras palavras, a "coerência" e a "continuidade" da "pessoa" não são características lógicas ou analíticas da condição de pessoa, mas, ao contrário, normas de inteligibilidade socialmente instituídas e mantidas. Em sendo a "identidade" assegurada por conceitos estabilizadores de sexo, gênero e sexualidade, a própria noção de "pessoa" se veria questionada pela emergência cultural daqueles seres cujo gênero é "incoerente" ou "descontínuo", os quais parecem ser pessoas, mas não se conformam às normas de gênero da inteligibilidade cultural pelas quais as pessoas são definidas.

Gêneros "inteligíveis" são aqueles que, em certo sentido, instituem e mantêm relações de coerência e continuidade entre sexo, gênero, prática sexual e desejo. Em outras palavras, os espectros de descontinuidade e incoerência, eles próprios só concebíveis em relação a normas existentes de continuidade e coerência, são constantemente proibidos e produzidos pelas próprias leis que buscam estabelecer linhas causais ou expressivas de ligação entre o sexo biológico, o gênero culturalmente constituído e a "expressão" ou "efeito" de ambos na manifestação do desejo sexual por meio da prática sexual.

A noção de que pode haver uma "verdade" do sexo, como Foucault a denomina ironicamente, é produzida precisamente pelas práticas reguladoras que geram identidades coerentes por via de uma matriz de normas de gênero coerentes. A heterossexualização do desejo requer e institui a produção de oposições discriminadas e assimétricas entre "feminino" e "masculino", em que estes são compreendidos como atributos expressivos de "macho" e de "fêmea". A matriz cultural por meio da qual a identidade de gênero se torna inteligível exige que certos tipos de "identidade" não possam "existir" — isto é, aqueles em que o gênero não decorre do sexo e aqueles em que as práticas do desejo não "decorrem" nem do "sexo" nem do "gênero". Nesse contexto, "decorrer" seria uma relação política de direito instituído pelas leis culturais que estabelecem e regulam a forma e o significado da sexualidade. Ora, do ponto de vista desse campo, certos tipos de "identidade de gênero" parecem ser meras falhas do desenvolvimento ou impossibilidades lógicas, precisamente por não se conformarem às normas da inteligibilidade cultural. Entretanto, sua persistência e proliferação criam oportunidades críticas de expor os limites e os objetivos reguladores desse campo de inteligibilidade e, consequentemente, de disseminar, nos próprios termos dessa matriz de inteligibilidade, matrizes rivais e subversivas de desordem do gênero.

Contudo, antes de considerar essas práticas perturbadoras, parece crucial compreender a "matriz de inteligibilidade". É ela singular? De que se compõe? Que aliança peculiar existe, presumivelmente, entre um sistema de heterossexualidade

SUJEITOS DO SEXO/GÊNERO/DESEJO

compulsória e as categorias discursivas que estabelecem os conceitos de identidade do sexo? Se a "identidade" é um *efeito* de práticas discursivas, em que medida a identidade de gênero — entendida como uma relação entre sexo, gênero, prática sexual e desejo — seria o efeito de uma prática reguladora que se pode identificar como heterossexualidade compulsória? Tal explicação não nos faria retornar a mais uma estrutura totalizante em que a heterossexualidade compulsória tomaria meramente o lugar do falocentrismo como causa monolítica da opressão de gênero?

No espectro da teoria feminista e pós-estruturalista francesa, compreende-se que regimes muitos diferentes de poder produzem os conceitos de identidade sexual. Consideremos a divergência que existe entre posições como a de Irigaray, que afirma só haver um sexo, o masculino, que elabora a si mesmo na e através da produção do "Outro", e posições como a de Foucault, por exemplo, que presumem que a categoria do sexo, tanto masculino como feminino, é produto de uma economia reguladora difusa da sexualidade. Consideremos igualmente o argumento de Wittig de que a categoria do sexo é, sob as condições de heterossexualidade compulsória, sempre feminina (mantendo-se o masculino não marcado e, consequentemente, sinônimo do universal). Ainda que paradoxalmente, Wittig concorda com Foucault ao afirmar que a própria categoria do sexo desapareceria e a rigor *se dissiparia* no caso de uma ruptura e deslocamento da hegemonia heterossexual.

Os vários modelos explicativos oferecidos aqui sugerem os caminhos muito diferentes pelos quais a categoria do sexo é compreendida, dependendo de como se articula o campo do poder. É possível preservar a complexidade desses campos de poder e pensar suas capacidades produtivas

PROBLEMAS DE GÊNERO

ao mesmo tempo? Por um lado, a teoria da diferença sexual de Irigaray sugere que as mulheres jamais poderão ser compreendidas segundo o modelo do "sujeito" nos sistemas representacionais convencionais da cultura ocidental, exatamente porque constituem o fetiche da representação e, por conseguinte, o irrepresentável como tal. Segundo essa ontologia das substâncias, as mulheres nunca podem "ser", precisamente porque constituem a relação da diferença, excluído pelo qual esse domínio se distingue. As mulheres também são uma "diferença" que não pode ser compreendida como simples negação ou como o "Outro" do sujeito desde sempre masculino. Como discutido anteriormente, elas não são nem o sujeito nem o seu Outro, mas uma diferença da economia da oposição binária, um ardil, ela mesma, para a elaboração monológica do masculino.

A noção de que o sexo aparece na linguagem hegemônica como *substância*, ou, falando metafisicamente, como ser idêntico a si mesmo, é central para cada uma dessas concepções. Essa aparência se realiza mediante um truque performativo da linguagem e/ou do discurso, que oculta o fato de que "ser" um sexo ou um gênero é fundamentalmente impossível. Para Irigaray, a gramática jamais poderá ser um índice seguro das relações de gênero, precisamente porque sustenta o modelo substancial do gênero como sendo uma relação binária entre dois termos positivos e representáveis.[25] Na opinião de Irigaray, a gramática substantiva do gênero, que supõe homens e mulheres assim como seus atributos de masculino e feminino, é um exemplo de sistema binário a mascarar de fato o discurso unívoco e hegemônico do masculino, o falocentrismo, silenciando o feminino como lugar de uma multiplicidade subversiva. Para Foucault, a gramática substantiva do sexo impõe uma

SUJEITOS DO SEXO/GÊNERO/DESEJO

relação binária artificial entre os sexos, bem como uma coerência interna artificial em cada termo desse sistema binário. A regulação binária da sexualidade suprime a multiplicidade subversiva de uma sexualidade que rompe as hegemonias heterossexual, reprodutiva e médico-jurídica.

Para Wittig, a restrição binária que pesa sobre o sexo atende aos objetivos reprodutivos de um sistema de heterossexualidade compulsória; ela afirma, ocasionalmente, que a derrubada da heterossexualidade compulsória irá inaugurar um verdadeiro humanismo da "pessoa", livre dos grilhões do sexo. Em outros contextos, ela sugere que a profusão e difusão de uma economia erótica não falocêntrica irá banir as ilusões do sexo, do gênero e da identidade. Em mais outras passagens de seu texto, parece que "a lésbica" emerge como um terceiro gênero, prometendo transcender a restrição binária ao sexo, imposta pelo sistema da heterossexualidade compulsória. Em sua defesa do "sujeito cognitivo", Wittig parece não entrar em disputas metafísicas com os modos hegemônicos de significação ou representação; de fato, o sujeito, com seu atributo de autodeterminação, parece ser a reabilitação do agente da escolha existencial, sob o nome de lésbica: "o advento de sujeitos individuais exige, em primeiro lugar, que se destruam as categorias de sexo [...] a lésbica é o único conceito que conheço que está além das categorias de sexo".[26] Ela não critica o "sujeito" como invariavelmente masculino, segundo as regras de um Simbólico inevitavelmente patriarcal, mas propõe em seu lugar o equivalente de um sujeito lésbico como usuário da linguagem.[27]

Para Beauvoir — como para Wittig —, a identificação das mulheres com o "sexo" é uma fusão da categoria das mulheres com as características ostensivamente sexuali-

PROBLEMAS DE GÊNERO

zadas dos seus corpos e, portanto, uma recusa a conceder liberdade e autonomia às mulheres, tal como as pretensamente desfrutadas pelos homens. Assim, a destruição da categoria do sexo representaria a destruição de um *atributo*, o sexo, o qual, por meio de um gesto misógino de sinédoque, tomou o lugar da pessoa, do *cogito* autodeterminador. Em outras palavras, só os homens são "pessoas" e não existe outro gênero senão o feminino:

> O gênero é o índice linguístico da oposição política entre os sexos. E gênero *é* usado aqui no singular porque sem dúvida não há dois gêneros. Há somente um: o feminino, o "masculino" não sendo um gênero. Pois o masculino não é o masculino, mas o geral.[28]

Consequentemente, Wittig clama pela destruição do "sexo", para que as mulheres possam assumir o *status* de sujeito universal. Em busca dessa destruição, as "mulheres" devem assumir um ponto de vista tanto particular quanto universal.[29] Como sujeito que pode realizar a universalidade concreta por meio da liberdade, a lésbica de Wittig confirma, ao invés de contestar, as promessas normativas dos ideais humanistas cuja premissa é a metafísica da substância. Nesse aspecto, Wittig se diferencia de Irigaray, não só nos termos das oposições hoje conhecidas entre essencialismo e materialismo,[30] mas naqueles da adesão a uma metafísica da substância que confirma o modelo normativo do humanismo como o arcabouço do feminismo. Onde Wittig parece subscrever um projeto radical de emancipação lésbica e impor uma distinção entre "lésbica" e "mulher", ela o faz por via da defesa de uma "pessoa" cujo gênero é preestabelecido, caracterizada como liberdade. Esse seu movimento

SUJEITOS DO SEXO/GÊNERO/DESEJO

não só confirma o *status* pré-social da liberdade humana, mas subscreve a metafísica da substância, responsável pela produção e naturalização da própria categoria de sexo. A *metafísica da substância* é uma expressão associada a Nietzsche na crítica contemporânea do discurso filosófico. Num comentário sobre Nietzsche, Michel Haar argumenta que diversas ontologias filosóficas caíram na armadilha das ilusões do "Ser" e da "Substância" que são promovidas pela crença em que a formulação gramatical de sujeito e predicado reflete uma realidade ontológica anterior, de substância e atributo. Esses construtos, argumenta Haar, constituem os meios filosóficos artificiais pelos quais a simplicidade, a ordem e a identidade são eficazmente instituídas. Em nenhum sentido, todavia, eles revelam ou representam uma ordem verdadeira das coisas. Para nossos propósitos, essa crítica nietzschiana torna-se instrutiva quando aplicada às categorias filosóficas que governam uma parte apreciável do pensamento teórico e popular sobre a identidade de gênero. Segundo Haar, a crítica à metafísica da substância implica uma crítica da própria noção de pessoa psicológica como coisa substantiva:

> A destruição da lógica por intermédio de sua genealogia traz consigo a ruína das categorias psicológicas fundamentadas nessa lógica. Todas as categorias psicológicas (eu, indivíduo, pessoa) derivam da ilusão da identidade substancial. Mas essa ilusão remonta basicamente a uma superstição que engana não só o senso comum mas também os filósofos — a saber, a crença na linguagem e, mais precisamente, na verdade das categorias gramaticais. Foi a gramática (a estrutura de sujeito e predicado) que inspirou a certeza de Descartes de que

PROBLEMAS DE GÊNERO

"eu" é o sujeito de "penso", enquanto, na verdade, são os pensamentos que vêm a "mim": no fundo, a fé na gramática simplesmente traduz a vontade de ser a "causa" dos pensamentos de alguém. O sujeito, o eu, o indivíduo, são apenas conceitos falsos, visto que transformam em substâncias fictícias unidades que inicialmente só têm realidade linguística.[31]

Wittig fornece uma crítica alternativa ao mostrar que não é possível significar as pessoas na linguagem sem a marca do gênero. Ela apresenta uma análise política da gramática do gênero em francês. Segundo Wittig, o gênero não somente designa as pessoas, as "qualifica", por assim dizer, mas constitui uma episteme conceitual mediante a qual o gênero binário é universalizado. Embora a língua francesa atribua um gênero a todos os tipos de substantivos além das pessoas, Wittig argumenta que sua análise tem consequências igualmente para o inglês. No princípio de *The Mark of Gender* [A marca do gênero] ela escreve:

> Segundo os gramáticos, a marca do gênero afeta os substantivos. É em termos de função que eles falam sobre isso. Se questionam seu significado, às vezes brincam, chamando o gênero de "sexo fictício" [...] no que concerne às categorias de pessoa, ambas as línguas [inglês e francês] são igualmente portadoras do gênero. Ambas abrem caminho a um conceito ontológico primitivo que impõe, na linguagem, uma divisão dos seres em sexos [...] Como conceito ontológico que lida com a natureza do Ser, juntamente com toda uma névoa de outros conceitos primitivos pertencentes à mesma linha de pensamento, o gênero parece pertencer primariamente à filosofia.[32]

SUJEITOS DO SEXO/GÊNERO/DESEJO

Wittig nos diz que "pertencer à filosofia" significa, para o gênero, pertencer "àquele corpo de conceitos evidentes sem os quais os filósofos acham que não podem desenvolver uma linha sequer de raciocínio, e que são óbvios para eles, pois existem na natureza antes de todo pensamento, de toda ordem social".[33] A opinião de Wittig é corroborada pelo discurso popular sobre a identidade de gênero, que emprega acriticamente a atribuição inflexional de "ser" para gêneros e "sexualidades". Quando não problematizadas, as afirmações "ser" mulher e "ser" heterossexual seriam sintomáticas dessa metafísica das substâncias do gênero. Tanto no caso de "homens" como no de "mulheres", tal afirmação tende a subordinar a noção de gênero àquela de identidade, e a levar à conclusão de que uma pessoa *é* um gênero e o *é* em virtude do seu sexo, de seu sentimento psíquico do eu, e das diferentes expressões desse eu psíquico, a mais notável delas sendo a do desejo sexual. Em tal contexto pré-feminista, o gênero, ingenuamente (ao invés de criticamente) confundido com o sexo, serve como princípio unificador do eu corporificado e mantém essa unidade por sobre e contra um "sexo oposto", cuja estrutura mantém, presumivelmente, uma coerência interna paralela mas oposta entre sexo, gênero e desejo. O enunciado "eu me sinto uma mulher", proferido por uma mulher, ou "eu me sinto um homem", dito por um homem, supõe que em nenhum dos casos essa afirmação é absurdamente redundante. Embora possa parecer não problemático *ser* de uma dada anatomia (apesar de termos de considerar adiante as muitas dificuldades dessa proposta), considera-se a experiência de uma disposição psíquica ou identidade cultural de gênero como uma realização ou conquista. Assim, "eu me sinto uma mulher" é verdade na mesma medida em que é presumida a evocação de Aretha

PROBLEMAS DE GÊNERO

Franklin do Outro definidor: *"You make me feel like a natural woman."*[34] Essa conquista exige uma diferenciação em relação ao gênero oposto. Consequentemente, uma pessoa é o seu gênero na medida em que não é o outro gênero, formulação que pressupõe e impõe a restrição do gênero dentro desse par binário.

O gênero só pode denotar uma *unidade* de experiência, de sexo, gênero e desejo, quando se entende que o sexo, em algum sentido, exige um gênero — sendo o gênero uma designação psíquica e/ou cultural do eu — e um desejo — sendo o desejo heterossexual e, portanto, diferenciando-se mediante uma relação de oposição ao outro gênero que ele deseja. A coerência ou a unidade internas de qualquer dos gêneros, homem ou mulher, exigem assim uma heterossexualidade estável e oposicional. Essa heterossexualidade institucional exige e produz, a um só tempo, a univocidade de cada um dos termos marcados pelo gênero que constituem o limite das possibilidades de gênero no interior do sistema de gênero binário oposicional. Essa concepção do gênero não só pressupõe uma relação causal entre sexo, gênero e desejo, mas sugere igualmente que o desejo reflete ou exprime o gênero, e que o gênero reflete ou exprime o desejo. Supõe-se que a unidade metafísica dos três seja verdadeiramente conhecida e expressa num desejo diferenciador pelo gênero oposto — isto é, numa forma de heterossexualidade oposicional. O "velho sonho da simetria", como o chamou Irigaray, é aqui pressuposto, reificado e racionalizado, seja como paradigma naturalista que estabelece uma continuidade causal entre sexo, gênero e desejo, seja como um paradigma expressivo autêntico, no qual se diz que um eu verdadeiro é simultânea ou sucessivamente revelado no sexo, no gênero e no desejo.

SUJEITOS DO SEXO/GÊNERO/DESEJO

Esse esboço um tanto tosco nos dá uma indicação para compreendermos as razões políticas da visão do gênero como substância. A instituição de uma heterossexualidade compulsória e naturalizada exige e regula o gênero como uma relação binária em que o termo masculino diferencia-se do termo feminino, realizando-se essa diferenciação por meio das práticas do desejo heterossexual. O ato de diferenciar os dois momentos oposicionais da estrutura binária resulta numa consolidação de cada um de seus termos, da coerência interna respectiva do sexo, do gênero e do desejo.

O deslocamento estratégico dessa relação binária e da metafísica da substância em que ela se baseia pressupõe que a produção das categorias de feminino e masculino, mulher e homem, ocorra igualmente no interior da estrutura binária. Foucault abraça implicitamente essa explicação. No capítulo final de *História da sexualidade 1*, e em sua breve mas significativa introdução a *Herculine Barbin, Being the Recently Discovered Journals of a Nineteenth-Century Hermaphrodite* ["Herculine Barbin, ou os recém-descobertos diários de um hermafrodita do século XIX"],[35] Foucault sugere que a categoria de sexo, anterior a qualquer caracterização da diferença sexual, é ela própria construída por via de um modo de *sexualidade* historicamente específico. Ao postular o "sexo" como "causa" da experiência sexual, do comportamento e do desejo, a produção tática da categorização descontínua e binária do sexo oculta os objetivos estratégicos do próprio aparato de produção. A pesquisa genealógica de Foucault expõe essa "causa" ostensiva como um "efeito", como a produção de um dado regime de sexualidade que busca regular a experiência sexual instituindo as categorias distintas do sexo como funções *fundacionais* e causais, em todo e qualquer tratamento discursivo da sexualidade.

PROBLEMAS DE GÊNERO

A introdução de Foucault aos diários do hermafrodita Herculine Barbin sugere que a crítica genealógica das categorias reificadas do sexo é uma consequência inopinada de práticas sexuais que não podem ser explicadas pelo discurso médico-legal da heterossexualidade naturalizada. Herculine não é uma "identidade", mas a impossibilidade sexual de uma identidade. Embora elementos anatômicos masculinos e femininos se distribuam conjuntamente por seu corpo, e dentro dele, não está aí a verdadeira origem do escândalo. As convenções linguísticas que produzem eus com características de gênero inteligíveis encontram seu limite em Herculine, precisamente porque ela/ele ocasiona uma convergência e desorganização das regras que governam sexo/gênero/desejo. Herculine desdobra e redistribui os termos do sistema binário, mas essa mesma redistribuição os rompe e os faz proliferar fora desse sistema. Segundo Foucault, Herculine não é categorizável no gênero binário como tal; a desconcertante convergência de heterossexualidade e homossexualidade em sua pessoa só é ocasionada, mas nunca causada, por sua descontinuidade anatômica. A apropriação de Herculine por Foucault é duvidosa,[36] mas sua análise implica a interessante crença em que a heterogeneidade sexual (paradoxalmente excluída por uma "hétero"-sexualidade naturalizada) implica uma crítica da metafísica da substância, tal como esta informa as características identitárias do sexo. Foucault imagina a experiência de Herculine como "um mundo de prazeres em que há sorrisos pairando à toa".[37] Sorrisos, felicidade, prazeres e desejos são aqui representados como qualidades, sem a substância permanente à qual supostamente estão ligados. Como atributos flutuantes, eles sugerem a possibilidade de uma experiência de gênero que não pode ser apreendida

SUJEITOS DO SEXO/GÊNERO/DESEJO

pela gramática substancializante e hierarquizante dos substantivos (*res extensa*) e adjetivos (atributos, essenciais e acidentais). Pela leitura cursiva de Herculine, Foucault propõe uma ontologia dos atributos acidentais que expõe a postulação da identidade como um princípio culturalmente restrito de ordem e hierarquia, uma ficção reguladora.

Se é possível falar de um "homem" com um atributo masculino e compreender esse atributo como um traço feliz mas acidental desse homem, também é possível falar de um "homem" com um atributo feminino, qualquer que seja, mas continuar a preservar a integridade do gênero. Porém, se dispensarmos a prioridade de "homem" e "mulher" como substâncias permanentes, não será mais possível subordinar traços dissonantes do gênero como características secundárias ou acidentais de uma ontologia do gênero que permanece fundamentalmente intata. Se a noção de uma substância permanente é uma construção fictícia, produzida pela ordenação compulsória de atributos em sequências de gênero coerentes, então o gênero como substância, a viabilidade de *homem* e *mulher* como substantivos, se vê questionado pelo jogo dissonante de atributos que não se conformam aos modelos sequenciais ou causais de inteligibilidade.

Desse modo, a aparência de uma substância permanente ou de um eu com traços de gênero, ao qual o psiquiatra Robert Stoller se refere como o "núcleo do gênero",[38] é produzida pela regulação dos atributos segundo linhas de coerência culturalmente estabelecidas. E resulta que a denúncia dessa produção fictícia é condicionada pela interação desregulada de atributos que resistem à sua assimilação numa estrutura pronta de substantivos primários e adjetivos subordinados. Claro que é sempre possível argumentar que os adjetivos dissonantes agem retroativamente, redefinindo as identidades substantivas que supostamente modificam, e expandindo consequentemente as categorias substantivas do gênero, para incluir possibilidades que elas antes excluíam. Mas se essas substâncias nada mais são do que coerências contingentemente criadas pela regulação de atributos, a própria ontologia das substâncias afigura-se não só um efeito artificial, mas essencialmente supérflua.

Nesse sentido, o *gênero* não é um substantivo, mas tampouco é um conjunto de atributos flutuantes, pois vimos que seu efeito substantivo é *performativamente* produzido e imposto pelas práticas reguladoras da coerência do gênero. Consequentemente, o gênero mostra ser *performativo* no interior do discurso herdado da metafísica da substância — isto é, constituinte da identidade que supostamente é. Nesse sentido, o gênero é sempre um feito, ainda que não seja obra de um sujeito tido como preexistente à obra. No desafio de repensar as categorias do gênero fora da metafísica da substância, é mister considerar a relevância da afirmação de Nietzsche, em *Genealogia da moral,* de que "não há 'ser' por trás do fazer, do realizar e do tornar-se; o 'fazedor' é uma mera ficção acrescentada à obra — a obra é tudo".[39] Numa aplicação que o próprio Nietzsche não teria antecipado ou aprovado, nós afirmaríamos como corolário: não há identidade de gênero por trás das expressões do gênero; essa identidade é *performativamente* constituída, pelas próprias "expressões" tidas como seus resultados.

Linguagem, poder e estratégias de deslocamento

Grande parte da teoria e da literatura feministas supõe, todavia, a existência de um "fazedor" por trás da obra. Argumenta-se que sem um agente não pode haver ação e,

SUJEITOS DO SEXO/GÊNERO/DESEJO

portanto, potencial para iniciar qualquer transformação das relações de dominação no seio da sociedade. A teoria feminista radical de Wittig ocupa uma posição ambígua no *continuum* das teorias sobre a questão do sujeito. Por um lado, Wittig parece contestar a metafísica da substância, mas, por outro, ela mantém o sujeito humano, o indivíduo, como *locus* metafísico da ação. Embora o humanismo de Wittig pressuponha claramente a existência de um agente por trás da obra, sua teoria delineia a construção *performativa* do gênero nas práticas materiais da cultura, contestando a temporalidade das explicações que confundem "causa" e "resultado". Numa frase que sugere o espaço intertextual que liga Wittig a Foucault (e revela traços da ideia marxista de reificação nas teorias de ambos os pensadores), ela escreve:

> Uma abordagem feminista materialista mostra que aquilo que tomamos por causa ou origem da opressão é na verdade a *marca* imposta pelo opressor; o "mito da mulher", somado a seus efeitos e manifestações materiais na consciência e nos corpos apropriados das mulheres. Assim, essa marca não preexiste à opressão [...] o sexo é tomado como um "dado imediato", um "dado sensível", como "características físicas" pertencentes a uma ordem natural. Mas o que acreditamos ser uma percepção física e direta é somente uma construção sofisticada e mítica, uma "formação imaginária".[40]

Por essa produção de "natureza" operar de acordo com os ditames da heterossexualidade compulsória, o surgimento do desejo homossexual transcende, na opinião dela, as categorias do sexo: "se o desejo pudesse libertar a si mesmo, nada teria a ver com a marcação preliminar pelos sexos".[41]

PROBLEMAS DE GÊNERO

Wittig refere-se ao "sexo" como uma marca que de algum modo é aplicada pela heterossexualidade institucionalizada, marca esta que pode ser apagada ou obscurecida por meio de práticas que efetivamente contestem essa instituição. Sua opinião, é claro, difere radicalmente daquela de Irigaray. Esta última compreenderia a "marca" de gênero como parte da economia significante hegemônica do masculino, que opera mediante a autoelaboração dos mecanismos especulares que virtualmente determinaram o campo da ontologia na tradição filosófica ocidental. Para Wittig, a linguagem é um instrumento ou utensílio que absolutamente não é misógino em suas estruturas, mas somente em suas aplicações.[42] Para Irigaray, a possibilidade de outra linguagem ou economia significante é a única chance de fugir da "marca" do gênero, que, para o feminino, nada mais é do que a obliteração misógina do sexo feminino. Enquanto Irigaray busca expor a relação ostensivamente "binária" entre os sexos como um ardil masculinista que exclui por completo o feminino, Wittig argumenta que posições como a de Irigaray reconsolidam a lógica binária existente entre o masculino e o feminino, e reatualizam uma ideia mítica do feminino. Inspirando-se claramente na crítica de Beauvoir em *O segundo sexo,* Wittig afirma que "não há 'escrita feminina'".[43]

Wittig acata claramente a ideia de um poder da linguagem de subordinar e excluir as mulheres. Como "materialista", contudo, ela considera a linguagem como uma "outra ordem de materialidade",[44] uma instituição que pode ser radicalmente transformada. A linguagem figuraria entre as práticas e instituições concretas e contingentes mantidas pelas escolhas individuais, e consequentemente, enfraquecidas pelas ações coletivas de selecionar indivíduos.

SUJEITOS DO SEXO/GÊNERO/DESEJO

A ficção linguística do "sexo", argumenta ela, é uma categoria produzida e disseminada pelo sistema da heterossexualidade compulsória, num esforço para restringir a produção de identidades em conformidade com o eixo do desejo heterossexual. Em alguns de seus trabalhos, tanto a homossexualidade masculina como a feminina, assim como outras posições independentes do contrato heterossexual, facultam tanto a subversão como a proliferação da categoria do sexo. Em *The Lesbian Body* [O corpo lésbico], como em outros escritos, Wittig parece discordar contudo de uma sexualidade genitalmente organizada *per se* e evocar uma economia alternativa dos prazeres, a qual contestaria a construção da subjetividade feminina, marcada pela função reprodutiva que supostamente distingue as mulheres.[45] Aqui a proliferação de prazeres fora da economia reprodutiva sugere uma forma especificamente feminina de difusão erótica, compreendida como contraestratégia em relação à construção reprodutiva da genitalidade. Em certo sentido, para Wittig, *The Lesbian Body* pode ser entendido como uma leitura "invertida" dos *Três ensaios sobre a teoria da sexualidade,* de Freud, em que ele defende a superioridade da sexualidade genital em termos do desenvolvimento, sobre a sexualidade infantil, mais restrita e difusa. Somente o "invertido", classificação médica invocada por Freud para "o homossexual", deixa de "atingir" a norma genital. Ao empreender uma crítica política da genitalidade, Wittig parece desdobrar a "inversão" como prática de leitura crítica, valorizando precisamente os aspectos da sexualidade não desenvolvida designada por Freud, e inaugurando efetivamente uma "política pós-genital".[46] Aliás, a noção de desenvolvimento só pode ser lida como uma normalização dentro da matriz heterossexual. Todavia, será essa a única leitura possível de Freud? E em que medida a prática de "inversão" de Wittig estará comprometida com o modelo de normalização que ela mesma busca desmantelar? Em outras palavras, se o modelo de uma sexualidade antigenital e mais difusa serve como alternativa singular e de oposição à estrutura hegemônica da sexualidade, em que medida não estará essa relação binária fadada a reproduzir-se interminavelmente? Que possibilidades existem de ruptura do próprio binário oposicional?

A oposição de Wittig à psicanálise produz uma consequência inesperada. Sua teoria presume justamente a teoria psicanalítica do desenvolvimento, nela plenamente "invertida", que ela busca subverter. A perversão polimórfica, que supostamente existiria antes da marca do sexo, é valorizada como um *telos* da sexualidade humana.[47] Uma resposta psicanalítica feminista possível às colocações de Wittig seria argumentar que ela tanto subteoriza como subestima o significado e a função da *linguagem* em que ocorre "a marca do gênero". Ela compreende essa prática de marcação como contingente, radicalmente variável e mesmo dispensável. O *status* de *proibição* primária, na teoria lacaniana, opera mais eficazmente e menos contingentemente do que a noção de *prática reguladora* em Foucault, ou e do que a descrição materialista de um sistema de opressão heterossexista em Wittig.

Em Lacan, como na reformulação pós-lacaniana de Freud por Irigaray, a diferença sexual não é um binário simples que retém a metafísica da substância como sua fundação. O "sujeito" masculino é uma construção fictícia, produzida pela lei que proíbe o incesto e impõe um deslocamento infinito do desejo heterossexualizante. O feminino nunca é uma marca do sujeito; o feminino não pode ser o "atributo" de um

SUJEITOS DO SEXO/GÊNERO/DESEJO

gênero. Ao invés disso, o feminino é a significação da falta, significada pelo Simbólico, um conjunto de regras linguísticas diferenciais que efetivamente cria a diferença sexual. A posição linguística masculina passa pela individuação e heterossexualização exigidas pelas proibições fundadoras da lei Simbólica, a lei do Pai. O incesto, que separa o filho da mãe e, portanto, instala a relação de parentesco entre eles, é uma lei decretada "em nome do Pai". Semelhantemente, a lei que proíbe o desejo da menina tanto por sua mãe como por seu pai exige que ela assuma o emblema da maternidade e perpetue as regras de parentesco. Ambas as posições, masculina e feminina, são assim instituídas por meio de leis proibitivas que produzem gêneros culturalmente inteligíveis, mas somente mediante a produção de uma sexualidade inconsciente, que ressurge no domínio do imaginário.[48]

A apropriação feminista da diferença sexual, escrita em oposição ao falocentrismo de Lacan (Irigaray) ou como sua reelaboração crítica, tenta teorizar o feminino, não como uma expressão da metafísica da substância, mas como uma ausência não representável, produzida pela negação (masculina) que estabelece a economia significante por via da exclusão. Como repudiado/excluído dentro do sistema, o feminino constitui uma possibilidade de crítica e de ruptura com esse esquema conceitual hegemônico. Os trabalhos de Jacqueline Rose[49] e Jane Gallop[50] sublinham de diferentes maneiras o *status* construído da diferença sexual, a instabilidade inerente dessa construção, e a linha de consequências duais de uma proibição que a um só tempo institui a identidade sexual e possibilita a denúncia das tênues bases de sua construção. Embora Wittig e outras feministas materialistas do contexto francês argumentem que a diferença sexual é uma replicação irrefletida de um

PROBLEMAS DE GÊNERO

conjunto reificado de polaridades sexuadas, suas reflexões negligenciam a dimensão crítica do inconsciente, o qual, como sede da sexualidade recalcada, ressurge no discurso do sujeito como a própria impossibilidade de sua coerência. Como destaca Rose muito claramente, a construção de uma identidade sexual coerente, em conformidade com o eixo disjuntivo do feminino/masculino, está fadada ao fracasso;[51] as rupturas dessa coerência por meio do ressurgimento inopinado do recalcado revelam não só que a "identidade" é construída, mas que a proibição que constrói a identidade é ineficaz (a lei paterna não deve ser entendida como uma vontade divina determinista, mas como um passo em falso perpétuo a preparar o terreno para insurreições contra ela).

As diferenças entre as posições materialista e lacaniana (e pós-lacaniana) emergem na disputa normativa sobre se há uma sexualidade resgatável "antes" ou "fora" da lei, na modalidade do inconsciente, ou "depois" da lei, como sexualidade pós-genital. Paradoxalmente, o tropo normativo da perversão polimórfica é compreendido como caracterizador de ambas as visões de sexualidade alternativa. Contudo, não há acordo sobre a maneira de delimitar essa "lei" ou conjunto de "leis". A crítica psicanalítica dá conta da construção do "sujeito" — e talvez também da ilusão da substância — na matriz das relações normativas de gênero. Em seu modo existencial-materialista, Wittig presume que o sujeito, a pessoa, tem uma integridade pré-social e anterior a seus traços de gênero. Por outro lado, "a lei paterna", em Lacan, assim como a primazia monológica do falocentrismo em Irigaray, levam a marca de uma singularidade monoteística talvez menos unitária e culturalmente universal do que presumem as suposições estruturalistas.[52]

A disputa, porém, também parece girar em torno da articulação de um tropo temporal de uma sexualidade

SUJEITOS DO SEXO/GÊNERO/DESEJO

subversiva, que floresce *antes* da imposição da lei, *após* sua derrubada ou durante sua vigência, como desafio constante à sua autoridade. Aqui parece sensato evocar novamente Foucault, que, ao afirmar que sexualidade e poder são co-extensivos, refuta implicitamente a postulação de uma sexualidade subversiva ou emancipatória que possa ser livre da lei. Podemos insistir nesse argumento, salientando que "o antes" e "o depois" da lei são modos de temporalidade discursiva e *performativamente* instituídos, invocados nos termos de uma estrutura normativa que afirma que a subversão, a desestabilização ou o deslocamento exigem uma sexualidade que de algum modo escape das proibições hegemônicas a pesarem sobre o sexo. Para Foucault, essas proibições são invariável e inopinadamente produtivas, no sentido de que "o sujeito" que supostamente é fundado e produzido nelas e por meio delas não tem acesso a uma sexualidade que esteja, em algum sentido, "fora", "antes" ou "depois" do próprio poder. O poder, ao invés da lei, abrange tanto as funções ou relações diferenciais jurídicas (proibitivas e reguladoras) como as produtivas (inintencionalmente generativas). Consequentemente, a sexualidade que emerge na matriz das relações de poder não é uma simples duplicação ou cópia da lei ela mesma, uma repetição uniforme de uma economia masculinista da identidade. As produções se desviam de seus propósitos originais e mobilizam inadvertidamente possibilidades de "sujeitos" que não apenas ultrapassam os limites da inteligibilidade cultural como efetivamente expandem as fronteiras do que é de fato culturalmente inteligível.

A norma feminista da sexualidade pós-genital tornou-se objeto de uma crítica significativa da parte das teóricas feministas da sexualidade, algumas das quais buscaram uma apropriação especificamente feminista e/ou lésbica de

Foucault. Contudo, a noção utópica de uma sexualidade livre dos construtos heterossexuais, uma sexualidade além do "sexo", não conseguiu reconhecer as maneiras como as relações de poder continuam construindo a sexualidade das mulheres, mesmo nos termos de uma homossexualidade ou lesbianismo "liberados".[53] A mesma crítica é feita contra a noção de um prazer sexual especificamente feminino, radicalmente diferenciado da sexualidade fálica. Os esforços ocasionais de Irigaray para deduzir uma sexualidade feminina específica de uma anatomia feminina específica foram, por algum tempo, o centro dos argumentos antiessencialistas.[54] O retorno à biologia como base de uma sexualidade ou significação específicas femininas parece desbancar a premissa feminista de que a biologia não é o destino. Porém, quer a sexualidade feminina se articule aqui num discurso da biologia por motivos puramente estratégicos,[55] quer seja de fato um retorno feminista ao essencialismo biológico, a caracterização da sexualidade feminina como radicalmente distinta da organização fálica da sexualidade continua problemática. As mulheres que não reconhecem essa sexualidade como sua, ou não compreendem sua sexualidade como parcialmente construída nos termos da economia fálica são potencialmente descartadas por essa teoria, acusadas de "identificação com o masculino" ou de "obscurantismo". Na verdade, o texto de Irigaray é frequentemente obscuro sobre a questão de saber se a sexualidade é culturalmente construída, ou se só é culturalmente construída nos termos do falo. Em outras palavras, estaria o prazer especificamente feminino "fora" da cultura, como sua pré-história ou seu futuro utópico? Se assim for, de que serve essa noção nas negociações das disputas contemporâneas sobre a sexualidade em termos de sua construção?

SUJEITOS DO SEXO/GÊNERO/DESEJO

O movimento pró-sexualidade no âmbito da teoria e da prática feministas tem efetivamente argumentado que a sexualidade sempre é construída nos termos do discurso e do poder, sendo o poder em parte entendido em termos das convenções culturais heterossexuais e fálicas. A emergência de uma sexualidade construída (não determinada) nesses termos, nos contextos lésbico, bissexual e heterossexual, *não* constitui, portanto, um sinal de identificação masculina num sentido reducionista. Não se trata de nenhum projeto fracassado de criticar o falocentrismo ou a hegemonia heterossexual, como se críticas políticas tivessem o poder de desfazer efetivamente a construção cultural da sexualidade das críticas feministas. Se a sexualidade é construída culturalmente no interior das relações de poder existentes, então a postulação de uma sexualidade normativa que esteja "antes", "fora" ou "além" do poder constitui uma impossibilidade cultural e um sonho politicamente impraticável, que adia a tarefa concreta e contemporânea de repensar as possibilidades subversivas da sexualidade e da identidade nos próprios termos do poder. Claro que essa tarefa crítica supõe que operar no interior da matriz de poder não é o mesmo que reproduzir acriticamente as relações de dominação. Ela oferece a possibilidade de uma repetição da lei que não representa sua consolidação, mas seu deslocamento. No lugar de uma sexualidade com "identidade masculina", em que o masculino atua como causa e significado irredutível dessa sexualidade, nós podemos desenvolver uma noção de sexualidade construída em termos das relações fálicas de poder, as quais reestruturariam e redistribuiriam as possibilidades desse falicismo por meio, precisamente, da operação subversiva das "identificações" que são inevitáveis no campo de poder da sexualidade. Se, como diz Jacqueline Rose, as "identificações" podem ser denunciadas como

PROBLEMAS DE GÊNERO

fantasias, então deve ser possível representar uma identificação que exiba sua estrutura fantástica. Em não havendo um repúdio radical de uma sexualidade culturalmente construída, o que resta é saber como reconhecer e "fazer" a construção em que invariavelmente estamos. Haverá formas de repetição que não constituam simples imitação, reprodução e, consequentemente, consolidação da lei (a noção anacrônica de "identificação masculina" que deve ser descartada do vocabulário feminista)? Que possibilidades existem de configurações de gênero entre as várias matrizes emergentes — e às vezes convergentes — da inteligibilidade cultural que rege a vida marcada pelo gênero?

Nos termos da teoria sexual feminista, é claro que a presença da dinâmica do poder na sexualidade não é, em nenhum sentido, a mesma coisa que a consolidação ou o aumento puro e simples de um regime de poder heterossexista ou falocêntrico. A "presença" das assim chamadas convenções heterossexuais nos contextos homossexuais, bem como a proliferação de discursos especificamente gays da diferença sexual, como no caso de *butch* e *femme** como identidades históricas de estilo sexual, não pode ser explicada como a representação quimérica de identidades originalmente heterossexuais. E tampouco elas podem ser compreendidas como a insistência perniciosa de construtos heterossexistas na sexualidade e na identidade gays. A repetição de construtos heterossexuais nas culturas sexuais gay e hétero bem pode representar o lugar inevitável da desnaturalização e mobilização das categorias de gênero. A replicação de construtos heterossexuais em estruturas não heterossexuais salienta o *status* cabalmente construído do assim chamado heterosse-

---

*Os termos *butch* e *femme* designam os papéis masculino e feminino eventualmente assumidos nos relacionamentos lésbicos. (*N. T.*)

SUJEITOS DO SEXO/GÊNERO/DESEJO

xual original. Assim, o gay é para o hétero não o que uma cópia *é* para o original, mas, em vez disso, o que uma cópia é para uma cópia. A repetição imitativa do "original", discutida nas partes finais do capítulo 3 deste livro, revela que o original nada mais é do que uma paródia da *ideia* do natural e do original.[56] Mesmo que construtos heterossexistas circulem como lugares praticáveis de poder/discurso a partir dos quais se faz o gênero, persiste a pergunta: que possibilidades existem de recirculação? Que possibilidades de fazer o gênero repetem e deslocam, por meio da hipérbole da dissonância, da confusão interna e da proliferação, os próprios construtos pelos quais os gêneros são mobilizados?

Observe-se não só que as ambiguidades e incoerências nas práticas heterossexual, homossexual e bissexual — e entre elas — são suprimidas e redescritas no interior da estrutura reificada do binário disjuntivo e assimétrico do masculino/feminino, mas que essas configurações culturais de confusão do gênero operam como lugares de intervenção, denúncia e deslocamento dessas reificações. Em outras palavras, a "unidade" do gênero é o efeito de uma prática reguladora que busca uniformizar a identidade do gênero por via da heterossexualidade compulsória. A força dessa prática é, mediante um aparelho de produção excludente, restringir os significados relativos de "heterossexualidade", "homossexualidade" e "bissexualidade", bem como os lugares subversivos de sua convergência e ressignificação. O fato de os regimes de poder do heterossexismo e do falocentrismo buscarem incrementar-se pela repetição constante de sua lógica, sua metafísica e suas ontologias naturalizadas não implica que a própria repetição deva ser interrompida — como se isso fosse possível. E se a repetição está fadada a persistir como mecanismo da reprodução cultural das identidades, daí emerge a questão crucial: que tipo de repetição subversiva poderia questionar a própria prática reguladora da identidade?

Se não pode haver recurso a uma "pessoa", um "sexo" ou uma "sexualidade" que escape à matriz de poder e às relações discursivas que efetivamente produzem e regulam a inteligibilidade desses conceitos para nós, o que constituiria a possibilidade de inversão, subversão ou deslocamento efetivos nos termos de uma identidade construída? Que possibilidades existem *em virtude* do caráter construído do sexo e do gênero? Embora Foucault seja ambíguo sobre o caráter preciso das "práticas reguladoras" que produzem a categoria do sexo e Wittig pareça investir toda a responsabilidade da construção na reprodução sexual e seu instrumento, a heterossexualidade compulsória, outros discursos convergem no sentido de produzir essa ficção categórica, por motivos nem sempre claros ou coerentes entre si. As relações de poder que permeiam as ciências biológicas não são facilmente redutíveis, e a aliança médico-legal que emergiu na Europa do século XIX gerou ficções categóricas que não poderiam ser antecipadas. A própria complexidade do mapa discursivo que constrói o gênero parece sustentar a promessa de uma convergência inopinada e generativa dessas estruturas discursivas e reguladoras. Se as ficções reguladoras do sexo e do gênero são, elas próprias, lugares de significado multiplamente contestado, então a própria multiplicidade de sua construção oferece a possibilidade de uma ruptura de sua postulação unívoca.

Claramente, esse projeto não propõe desenhar uma *ontologia* do gênero em termos filosóficos tradicionais, pela qual o significado de *ser* mulher ou homem seja elucidado em termos fenomenológicos. A presunção aqui é que o "ser" de um gênero é *um efeito*, objeto de uma investigação genealógica que mapeia os parâmetros políticos de sua

SUJEITOS DO SEXO/GÊNERO/DESEJO

construção no modo da ontologia. Declarar que o gênero é construído não é afirmar sua ilusão ou artificialidade, em que se compreende que esses termos residam no interior de um binário que contrapõe como opostos o "real" e o "autêntico". Como genealogia da ontologia do gênero, a presente investigação busca compreender a produção discursiva da plausibilidade dessa relação binária, e sugerir que certas configurações culturais do gênero assumem o lugar do "real" e consolidam e incrementam sua hegemonia por meio de uma autonaturalização apta e bem-sucedida.

Se há algo de certo na afirmação de Beauvoir de que ninguém nasce e sim *torna-se* mulher decorre que *mulher* é um termo em processo, um devir, um construir de que não se pode dizer com acerto que tenha uma origem ou um fim. Como uma prática discursiva contínua, o termo está aberto a intervenções e ressignificações. Mesmo quando o gênero parece cristalizar-se em suas formas mais reificadas, a própria "cristalização" é uma prática insistente e insidiosa, sustentada e regulada por vários meios sociais. Para Beauvoir, nunca se pode tornar-se mulher em definitivo, como se houvesse um *telos* a governar o processo de aculturação e construção. O gênero é a estilização repetida do corpo, um conjunto de atos repetidos no interior de uma estrutura reguladora altamente rígida, a qual se cristaliza no tempo para produzir a aparência de uma substância, de uma classe natural de ser. A genealogia política das ontologias do gênero, em sendo bem-sucedida, desconstruiria a aparência substantiva do gênero, desmembrando-a em seus atos constitutivos, e explicaria e localizaria esses atos no interior das estruturas compulsórias criadas pelas várias forças que policiam a aparência social do gênero. Expor os atos contingentes que criam a aparência de uma necessidade natural, tentativa que tem feito parte da crítica cultural pelo menos desde Marx, é tarefa que assume agora a responsabilidade acrescida de mostrar como a própria noção de sujeito, só inteligível por meio de sua aparência de gênero, admite possibilidades excluídas à força pelas várias reificações do gênero constitutivas de suas ontologias contingentes.

O capítulo seguinte investiga alguns aspectos da abordagem psicanalítica estruturalista da diferença sexual e da construção da sexualidade relativamente a seu poder de contestar os regimes reguladores aqui esboçados, e também a seu papel na reprodução acrítica desses regimes. A univocidade do sexo, a coerência interna do gênero e a estrutura binária para o sexo e o gênero são sempre consideradas como ficções reguladoras que consolidam e naturalizam regimes de poder convergentes de opressão masculina e heterossexista. O capítulo final considera a própria noção de "corpo", não como uma superfície pronta à espera de significação, mas como um conjunto de fronteiras, individuais e sociais, politicamente significadas e mantidas. Mostraremos que o sexo, não mais visto como uma "verdade" interior das predisposições e da identidade, é uma significação *performativamente* ordenada (e portanto não "é" pura e simplesmente), uma significação que, liberta da interioridade e da superfície naturalizadas, pode ocasionar a proliferação parodística e o jogo subversivo dos significados do gênero. O texto continuará, então, como um esforço de refletir a possibilidade de subverter e deslocar as noções naturalizadas e reificadas do gênero que dão suporte à hegemonia masculina e ao poder heterossexista, para criar problemas de gênero não por meio de estratégias que representem um além utópico, mas da mobilização, da confusão subversiva e da proliferação precisamente daquelas categorias constitutivas que buscam manter o gênero em seu lugar, a posar como ilusões fundadoras da identidade.

CAPÍTULO 2 Proibição, psicanálise e a produção da
matriz heterossexual

> *A mentalidade hétero continua a afirmar que o
> incesto, e não a homossexualidade, representa sua
> maior interdição. Assim, quando pensada pela
> mente hétero, a homossexualidade não passa de
> heterossexualidade.*
>
> Monique Wittig, *The Straight Mind*
> [A mentalidade hétero]

Houve ocasiões em que a teoria feminista se sentiu atraída
pelo pensamento de uma origem, de um tempo anterior
ao que alguns chamariam de "patriarcado", capaz de
oferecer uma perspectiva imaginária a partir da qual
estabelecer a contingência da história da opressão das mulheres. Surgiram debates para saber se existiram culturas
pré-patriarcais; se eram matriarcais ou matrilineares em
sua estrutura; e se o patriarcado teve um começo e está,
consequentemente, sujeito a um fim. Compreensivelmente,
o ímpeto crítico por trás desse tipo de pesquisa buscava
mostrar que o argumento antifeminista da inevitabilidade
do patriarcado constituía uma reificação e uma naturalização de um fenômeno *histórico* e contingente.

Embora se pretendesse que o retorno ao estado cultural
pré-patriarcal expusesse a autorreificação do patriarcado,

PROBLEMAS DE GÊNERO

esse esquema pré-patriarcal acabou mostrando ser outro tipo de reificação. Mais recentemente, contudo, algumas feministas desenvolveram uma crítica reflexiva de alguns construtos reificados no interior do próprio feminismo. A própria noção de "patriarcado" andou ameaçando tornar-se um conceito universalizante, capaz de anular ou reduzir expressões diversas da assimetria do gênero em diferentes contextos culturais. Quando o feminismo buscou estabelecer uma relação integral com as lutas contra a opressão racial e colonialista, tornou-se cada vez mais importante resistir à estratégia epistemológica colonizadora que subordinava diferentes configurações de dominação à rubrica de uma noção transcultural de patriarcado. Enunciar a lei do patriarcado como uma estrutura repressiva e reguladora também exige uma reconsideração a partir dessa perspectiva crítica. O recurso feminista a um passado imaginário tem de ser cauteloso, pois, ao desmascarar as afirmações autorreificadoras do poder masculinista, deve evitar promover uma reificação politicamente problemática da experiência das mulheres.

A autojustificação de uma lei repressiva ou subordinadora quase sempre se baseia no histórico de como eram as coisas *antes* do advento da lei, e de como se deu seu surgimento em sua forma presente e necessária.[1] A fabricação dessas origens tende a descrever um estado de coisas anterior à lei, seguindo uma narração necessária e unilinear que culmina na constituição da lei e desse modo a justifica. A história das origens é, assim, uma tática astuciosa no interior de uma narrativa que, por apresentar um relato único e autorizado sobre um passado irrecuperável, faz a construção da lei parecer uma inevitabilidade histórica.

Algumas feministas encontraram traços de um futuro utópico no passado pré-jurídico, fonte potencial de subversão

PROIBIÇÃO, PSICANÁLISE E A PRODUÇÃO DA MATRIZ...

ou insurreição que encerraria a promessa de conduzir à destruição da lei e à afirmação de uma nova ordem. Mas, se o "antes" imaginário é inevitavelmente vislumbrado nos termos de uma narrativa pré-histórica — que serve para legitimar o estado atual da lei ou, alternativamente, o futuro imaginário além da lei —, então esse "antes" esteve desde sempre imbuído das fabricações autojustificadoras dos interesses presentes e futuros, fossem eles feministas ou antifeministas. A postulação desse "antes" na teoria feminista torna-se politicamente problemática quando obriga o futuro a materializar uma noção idealizada do passado, ou quando apoia, mesmo inadvertidamente, a reificação de uma esfera pré-cultural do autêntico feminino. Esse recurso a uma feminilidade original ou genuína é um ideal nostálgico e provinciano que rejeita a demanda contemporânea de formular uma abordagem do gênero como uma construção cultural complexa. Esse ideal tende não só a servir a objetivos culturalmente conservadores, mas a constituir uma prática excludente no seio do feminismo, precipitando precisamente o tipo de fragmentação que o ideal pretende superar.

Em toda a especulação de Engels, do feminismo socialista e das posições feministas enraizadas na antropologia estruturalista, são muitos os esforços para localizar na história ou na cultura momentos ou estruturas que estabeleçam hierarquias de gênero. Busca-se isolar essas estruturas ou períodos-chave de maneira a repudiar as teorias reacionárias que naturalizam ou universalizam a subordinação das mulheres. Como esforços significativos para produzir um deslocamento crítico dos gestos universalizantes de opressão, essas teorias constituem parte do campo teórico contemporâneo onde amadurecem novas contestações da opressão. Contudo, é preciso esclarecer se essas importantes críticas

PROBLEMAS DE GÊNERO

da hierarquia do gênero fazem ou não uso de pressuposições fictícias que implicam ideais normativos problemáticos.

A antropologia estruturalista de Lévi-Strauss, inclusive a problemática distinção natureza/cultura, foi apropriada por algumas teóricas feministas para dar suporte e elucidar a distinção sexo/gênero: a suposição de haver um feminino natural ou biológico, subsequentemente transformado numa "mulher" socialmente subordinada, com a consequência de que o "sexo" está para a natureza ou a "matéria-prima" assim como o gênero está para a cultura ou o "fabricado". Se a perspectiva de Lévi-Strauss fosse verdadeira, seria possível mapear a transformação do sexo em gênero, localizando o mecanismo cultural estável — as regras de intercâmbio do parentesco — que efetua essa transformação de modo regular. Nessa visão, o "sexo" vem antes da lei, no sentido de ser cultural e politicamente indeterminado, constituindo, por assim dizer, a "matéria-prima" cultural que só começa a gerar significação por meio de e após sua sujeição às regras de parentesco.

Contudo, o próprio conceito do sexo-como-matéria, do sexo-como-instrumento-de-significação-cultural, é uma formação discursiva que atua como fundação naturalizada da distinção natureza/cultura e das estratégias de dominação por ela sustentadas. A relação binária entre cultura e natureza promove uma relação de hierarquia em que a cultura "impõe" significado livremente à natureza, transformando-a, consequentemente, num Outro a ser apropriado para seu uso ilimitado, salvaguardando a idealidade do significante e a estrutura de significação conforme o modelo de dominação.

As antropólogas Marilyn Strathern e Carol MacCormack argumentaram que o discurso natureza/cultura normalmente concebe que a natureza é "feminina" e precisa ser subordinada pela cultura, invariavelmente concebida como masculina, ativa e abstrata.[2] Como na dialética existencial da misoginia, trata-se de mais um exemplo em que a razão e a mente são associadas com a masculinidade e a ação, ao passo que corpo e natureza são considerados como a facticidade muda do feminino, à espera de significação a partir de um sujeito masculino oposto. Como na dialética misógina, materialidade e significado são termos mutuamente excludentes. A política sexual que constrói e mantém essa distinção oculta-se por trás da produção discursiva de uma natureza e, a rigor, de um sexo natural que figuram como a base inquestionável da cultura. Críticos do estruturalismo, como Clifford Geertz, argumentaram que seu arcabouço universalizante não considera a multiplicidade das configurações culturais da "natureza". A análise que supõe ser a natureza singular e pré-discursiva não pode se perguntar: o que se caracteriza como "natureza" num dado contexto cultural, e com que propósito? É o dualismo realmente necessário? Como são construídos e naturalizados, um no outro e por meio um do outro, os dualismos sexo/gênero e natureza/cultura? A que hierarquias de gênero servem eles, e que relações de subordinação reificam? Se a própria designação do sexo é política, então o "sexo", essa que se supõe ser a designação mais tosca, mostra-se desde sempre "fabricado", e as distinções centrais da antropologia estruturalista parecem desmoronar.[3]

Compreensivelmente, o esforço para localizar uma natureza sexuada antes da lei parece enraizar-se no projeto mais fundamental de se poder pensar que a lei patriarcal não é universalmente válida e determinante de tudo. Pois se o gênero construído é tudo que existe, parece não haver nada "fora" dele, nenhuma âncora epistemológica plan-

PROBLEMAS DE GÊNERO

tada em um "antes" pré-cultural, podendo servir como ponto de partida epistemológico alternativo para uma avaliação crítica das relações de gênero existentes. Localizar o mecanismo mediante o qual o sexo se transforma em gênero é pretender estabelecer, em termos não biológicos, não só o caráter de construção do gênero, seu *status* não natural e não necessário, mas também a universalidade cultural da opressão. Como esse mecanismo é formulado? Pode ele ser encontrado, ou só meramente imaginado? A designação de sua universalidade ostensiva é menos reificadora do que a posição que explica a opressão universal pela biologia?

A noção *per se* de construto só se mostra útil ao projeto político de ampliar o espectro das possíveis configurações do gênero quando o mecanismo de construção do gênero implica a *contingência* dessa construção. Contudo, se há uma vida do corpo além da lei, ou uma recuperação do corpo antes da lei, que assim emerge como objetivo normativo da teoria feminista, tal norma afasta o foco da teoria feminista dos termos concretos da luta cultural contemporânea. Os subcapítulos a seguir, sobre psicanálise, estruturalismo e o *status* e poder de suas proibições instituidoras do gênero, se concentrarão precisamente nessa noção da lei: qual é seu *status* ontológico — é ele jurídico, opressivo e reducionista em seu funcionamento, ou cria inadvertidamente a possibilidade de sua própria substituição cultural? Em que medida a enunciação de um corpo anterior ao próprio enunciado contradiz *performativamente* a si mesma e gera alternativas em seu lugar?

A permuta crítica do estruturalismo

O discurso estruturalista tende a se referir à Lei, no singular, seguindo o argumento de Lévi-Strauss de que existe uma estrutura universal da troca reguladora que caracteriza todos os sistemas de parentesco. Segundo *As estruturas elementares de parentesco*, as *mulheres* são o objeto da troca que consolida e diferencia as relações de parentesco, sendo ofertadas como dote de um clã patrilinear para outro, por meio da instituição do casamento.[4] A ponte, o dote, o objeto de troca constitui "um signo e um valor", o qual abre um canal de intercâmbio que atende não só ao objetivo *funcional* de facilitar o comércio, mas realiza o propósito *simbólico* ou *ritualístico* de consolidar os laços internos, a identidade coletiva de cada clã diferenciado por esse ato.[5] Em outras palavras, a noiva funciona como termo relacional entre grupos de homens; ela não *tem* uma identidade, e tampouco permuta uma identidade por outra. Ela *reflete* a identidade masculina, precisamente por ser o lugar de sua ausência. Os membros do clã, invariavelmente masculino, evocam a prerrogativa da identidade por via do casamento, um ato repetido de diferenciação simbólica. A exogamia distingue e vincula patronimicamente tipos específicos de homens. A patrilinearidade é garantida pela expulsão ritualística das mulheres e, reciprocamente, pela importação ritualística de mulheres. Como esposas, as mulheres não só asseguram a reprodução do *nome* (objetivo *funcional)*, mas viabilizam o intercurso simbólico entre clãs de homens. Como lugar da permuta patronímica, as mulheres são e não são o signo patronímico, pois são excluídas do significante, do próprio sobrenome que portam. No matrimônio, a mulher não se qualifica como

PROBLEMAS DE GÊNERO

uma identidade, mas somente como um termo relacional que distingue e vincula os vários clãs a uma identidade patrilinear comum mas internamente diferenciada.

A sistematicidade estrutural da explicação de Lévi--Strauss das relações de parentesco faz apelo a uma lógica universal que parece estruturar as relações humanas. Ainda que Lévi-Strauss nos revele, em *Tristes trópicos,* ter abandonado a filosofia porque a antropologia fornecia uma textura cultural mais concreta para a análise da vida humana, ele todavia assimila essa textura cultural a uma estrutura lógica totalizante, a qual faz suas análises retornarem de fato às estruturas filosóficas descontextualizadas que ele teria pretensamente abandonado. Embora seja possível levantar diversas questões sobre as presunções de universalidade da obra de Lévi-Strauss (assim como em *Local Knowledge* [Conhecimento local], do antropólogo Clifford Geertz), as questões aqui dizem respeito ao lugar das hipóteses identitárias nessa lógica universal, e à relação dessa lógica identitária com o *status* subalterno das mulheres na realidade cultural que essa mesma lógica busca descrever. Se a natureza simbólica da troca é também seu caráter universalmente humano, e se essa estrutura universal distribui "identidades" às pessoas do sexo masculino e uma "negação" ou "falta" relacional e subalterna às mulheres, então a lógica em questão pode ser contestada por uma posição (ou conjunto de posições) excluída de seus próprios termos. Como seria uma lógica alternativa do parentesco? Até que ponto os sistemas lógicos identitários sempre exigem que a construção de identidades socialmente impossíveis ocupe o lugar de uma relação não nomeada, excluída, mas pressuposta e subsequentemente ocultada pela própria lógica? Explicita-se aqui o ímpeto demarcador

PROIBIÇÃO, PSICANÁLISE E A PRODUÇÃO DA MATRIZ...

de Irigaray em relação à economia falocêntrica, bem como o grande impulso pós-estruturalista no seio do feminismo que questiona se uma crítica efetiva do falocentrismo exige a eliminação do Simbólico, como definido por Lévi-Strauss.

O caráter *total* e *fechado* da linguagem é presumido e contestado no estruturalismo. Embora Saussure entenda como arbitrária a relação entre significante e significado, ele situa essa relação arbitrária no interior de um sistema linguístico necessariamente completo. Todos os termos linguísticos pressupõem uma totalidade linguística de estruturas, cuja integridade é pressuposta e implicitamente evocada para conferir sentido a qualquer termo. Essa opinião quase leibniziana, em que a linguagem figura como uma totalidade sistemática, suprime efetivamente o momento da diferença entre o significante e o significado, relacionando e unificando esse momento de arbitrariedade dentro de um campo totalizante. A ruptura pós-estruturalista com Saussure e com as estruturas identitárias de troca encontradas em Lévi-Strauss refuta as afirmações de totalidade e universalidade, bem como a presunção de oposições estruturais binárias a operarem implicitamente no sentido de subjugar a ambiguidade e abertura insistentes da significação linguística e cultural.[6] Como resultado, a discrepância entre significante e significado torna-se a *différance* operativa e ilimitada de linguagem, transformando toda referência em deslocamento potencialmente ilimitado.

Para Lévi-Strauss, a identidade cultural masculina é estabelecida por meio de um ato aberto de diferenciação entre clãs patrilineares, em que a "diferença" nessa relação é hegeliana — isto é, distingue e vincula ao mesmo tempo. Mas a "diferença" estabelecida entre os homens e as mulheres que efetivam a diferenciação entre os homens escapa completamente a essa dialética. Em outras palavras, o momento diferenciador da troca social parece ser um laço social entre os homens, uma união hegeliana entre termos masculinos, simultaneamente especificados e individualizados.[7] Num nível abstrato, trata-se de uma identidade-na-diferença, visto que ambos os clãs retêm uma identidade semelhante: masculinos, patriarcais e patrilineares. Ostentando nomes diferentes, eles particularizam a si mesmos no seio de uma identidade cultural masculina que tudo abrange. Mas que relação institui as mulheres como objeto de troca, inicialmente portadoras de um sobrenome e depois de outro? Que tipo de mecanismo diferenciador distribui as funções do gênero desse modo? Que espécie de *différance* diferenciadora na economia hegeliana de Lévi-Strauss aceita e rechaça a negação explícita da mediação masculina? Como argumenta Irigaray, essa economia falocêntrica depende essencialmente de uma economia da *différance* nunca manifesta, mas sempre pressuposta e renegada. Com efeito, as relações entre clãs patrilineares são baseadas em um desejo homossocial (o que Irigaray chama de "homossexualidade"),[8] numa sexualidade *recalcada* e consequentemente desacreditada, numa relação entre homens que, em última instância, concerne aos laços entre os homens, mas se dá por intermédio da troca e da distribuição heterossexual das mulheres.[9]

Numa passagem que revela o inconsciente homoerótico da economia falocêntrica, Lévi-Strauss apresenta a ligação entre o tabu do incesto e a consolidação dos laços homoeróticos: "A troca — e, consequentemente, a regra da exogamia — não é simplesmente a da permuta de bens. A troca — e, consequentemente, a regra da exogamia que a expressa — tem em si mesma um valor social. Propicia os meios de manter os homens vinculados."

PROIBIÇÃO, PSICANÁLISE E A PRODUÇÃO DA MATRIZ...

O tabu produz a heterossexualidade exogâmica, a qual Lévi-Strauss compreende como obra ou realização artificial de uma heterossexualidade não incestuosa, obtida mediante a proibição de uma sexualidade mais natural e irrestrita (hipótese partilhada por Freud em *Três ensaios sobre a teoria da sexualidade).*

Contudo, a relação de reciprocidade estabelecida entre os homens é a condição de uma relação radical de não reciprocidade entre homens e mulheres e, também, por assim dizer, de uma não relação entre as mulheres. A famosa afirmação de Lévi-Strauss de que "o surgimento do pensamento simbólico deve ter exigido que as mulheres, como as palavras, fossem coisas a serem trocadas" sugere uma necessidade que o próprio Lévi-Strauss induz, a partir da posição retrospectiva de um observador transparente, das pretensas estruturas universais da cultura. Mas a expressão "deve ter exigido" só aparece como inferência *performativa;* considerando que o momento em que o simbólico surgiu não poderia ter sido testemunhado por Lévi-Strauss, ele conjetura uma história necessária: o relato torna-se assim injunção. Sua análise induziu Irigaray a refletir sobre o que aconteceria se "os deuses se juntassem" e revelassem a imprevista atuação de uma economia sexual alternativa. Seu trabalho recente, *Sexes e parentés,*[10] oferece uma exegese crítica de como essa construção da troca recíproca entre homens pressupõe uma não reciprocidade entre os sexos que não se pode articular dentro dessa economia, assim como a impossibilidade de nomear a fêmea, o feminino e a sexualidade lésbica.

Se existe um domínio sexual que é *excluído* do Simbólico e pode potencialmente revelá-lo como hegemônico, ao invés de totalizante em seu alcance, então tem de ser possível situar esse domínio excluído dentro ou fora dessa

PROBLEMAS DE GÊNERO

economia, e pensar sua intervenção estrategicamente, nos termos dessa localização. A releitura, a seguir, da lei estruturalista e da narrativa que explica a produção da diferença sexual em seus termos centra-se na fixidez e universalidade presumidas dessa lei, e, através de uma crítica genealógica, busca expor seu poder de generatividade inadvertida e autoanuladora. Produziria "a Lei" essas posições, unilateralmente ou invariavelmente? Pode ela gerar configurações de sexualidade que a contestem efetivamente, ou são essas contestações inevitavelmente fantasmáticas? É possível especificar a *generatividade* dessa lei como variável ou até subversiva?

A lei que proíbe o incesto é o *locus* da economia de parentesco que proíbe a endogamia. Lévi-Strauss afirma que a centralidade do tabu do incesto estabelece o nexo significante entre a antropologia estrutural e a psicanálise. Embora Lévi-Strauss reconheça o descrédito de *Totem e tabu*, de Freud, no terreno empírico, ele considera esse gesto de repúdio como uma prova paradoxal de apoio à tese de Freud. Para Lévi-Strauss, o incesto não é um fato social, mas uma fantasia cultural muito difundida. Presumindo a masculinidade heterossexual do sujeito do desejo, Lévi-Strauss sustenta que "o desejo pela mãe ou irmã, o assassinato do pai e o arrependimento dos filhos indubitavelmente não correspondem a nenhum fato ou grupo de fatos a ocupar um dado lugar na história. Mas talvez expressem simbolicamente um sonho antigo e vivedouro".[11]

Num esforço para afirmar a percepção psicanalítica da fantasia incestuosa inconsciente, Lévi-Strauss refere-se à "magia desse sonho, ao seu poder de moldar ideias que são desconhecidas dos homens [...] os atos evocados [pelo sonho] nunca foram cometidos, porque a cultura se opõe

PROIBIÇÃO, PSICANÁLISE E A PRODUÇÃO DA MATRIZ...

a eles em todos os tempos e em todos os lugares".[12] Esta afirmação deveras surpreendente nos dá uma percepção não só da visível capacidade de negação de Lévi-Strauss (atos de incesto "nunca foram cometidos"!), mas também da dificuldade central decorrente da suposição da eficácia dessa proibição. O fato de a proibição existir não significa absolutamente que funcione. Ao invés disso, sua existência parece sugerir que desejos, ações e, a rigor, práticas sociais difundidas de incesto são produzidos precisamente em virtude da erotização desse tabu. O fato de que os desejos incestuosos sejam fantasísticos não implica de modo algum que deixem de ser "fatos sociais". A questão é antes saber como tais fantasias são produzidas e efetivamente instituídas, em consequência de sua proibição. Além disso, de que modo a convicção social de que a proibição *é* eficaz, aqui sintomaticamente articulada por Lévi-Strauss, renega e, portanto, cria um espaço social em que as práticas incestuosas ficam livres para se reproduzir sem proscrição?

Para Lévi-Strauss, tanto o tabu contra o ato do incesto heterossexual entre filho e mãe como a fantasia incestuosa instalam-se como verdades culturais universais. Mas como se constitui a heterossexualidade incestuosa como matriz ostensivamente natural e pré-artificial do desejo, e de que modo se estabelece o desejo como prerrogativa heterossexual masculina? Nessa perspectiva fundadora do estruturalismo, a naturalização tanto da heterossexualidade como da agência sexual masculina são construções discursivas em parte alguma explicadas, mas em toda parte presumidas.

A apropriação lacaniana de Lévi-Strauss está centrada na proibição do incesto e na regra da exogamia na reprodução da cultura, sendo a cultura primordialmente entendida como um conjunto de estruturas e significações linguísticas.

PROBLEMAS DE GÊNERO

Para Lacan, a Lei que proíbe a união incestuosa entre o menino e a mãe inaugura as estruturas de parentesco, uma série altamente regulamentada de deslocamentos libidinais que ocorrem por intermédio da linguagem. Embora as estruturas da linguagem, coletivamente entendidas como o Simbólico, mantenham uma integridade ontológica separada dos vários agentes falantes pelos quais atuam, a Lei reafirma e individualiza a si mesma nos termos de toda entrada infantil na cultura. A fala só emerge em condições de insatisfação, sendo a insatisfação instituída por via da proibição incestuosa; perde-se a *jouissance* [o gozo] original pelo recalcamento primário que funda o sujeito. Em seu lugar emerge o signo que é analogamente barrado do significante, e que busca naquilo que significa a recuperação daquele prazer irrecuperável. Lastreado nessa proibição, o sujeito só fala para deslocar o desejo pelas substituições metonímicas desse prazer irrecuperável. A linguagem é o resíduo e a realização alternativa do desejo insatisfeito, a produção cultural diversificada de uma sublimação que nunca satisfaz realmente. O fato de a linguagem, inevitavelmente, não conseguir significar é a consequência necessária da proibição que alicerça a possibilidade da linguagem e marca a futilidade de seus gestos referenciais.

Lacan, Riviere e as estratégias da mascarada

Em termos lacanianos, perguntar sobre o "ser" do gênero e/ou do sexo é confundir o próprio objetivo da teoria da linguagem de Lacan. O autor contesta a primazia dada à ontologia na metafísica ocidental e insiste na subordinação da pergunta "o que é?" à pergunta "como se institui e localiza o 'ser' por meio das práticas significantes da economia paterna?". A especificação ontológica do ser, a negação e as relações são determinadas por uma linguagem estruturada pela lei paterna e seus mecanismos de diferenciação. Uma coisa só entre elas assume a caracterização do "ser" e passa a ser mobilizada por esse gesto ontológico dentro de uma estrutura de significação que, como o Simbólico, é em si mesma pré-ontológica.

Não há portanto inquirição da ontologia *per se,* nenhum acesso ao ser, sem uma inquirição prévia do "ser" do Falo, a significação autorizadora da Lei que toma a diferença sexual como pressuposição de sua própria inteligibilidade. "Ser" o Falo e "ter" o Falo denotam posições sexuais divergentes, ou não posições (na verdade, posições impossíveis), no interior da linguagem. "Ser" o Falo é ser o "significante" do desejo do Outro e *apresentar-se* como esse significante. Em outras palavras, é ser o objeto, o Outro de um desejo masculino (heterossexualizado), mas também é representar ou refletir esse desejo. Trata-se de um Outro que constitui não o limite da masculinidade numa alteridade feminina, mas o lugar de uma autoelaboração masculina. Para as mulheres, "ser" o Falo significa refletir o poder do Falo, significar esse poder, "incorporar" o Falo, prover o lugar em que ele penetra, e significar o Falo mediante a condição de "ser" o seu Outro, sua ausência, sua falta, a confirmação dialética de sua identidade. Ao afirmar que o Outro a quem falta o Falo é aquele que *é* o Falo, Lacan sugere claramente que o poder é exercido por essa posição feminina de não ter, e que o sujeito masculino que "tem" o Falo precisa que esse Outro confirme e, consequentemente, seja o Falo em seu sentido "ampliado".[13]

Essa caracterização ontológica pressupõe que a aparência ou efeito do ser é sempre produzido pelas estruturas

PROBLEMAS DE GÊNERO

de significação. A ordem simbólica cria a inteligibilidade cultural por meio das posições mutuamente excludentes de "ter" o Falo (a posição dos homens) e "ser" o Falo (a posição paradoxal das mulheres). A interdependência dessas posições evoca as estruturas hegelianas da reciprocidade falha entre o senhor e o escravo, particularmente a inesperada dependência do senhor em relação ao escravo para estabelecer sua própria identidade, mediante reflexão.[14] Lacan, entretanto, monta este drama num domínio fantasístico. Todo esforço para estabelecer a identidade nos termos dessa disjunção entre o "ser" e o "ter" retorna às inevitáveis "falta" e "perda" que alicerçam sua construção fantasística e marcam a incomensurabilidade do Simbólico e do real.

Se o Simbólico é compreendido como uma estrutura de significação cultural universal, em parte alguma plenamente exemplificada no real, faz sentido perguntar: o que ou quem significa o que ou quem nessa história ostensivamente transcultural? Essa pergunta, contudo, insere-se num contexto que pressupõe um sujeito como significante e um objeto como significado, a dicotomia epistemológica tradicional da filosofia antes do deslocamento estruturalista do sujeito. Lacan questiona esse esquema de significação. Ele apresenta a relação entre os sexos em termos que revelam o "eu" falante como um efeito masculinizado do recalcamento, que figura como um sujeito autônomo e autorreferido, mas cuja própria coerência é posta em questão pelas posições sexuais que exclui no processo de formação da identidade. Para Lacan, o sujeito só passa a existir — isto é, só começa a colocar-se como um significante autorreferido no corpo da linguagem — sob a condição de um recalcamento primário dos prazeres incestuosos pré-individuados associados com o corpo materno (então recalcado).

PROIBIÇÃO, PSICANÁLISE E A PRODUÇÃO DA MATRIZ...

O sujeito masculino só *se manifesta* para originar significados e, por meio disso, significar. Sua autonomia aparentemente autorreferida tenta ocultar o recalcamento que, ao mesmo tempo, é sua base e a possibilidade perpétua de seu deslastreamento. Mas esse processo de constituição do sentido exige que as mulheres reflitam esse poder masculino e confirmem por toda a parte a esse poder a realidade de sua autonomia ilusória. Essa tarefa se confunde, para dizer o mínimo, quando a demanda de que as mulheres reflitam o poder autônomo do sujeito/significante masculino torna-se essencial para a construção dessa autonomia, tornando-se, assim, a base de uma dependência radical que na verdade solapa a função a que serve. Além disso, porém, essa dependência, ainda que negada, também é *buscada* pelo sujeito masculino, pois a mulher como signo garante *é* o corpo materno deslocado, a promessa vã mas persistente de recuperar o gozo pré-individuado. Assim, o conflito da masculinidade parece ser precisamente a demanda de um reconhecimento pleno da autonomia, o qual encerrará — também e todavia — a promessa de um retorno aos prazeres plenos anteriores ao recalcamento e à individuação.

Diz-se que as mulheres "são" o Falo no sentido de manterem o poder de refletir ou representar a "realidade" das posturas autorreferidas do sujeito masculino, um poder que, se retirado, romperia as ilusões fundadoras da posição desse sujeito. Para "ser" o Falo, refletoras ou garantes da posição aparente do sujeito masculino, as mulheres têm de se tornar, têm de "ser" (no sentido de "posarem como se fossem") precisamente o que os homens não são e, por sua própria falta, estabelecer a função essencial dos homens. Assim, "ser" o Falo é sempre "ser para" um sujeito masculino que busca reconfirmar e aumentar

PROBLEMAS DE GÊNERO

sua identidade pelo reconhecimento dessa que "é para". Num sentido vigoroso, Lacan contesta a noção de que os *homens* signifiquem o significado das *mulheres*, ou de que as *mulheres* signifiquem o significado dos *homens*. A divisão e a troca entre "ser" e "ter" o Falo é estabelecida pelo Simbólico, a lei paterna. Claro, parte da dimensão cômica desse modelo falho de reciprocidade é que tanto a posição masculina como a feminina são significadas, pertencendo o significante ao Simbólico, o qual nunca pode ser mais do que nominalmente assumido por ambas as posições.

Ser o Falo é ser significado pela lei paterna, é tanto ser seu objeto e instrumento como, em termos estruturalistas, o "signo" e a promessa de seu poder. Consequentemente, como objeto constituído ou significado de troca pelo qual a lei paterna estende seu poder e o modo como se apresenta, diz-se que as mulheres são o Falo, isto é, o emblema de sua circulação contínua. Mas esse "ser" o Falo é necessariamente insatisfatório, na medida em que as mulheres jamais poderão refletir plenamente essa lei; algumas feministas argumentam que isso exigiria uma renúncia ao próprio desejo das mulheres (uma dupla renúncia, de fato, correspondente à "onda dupla" de recalcamento que Freud afirmou fundar a feminilidade),[15] o que representaria a expropriação desse desejo como um desejo de não ser nada além do reflexo, do garante da necessidade difundida do Falo.

Por outro lado, diz-se que os homens "têm" o Falo mas nunca o "são", no sentido de que o pênis não é equivalente à Lei, e nunca poderá simbolizá-la plenamente. Assim, verifica-se a impossibilidade necessária ou pressuposta de todo esforço para ocupar a posição de "ter" o Falo, com a consequência de que ambas as posições, a de "ter" ou a de "ser", devem ser entendidas nos termos de Lacan, como

PROIBIÇÃO, PSICANÁLISE E A PRODUÇÃO DA MATRIZ...

fracassos cômicos, todavia obrigados a articular e encenar essas impossibilidades repetidas.

Mas, como as mulheres "parecem" ser o Falo, a falta que encarna e afirma o Falo? Segundo Lacan, isso se faz através da mascarada, efeito de uma melancolia que é essencial à posição feminina como tal. No ensaio "A significação do falo", ele escreve sobre "as relações entre os sexos": "Digamos que essas relações girarão em torno de um ser e de um ter que, por se reportarem a um significante, o falo, têm o efeito contrário de, por um lado, dar realidade ao sujeito nesse significante, e, por outro, irrealizar as relações a serem significadas."[16]

Nas linhas imediatamente subsequentes, Lacan parece referir-se à aparência de "realidade" do sujeito masculino, assim como à "irrealidade" da heterossexualidade. Ele também parece referir-se à posição das mulheres (minha intervenção está entre colchetes): "E isso pela intervenção de um parecer que substitui o ter [exige-se uma substituição, sem dúvida, pois diz-se que as mulheres não 'têm'], para, de um lado, protegê-lo e, do outro, mascarar sua falta no outro." Embora não se explicite aqui propriamente o gênero gramatical, parece que Lacan está descrevendo a posição das mulheres para quem a "falta" é característica, precisando portanto ser mascarada, e que, num sentido inespecífico, carecem de proteção. Lacan afirma então que essa situação produz "o efeito [de] projetar inteiramente as manifestações ideais ou típicas do comportamento de cada um dos sexos, até o limite do ato da copulação, na comédia" (p. 701).

Lacan continua sua exposição sobre a comédia heterossexual, explicando que esse "parecer" o Falo que as mulheres são compelidas a representar é inevitavelmente *uma mascarada*. O termo é significativo porque sugere sentidos contra-

PROBLEMAS DE GÊNERO

ditórios: por um lado, se o "ser", a especificação ontológica do Falo, é uma mascarada, então isso pareceria reduzir todo ser a uma forma de aparência, a aparência de ser, com a consequência de que toda a ontologia do gênero é redutível a um jogo de aparências. Por outro lado, mascarada sugere que existe um "ser" ou uma especificação ontológica da feminilidade *anterior* à mascarada, um desejo ou demanda feminina que é mascarado e capaz de revelação, e que, na verdade, pode pressagiar uma ruptura e deslocamento eventuais da economia significante falocêntrica.

Podem-se discernir pelo menos duas tarefas muito diferentes a partir da estrutura ambígua da análise de Lacan. Por um lado, pode-se compreender a mascarada como a produção *performativa* de uma ontologia sexual, uma aparência que se faz convincente como "ser"; por outro lado, pode-se ler a mascarada como a negação de um desejo feminino, a qual pressupõe uma feminilidade ontológica anterior, regularmente não representada pela economia fálica. Irigaray observa nesse sentido que "a mascarada [...] é o que as mulheres fazem [...] para participar do desejo masculino, mas ao custo de abrir mão do delas mesmas".[17] A primeira tarefa envolveria uma reflexão crítica sobre a ontologia do gênero como (des) construção imitativa e, talvez, buscar as possibilidades móveis da distinção escorregadia entre "parecer" e "ser", uma radicalização da dimensão "cômica" da ontologia se xual, só parcialmente empreendida por Lacan. A segunda iniciaria estratégias feministas de desmascaramento para recuperar ou libertar qualquer desejo feminino que tenha permanecido recalcado nos termos da economia fálica.[18]

Talvez essas direções alternativas não sejam tão mutuamente excludentes quanto parecem, pois as aparências são

PROIBIÇÃO, PSICANÁLISE E A PRODUÇÃO DA MATRIZ...

cada vez mais duvidosas. As reflexões sobre o significado da mascarada em Lacan e em *Womanliness as a Masquerade* [A feminilidade como disfarce], de Joan Riviere, são muito diferentes, em sua interpretação, precisamente daquilo que é mascarado pelo disfarce. É a mascarada a consequência de um desejo feminino que tem de ser negado e, assim, transformado numa falta que tem todavia de se manifestar de algum modo? É a mascarada a consequência de uma negação *dessa* falta, no intuito de parecer o Falo? Constrói a mascarada a feminilidade como reflexo do Falo, para disfarçar possibilidades bissexuais que, de outro modo, poderiam romper a construção sem suturas da feminilidade heterossexualizada? Transforma a mascarada a agressão e o medo de represálias em sedução e flerte, como sugere Joan Riviere? Serve ela primariamente para ocultar ou recalcar uma feminilidade já dada, um desejo feminino que pode estabelecer uma alteridade insubordinada ao sujeito masculino e expor o necessário fracasso da masculinidade? Ou será a mascarada o meio pelo qual a própria feminilidade é *inicialmente* estabelecida, a prática excludente da formação da identidade, em que o masculino é efetivamente excluído e instalado como externo às fronteiras de uma posição com a marca feminina do gênero?

Lacan continua a citação mencionada acima:

> Por mais paradoxal que possa parecer essa formulação, dizemos que é para ser o falo, isto é, o significante do desejo do Outro, que a mulher vai rejeitar uma parcela essencial da feminilidade, nomeadamente todos os seus atributos na mascarada. É pelo que ela não é que ela pretende ser desejada, ao mesmo tempo que amada. Mas ela encontra o significante de seu próprio desejo no corpo daquele a

PROBLEMAS DE GÊNERO

quem sua demanda de amor é endereçada. Não convém esquecer que, sem dúvida, o órgão que se reveste dessa função significante adquire um valor de fetiche (p. 701).

Se esse "órgão" inominado, presumivelmente o pênis (tratado como o *Yahweh* hebraico, que nunca é mencionado), *é* um fetiche, como é possível que o esqueçamos tão facilmente, como presume o próprio Lacan? E que "parcela essencial de sua feminilidade" deve ser rejeitada? Tratar-se-ia, uma vez mais, da parte inominada que, uma vez rejeitada, aparece como falta? Ou será a própria falta que deve ser rejeitada, para que a mulher possa parecer o próprio Falo? É o caráter inominável dessa "parcela essencial" o mesmo caráter inominável pertinente ao "órgão" masculino, o qual nós corremos o risco permanente de esquecer? Não será precisamente esse esquecimento que constitui o recalcamento situado no cerne da mascarada feminina? Tratar-se-ia de uma masculinidade presumida que tem de ser abandonada, para que pareça ser a falta que confirma e, consequentemente, é o Falo, ou de uma possibilidade fálica que tem de ser negada, para se transformar na falta que confirma?

Lacan esclarece sua posição ao observar que "a função da máscara [...] domina as identificações em que se resolvem as recusas da demanda [de amor]" (p. 702). Em outras palavras, a máscara é parte da estratégia incorporadora da melancolia, a assunção de atributos do objeto/Outro perdido, na qual a perda é a consequência de uma recusa amorosa.[19] O fato de a máscara "dominar" e "resolver" essas recusas sugere que a apropriação é a estratégia mediante a qual essas recusas são elas mesmas recusadas, numa dupla negação que reproduz a estrutura da identidade através da absorção melancólica daquele que é, com efeito, duas vezes perdido.

PROIBIÇÃO, PSICANÁLISE E A PRODUÇÃO DA MATRIZ...

Significativamente, Lacan situa a discussão sobre a máscara em conjunto com a explicação da homossexualidade feminina. Ele afirma que "a homossexualidade feminina [...], como mostra a observação, orienta-se por uma decepção que reforça a vertente da demanda de amor" (p. 702). Quem está observando e o que está sendo observado são convenientemente suprimidos aqui, mas Lacan acha que seu comentário é óbvio para todos os que quiserem observar. O que se vê por meio da "observação" é o desapontamento fundante do homossexualismo feminino, em que esse desapontamento evoca as recusas dominadas/resolvidas pela mascarada. "Observa-se" também que a homossexualidade feminina está de algum modo sujeita a uma idealização reforçada, uma demanda amorosa perseguida às expensas do desejo.

Lacan continua seu parágrafo sobre a "homossexualidade feminina" com a afirmação parcialmente citada acima: "Esses comentários mereceriam ter maiores nuances mediante um retorno à função da máscara, na medida em que ela domina as identificações em que se resolvem as recusas da demanda", e, se a homossexualidade feminina é compreendida como a *consequência* de um desapontamento, "como mostra a observação", então esse desapontamento tem de aparecer, e aparecer claramente, para poder ser observado. Se Lacan presume que a homossexualidade feminina advém de uma heterossexualidade desapontada, como se diz mostrar a observação, não poderia ser igualmente claro para o observador que a heterossexualidade provém de uma homossexualidade desapontada? É a máscara da homossexual feminina que é "observada", e se assim for, que expressão claramente legível fornece provas desse "desapontamento" e dessa "orientação", bem como do deslocamento do desejo pela demanda (idealizada) de amor? Talvez Lacan esteja sugerindo que o que é claro para a observação é o *status* dessexualizado da lésbica, a incorporação de uma recusa que aparece como ausência de desejo.[20] Mas podemos entender que essa conclusão é o resultado necessário de uma observação realizada a partir de um ponto de vista masculino e heterossexualizado, o qual toma a sexualidade lésbica como recusa da sexualidade *per se*, somente porque a sexualidade é presumida heterossexual, e o observador, aqui entendido como heterossexual masculino, está claramente sendo recusado. Ora, não seria essa explicação a consequência de uma recusa que desaponta o observador, cujo desapontamento, rejeitado e projetado, é transformado no traço essencial das mulheres que efetivamente o recusam?

Num deslizamento característico nas posições pronominais, Lacan não consegue deixar claro quem recusa quem. Como leitores, contudo, nós devemos compreender que essa "recusa" flutuante está vinculada, de modo significativo, à máscara. Se toda recusa é finalmente uma lealdade para com outro laço no presente ou no passado, a recusa é ao mesmo tempo preservação. A máscara oculta assim essa perda, mas a preserva (e nega) por meio de sua ocultação. A máscara tem uma dupla função, que é a dupla função da melancolia. Ela é assumida pelo processo de incorporação, que é uma maneira de inscrever e depois usar uma identificação melancólica dentro e sobre o corpo; com efeito, é a significação do corpo no molde do Outro que foi recusado. Dominada mediante apropriação, toda recusa fracassa, e o recusador se torna parte da própria identidade do recusado, torna-se, na verdade, a recusa psíquica do recusado. A perda do objeto nunca é absoluta, porque é redistribuída numa fronteira psíquica/corporal que se expande para incorporar essa perda. Isto situa o processo da incorporação do gênero na órbita mais ampla da melancolia.

Publicado em 1929, o ensaio de Joan Riviere *Womanliness as a Masquerade*[21] introduz a noção da feminilidade como mascarada, nos termos de uma teoria da agressão e da resolução de conflitos. À primeira vista, essa teoria parece muito distante da análise lacaniana da mascarada, em termos de comédia das posições sexuais. Ela começa com um respeitoso exame da tipologia de Ernest Jones do desenvolvimento da sexualidade feminina nas formas heterossexual e homossexual. Contudo, concentra sua atenção nos "tipos intermediários" que obscurecem as fronteiras entre o heterossexual e o homossexual, questionando implicitamente a capacidade descritiva do sistema classificatório de Jones. Num comentário que tem ressonância com a fácil referência de Lacan à "observação", Riviere busca recorrer à percepção ou experiência mundana para validar seu foco nesses "tipos intermediários": "Na vida cotidiana, encontram-se constantemente tipos de homens e mulheres que, embora principalmente heterossexuais em seu desenvolvimento, exibem claramente características marcantes do outro sexo." (p. 35) O que aqui é mais óbvio é a classificação que condiciona e estrutura a percepção dessa mistura de atributos. Claramente, Riviere parte de noções estabelecidas sobre o que é exibir características sexuais, e como essas características óbvias são compreendidas como expressando ou refletindo uma orientação sexual ostensiva.[22] Essa percepção ou observação não só supõe uma correlação entre características, desejos e "orientações",[23] mas cria essa unidade por meio do próprio ato perceptivo. A unidade postulada por Riviere entre os atributos do gênero e uma "orientação" naturalizada

PROBLEMAS DE GÊNERO

aparece como um exemplo daquilo a que Wittig se refere como a "formação imaginária" do sexo.

Todavia, Riviere questiona essas tipologias naturalizadas ao fazer um apelo a uma explicação psicanalítica que situa o significado dos atributos confusos do gênero na "interação dos conflitos" (p. 35). Significativamente, ela contrasta esse tipo de teoria psicanalítica com outro que reduz a presença de atributos ostensivamente masculinos numa mulher a uma "tendência radical ou fundamental". Em outras palavras, a aquisição de tais atributos e a consumação de uma orientação heterossexual ou homossexual são produzidas mediante a resolução de conflitos que têm por objetivo a eliminação da angústia. Citando Ferenczi para estabelecer uma analogia com sua própria explicação, Riviere escreve:

> Ferenczi ressaltou [...] que os homens homossexuais exageram sua heterossexualidade como "defesa" contra sua homossexualidade. Tentarei mostrar que as mulheres que desejam a masculinidade podem colocar uma máscara de feminilidade para evitar a angústia, e a temida represália dos homens. (p. 35)

Não fica claro qual é a forma "exagerada" de heterossexualidade que o homem homossexual pretensamente exibiria, mas o fenômeno sob escrutínio aqui pode apenas ser que os homens gays simplesmente podem não parecer muito diferentes de seus equivalentes heterossexuais. Essa falta de um estilo ou aparência abertamente diferenciadores só pode ser diagnosticada como "defesa" sintomática porque o homem gay em questão não corresponde à ideia de homossexual que o analista formou e nutriu a partir de estereótipos culturais. Uma análise lacaniana argumentaria que o suposto

PROIBIÇÃO, PSICANÁLISE E A PRODUÇÃO DA MATRIZ...

"exagero" do homem homossexual de quaisquer atributos que figurem como uma heterossexualidade aparente representaria uma tentativa de "ter" o Falo, uma posição de sujeito que encerra um desejo ativo e heterossexualizado. De maneira semelhante, a "máscara" das "mulheres que desejam a masculinidade" pode ser interpretada como um esforço para renunciar a "ter" o Falo, de modo a evitar a retaliação daqueles de quem o Falo terá sido obtido mediante castração. Riviere explica o medo da retaliação como consequência da fantasia da mulher de tomar o lugar do homem, mais precisamente, do pai. No caso que ela própria examina, e que alguns consideram ser autobiográfico, a rivalidade com o pai não se dá em torno do desejo da mãe, como se poderia esperar, mas do lugar do pai no discurso público, como orador, conferencista ou escritor — isto é, como usuário de signos ao invés de um signo-objeto ou elemento de troca. Esse desejo castrador pode ser compreendido como o desejo de abandonar o *status* de mulher-como-signo, para aparecer como sujeito no interior da linguagem.

Ora, a analogia que Riviere traça entre o homem homossexual e a mulher mascarada não é, na opinião dela, uma analogia entre a homossexualidade masculina e feminina. A feminilidade é assumida pela mulher que "deseja a masculinidade", mas que teme as consequências retaliadoras de assumir publicamente a aparência de masculinidade. A masculinidade é assumida pelo homossexual masculino que, presumivelmente, busca esconder — não dos outros, mas de si mesmo — uma feminilidade ostensiva. A mulher assume a máscara deliberadamente, para ocultar sua masculinidade da plateia masculina que ela quer castrar. Mas diz-se que o homem homossexual exagera sua "heterossexualidade" (significando aqui uma masculinidade

PROBLEMAS DE GÊNERO

que lhe permite passar por heterossexual?) como "defesa", inconsciente, porque não pode reconhecer sua própria homossexualidade (ou será o analista que não a reconheceria, caso fosse sua?). Em outras palavras, o homossexual masculino chama a si a retaliação inconsciente, desejando e temendo as consequências da castração. O homossexual masculino não "conhece" sua homossexualidade, ainda que Ferenczi e Riviere aparentemente a conheçam.

Porém, conhece Riviere a homossexualidade da mulher na mascarada que ela descreve? Quando se trata da contrapartida da analogia que ela mesma estabelece, a mulher que "deseja a masculinidade" só é homossexual por sustentar uma identificação masculina, mas não nos termos de uma orientação ou desejo sexual. Invocando mais uma vez a tipologia de Jones, como se fosse um escudo fálico, ela formula uma "defesa" que designa como assexual uma classe de homossexuais femininas compreendida como do tipo mascarado: "Seu primeiro grupo [é] de mulheres homossexuais que, embora não se interessem por outras mulheres, desejam o 'reconhecimento' da sua masculinidade pelos homens e afirmam ser iguais aos homens ou, em outras palavras, homens elas próprias." (p. 37) Como em Lacan, a lésbica é representada aqui como uma posição assexual, uma posição que, a rigor, recusa a sexualidade. Para completar a analogia anterior com Ferenczi, dir-se-ia que essa descrição apresenta a "defesa" contra a homossexualidade feminina *como sexualidade,* todavia compreendida como a estrutura reflexa do "homem homossexual". Contudo, não há maneira clara de ler essa descrição de uma homossexualidade feminina que não concerne ao desejo sexual por mulheres. Riviere queria que acreditássemos que essa curiosa anomalia tipológica não pode ser reduzida a uma

PROIBIÇÃO, PSICANÁLISE E A PRODUÇÃO DA MATRIZ...

homossexualidade ou heterossexualidade feminina recalcada. O que se oculta não é a sexualidade, mas o ódio.

Uma interpretação possível é que a mulher na mascarada deseja a masculinidade para entrar no discurso público com homens e, como homem, como parte de uma troca masculina homoerótica. É exatamente porque essa troca masculina homoerótica significaria a castração, ela teme a mesma retaliação que motiva as "defesas" do homem homossexual. Ora, talvez a feminilidade como mascarada deva desviar-se da homossexualidade masculina — sendo esta a pressuposição erótica do discurso hegemônico, a "homo-sexualidade" que nos sugere Irigaray. Em qualquer caso, Riviere nos faria considerar que tais mulheres mantêm uma identificação masculina não para ocupar uma posição na interação sexual, mas, ao invés disso, para dar continuidade a uma rivalidade que não tem objeto sexual ou, pelo menos, que não tem nenhum que ela nomeie.

O texto de Riviere oferece uma maneira de reconsiderar a questão: o que é mascarado pela mascarada? Numa passagem-chave que marca seu afastamento da análise restrita demarcada pelo sistema classificatório de Jones, ela sugere que a "mascarada" é mais do que uma característica do "tipo intermediário", que é central para toda "feminilidade": "O leitor pode agora perguntar como defino a feminilidade, ou onde estabeleço a fronteira entre a feminilidade genuína e a 'mascarada'. Minha sugestão, contudo, é que não há tal diferença; radicais ou superficiais, elas são a mesma coisa" (p. 38).

Essa recusa a postular uma feminilidade anterior ao mimetismo e à máscara é retomada por Stephen Heath no artigo "Joan Riviere and the Mascarade", como com-

PROBLEMAS DE GÊNERO

provação da noção de que a "feminilidade autêntica é este mimetismo, *é* a mascarada". Abraçando a postulação da libido como masculina, Heath conclui que a feminilidade é a negação dessa libido, a "dissimulação de uma masculinidade fundamental".[24]

A feminilidade torna-se uma máscara que domina/resolve uma identificação masculina, pois a identificação masculina produz, na suposta matriz heterossexual do desejo, um desejo pelo objeto feminino, o Falo; consequentemente, portar a feminilidade como máscara pode revelar uma recusa da homossexualidade feminina; e, ao mesmo tempo, a incorporação hiperbólica desse Outro feminino que é recusado — forma peculiar de preservar e proteger esse amor no círculo de narcisismo melancólico e negativo que resulta da inculca psíquica da heterossexualidade compulsória.

Uma leitura possível de Riviere é que ela tem medo de seu próprio falicismo[25] — isto é, da identidade fálica que se arrisca a revelar ao longo de seu texto, de sua escrita, a rigor, da escrita do falicismo que seu próprio ensaio oculta e expressa. Contudo, o que ela busca negar e expressa ao tornar-se o objeto que ela mesma se proíbe de amar pode ser menos sua própria identidade masculina do que o desejo masculino heterossexual que é sua assinatura. Essa é a condição produzida por uma matriz que explica todo desejo de mulheres, por parte de sujeitos de qualquer sexo ou gênero, como originário de uma posição masculina, heterossexual. A libido-como-masculino é a fonte de que brota, presumivelmente, toda sexualidade possível.[26]

Aqui a tipologia do gênero e da sexualidade precisa dar lugar à explicação discursiva da produção cultural do gênero. Se o analisando de Riviere é um homossexual sem homossexualidade, talvez seja porque essa opção já é

PROIBIÇÃO, PSICANÁLISE E A PRODUÇÃO DA MATRIZ...

recusada a ela; a existência cultural dessa proibição está no espaço da conferência, determinando e diferenciando sua posição de oradora e sua plateia principalmente masculina. Embora tema que seu desejo castrador possa ser percebido, ela nega a existência de uma competição em torno de um objeto comum de desejo, sem o qual faltaria confirmação e signo essencial à identificação masculina que ela reconhece. Ora, sua explicação pressupõe a primazia da agressão sobre a sexualidade, o desejo de castrar e tomar o lugar do sujeito masculino, um desejo admitidamente enraizado numa rivalidade, mas que, para ela, se exaure no ato de deslocamento. Mas seria útil formular a questão: a que fantasia sexual serve essa agressão, e que sexualidade autoriza ela? Ainda que o direito de ocupar a posição de usuário da linguagem seja o objetivo aparente da agressão do analisando, podemos perguntar se não há um repúdio do feminino, que prepara essa posição no interior do discurso e ressurge invariavelmente como o Outro-Fálico que confirmará fantasisticamente a autoridade do sujeito falante.

Podemos então repensar as próprias noções de masculinidade e feminilidade, entendidas aqui como enraizadas em investimentos homossexuais não resolvidos. A recusa/dominação melancólica da homossexualidade culmina na incorporação do objeto do desejo do mesmo sexo e ressurge na construção de "naturezas" sexuais distintas, as que exigem e instituem seus opostos por exclusão. Ainda assim, presumir a primazia da bissexualidade ou a caracterização primária da libido como masculina não explica a construção dessas várias "primazias". Algumas explicações psicanalíticas argumentam que a feminilidade baseia-se na exclusão do masculino, sendo o masculino uma "parte" da composição psíquica bissexual. Supõe-se a coexistência

PROBLEMAS DE GÊNERO

desse binário, e então intercedem o recalcamento e a exclusão, para fabricar, a partir dele, identidades de gênero distintas, com o resultado de que a identidade é sempre já inerente a uma disposição bissexual que, por meio do recalcamento, é separada em suas partes componentes. Num sentido, a restrição binária sobre a cultura coloca-se como a bissexualidade pré-cultural que se divide na familiaridade heterossexual por via de seu advento na "cultura". Desde o começo, contudo, a restrição binária à sexualidade mostra claramente que a cultura não é de modo algum posterior à bissexualidade que ela supostamente reprime: ela constitui a matriz de inteligibilidade pela qual a própria bissexualidade primária se torna pensável. A "bissexualidade" postulada como fundação psíquica, e que se diz ser recalcada numa data posterior, é uma produção discursiva que afirma ser anterior a todo discurso, levada a efeito mediante práticas excludentes compulsórias e geradoras de uma heterossexualidade normativa.

O centro do discurso lacaniano é a noção de "cisão", uma cisão primária ou fundamental que torna o sujeito internamente dividido e estabelece a dualidade dos sexos. Mas por que este foco exclusivo na divisão em dois? Em termos lacanianos, a cisão sempre aparenta ser o *efeito* da lei, e não uma condição preexistente sobre a qual a lei atuaria. Jacqueline Rose escreve que, "em ambos os sexos, a sexualidade dirá necessariamente respeito à duplicidade que mina sua cisão fundamental",[27] sugerindo que a divisão sexual, efetuada através do recalcamento, é invariavelmente minada pelo próprio ardil da identidade. Mas não se trataria aí de uma duplicidade pré-discursiva a minar a postura unívoca de cada posição no campo da diferença sexual? Rose escreve convincentemente que,

PROIBIÇÃO, PSICANÁLISE E A PRODUÇÃO DA MATRIZ...

"para Lacan, como vimos, não há realidade pré-discursiva ('Como voltar a uma realidade pré-discursiva senão através de um discurso especial?' SXX, p. 33), não há lugar anterior à lei que esteja disponível e possa ser recuperado". Numa crítica indireta aos esforços de Irigaray de marcar um lugar para a escrita feminina fora da economia fálica, Rose acrescenta: "E não há feminino fora da linguagem."[28] Se a proibição cria a "cisão fundamental" da sexualidade, e se essa "cisão" mostra-se dúbia exatamente por causa do artificialismo dessa divisão, então deve haver uma divisão que *resista* à divisão, uma duplicidade psíquica ou uma bissexualidade intrínseca que mina todo e qualquer esforço de separação. Considerar essa duplicidade psíquica como o *efeito* da Lei é o objetivo declarado de Lacan, mas é igualmente o ponto de resistência em sua teoria.

Sem dúvida, Rose está certa ao afirmar que toda identificação, precisamente por ter uma fantasia como ideal, está fadada ao fracasso. Qualquer teoria psicanalítica que preceitue um processo de desenvolvimento que pressuponha a realização de uma dada identificação pai-filho ou mãe-filha funde erroneamente o Simbólico com o real, e perde de vista o ponto crítico de incomensurabilidade que expõe a "identificação" e o drama de "ser" e de "ter" o Falo como invariavelmente fantasístico.[29] Contudo, o que determina o domínio do fantasístico, as regras que regulam a incomensurabilidade do Simbólico com o real? Claro, não basta afirmar que esse drama diz respeito aos habitantes dos lares do capitalismo ocidental recente e que, talvez, em uma época ainda a ser definida, algum outro regime simbólico irá governar a linguagem da ontologia sexual. Ao instituir o simbólico como invariavelmente fantasístico, a "invariabilidade" acaba se modificando em

PROBLEMAS DE GÊNERO

"inevitabilidade", gerando uma descrição da sexualidade cujos termos promovem um resultado de estase cultural. A interpretação de Lacan, que compreende o pré-discursivo como uma impossibilidade, indica uma crítica que conceitua a Lei como proibitiva e generativa ao mesmo tempo. O fato de a linguagem da fisiologia ou de predisposição não se manifestar aqui é alvissareiro, mas há que notar que as restrições binárias continuam a operar no sentido de estruturar e formular a sexualidade, e delimitar de antemão as formas de sua resistência ao "real". Ao demarcar o próprio domínio do que está sujeito ao recalcamento, a exclusão opera antes do recalcamento — isto é, na delimitação da Lei e de seus objetos de subordinação. Embora seja possível argumentar que, para Lacan, o recalcamento cria o recalcado mediante a lei proibitiva e paterna, este argumento não explica a nostalgia da plenitude perdida do gozo que permeia seu trabalho. Ora, a perda não poderia ser compreendida como perda, a menos que a própria irrecuperabilidade do prazer em questão não designasse um passado barrado do presente pela lei interditora. O fato de que não possamos conhecer esse passado a partir da posição do sujeito fundado não quer dizer que ele não ressurja no discurso deste sujeito como *fêlure,* descontinuidade ou deslizamento metonímico. Assim como a realidade numenal mais verdadeira de Kant, o passado pré-jurídico do *gozo* é incognoscível a partir do interior da língua falada; isso não quer dizer, todavia, que esse passado não tenha realidade. A própria inacessibilidade do passado, indicada pelo deslizamento metonímico no discurso contemporâneo, confirma essa plenitude original como realidade última.

Emerge outra questão: que credibilidade pode ser dada a uma explicação do Simbólico que exige conformidade a

PROIBIÇÃO, PSICANÁLISE E A PRODUÇÃO DA MATRIZ...

uma lei que se mostra impossível de cumprir e que não abre, para si mesma, nenhum espaço de flexibilidade, para sua reformulação cultural em formas de maior plasticidade? A injunção de tornar-se sexuado nos modos prescritos pelo Simbólico leva sempre ao fracasso e, em alguns casos, à revelação da natureza fantasística da própria identidade sexual. A afirmação do Simbólico como inteligibilidade cultural em sua forma presente e hegemônica consolida efetivamente o poder dessas fantasias, bem como dos vários dramas dos fracassos da identificação. A alternativa não é sugerir que a identificação deva tornar-se uma realização viável. Mas o que parece realmente acontecer é uma romantização ou mesmo uma idealização religiosa do "fracasso", uma humildade e limitação diante da Lei, o que torna a narrativa de Lacan ideologicamente suspeita. A dialética entre o imperativo jurídico que não pode ser cumprido e o fracasso inevitável "diante da lei" evoca a relação torturada entre o Deus do Velho Testamento e seus humildes servos, que lhe oferecem obediência sem pedir recompensa. Essa sexualidade incorpora hoje esse impulso religioso, sob a forma de uma demanda de amor (considerada "absoluta") que se diferencia tanto da necessidade como do desejo (numa espécie de transcendência extática que eclipsa a sexualidade de modo geral) e que empresta credibilidade ao Simbólico, como aquilo que funciona, para os sujeitos humanos, como uma divindade inacessível mas determinante.

Essa estrutura de tragédia religiosa na teoria lacaniana mina efetivamente qualquer estratégia de política cultural para configurar uma alternativa imaginária para o jogo dos desejos. Se o Simbólico garante o fracasso das tarefas que ele ordena, talvez seus propósitos, como os do Deus do Velho Testamento, sejam inteiramente não teleológicos

PROBLEMAS DE GÊNERO

— não a realização de algum objetivo, mas obediência e sofrimento, para impor ao "sujeito" o sentido de sua limitação "diante da lei". Há, é claro, o lado cômico desse drama, o qual é revelado pela descoberta da impossibilidade permanente da realização da identidade. Mas até essa comédia é a expressão inversa de uma escravização ao Deus que ela afirma ser incapaz de superar.

A teoria lacaniana deve ser compreendida como uma espécie de "moral do escravo". Mas como seria reformulada após a apropriação do *insight* de Nietzsche, em *Genealogia da moral,* de que Deus, o Simbólico inacessível, *é tornado inacessível* por um poder (a vontade de poder) que institui regularmente sua própria impotência?[30] Essa representação da lei paterna como autoridade inevitável e incognoscível diante da qual o sujeito sexuado está fadado a fracassar é na verdade o impulso teológico que a motiva, bem como a crítica da teologia que aponta para além desse marco. A construção da lei que garante o fracasso é sintomática de uma moral do escravo, que renega os próprios poderes generativos que usa para construir a "Lei" como impossibilidade permanente. Que poder cria essa ficção que reflete a sujeição inevitável? Qual o interesse cultural de conservar o poder nesse círculo de abnegação, e como resgatar esse poder das armadilhas de uma lei proibitiva que *é* esse poder em sua dissimulação e autossujeição?

Freud e a melancolia do gênero

Ainda que Irigaray mantenha que a estrutura da feminilidade e da melancolia "se reiterem mutuamente",[31] e que, em "Motherhood According to Bellini" [A maternidade de

PROIBIÇÃO, PSICANÁLISE E A PRODUÇÃO DA MATRIZ...

acordo com Bellini] e em *Sol negro: depressão e melancolia*,[32] Kristeva identifique a maternidade com a melancolia, poucos foram os esforços para compreender a negação/ preservação melancólica da homossexualidade na produção do gênero no interior da estrutura heterossexual. Freud isola o mecanismo da melancolia, caracterizando-o como essencial à "formação do eu" e do "caráter", mas só faz menção indireta à centralidade da melancolia no gênero. Em *O eu e o id*, ele discorre sobre o luto como estrutura incipiente da formação do eu, tese cujos rastros podem ser encontrados no ensaio de 1917, *Luto e melancolia*.[33] Na experiência de perder um ser humano amado, argumenta Freud, o eu incorpora esse outro em sua própria estrutura, assumindo atributos do outro e "preservando-o" por meio de atos mágicos de imitação. A perda do outro desejado e amado é superada mediante um ato específico de identificação, ato esse que busca acolher o outro na própria estrutura do eu: "Assim, refugiando-se no eu, o amor escapa à aniquilação" (p. 178). Essa identificação não é meramente momentânea ou ocasional, mas se torna uma nova estrutura da identidade; com efeito, o outro se torna parte do eu através da internalização permanente de seus atributos.[34] Nos casos em que uma relação ambivalente é interrompida pela perda, essa ambivalência é internalizada como uma predisposição autocrítica ou autodepreciativa, em que o papel do outro passa a ser ocupado e dirigido pelo próprio eu: "A identificação narcísica com o objeto torna-se então um substituto do investimento erótico, e resulta que, apesar do conflito com a pessoa amada, não é preciso abrir mão da relação amorosa" (p. 170). Freud esclarece, posteriormente, que o processo de internalização e preservação dos amores perdidos é crucial para a formação do eu e de sua "escolha de objeto".

PROBLEMAS DE GÊNERO

Em *O eu e o id*, Freud refere-se a esse processo de internalização descrito em *Luto e melancolia* e observa:

> [...] conseguimos explicar o doloroso distúrbio da melancolia pela suposição de que [nos que sofrem dele] um objeto perdido é reinstaurado no eu — isto é, que um investimento no objeto é substituído por uma identificação. Na época, contudo, não apreciamos plenamente o significado desse processo e não soubemos o quanto era comum e típico. Desde então, compreendemos que esse tipo de substituição tem grande peso na determinação da forma assumida pelo eu, e que dá uma contribuição essencial para a construção daquilo a que se chama seu "caráter" (p. 18).

Na sequência deste capítulo sobre "O eu e o supereu (ideal do eu)", contudo, vemos que não é meramente o "caráter" que está sendo descrito, mas igualmente a aquisição de uma identidade do gênero. Ao afirmar que "é possível que essa identificação seja a única condição sob a qual o id pode abrir mão de seus objetos", Freud sugere que a estratégia de internalização da melancolia não se *opõe* ao trabalho do luto, mas pode ser o único caminho em que o eu pode sobreviver à perda de seus laços afetivos essenciais com o outro. Freud afirma então que "o caráter do eu é um precipitado de investimentos objetais abandonados e contém a história dessas escolhas de objeto" (p. 19). Esse processo de internalização de amores perdidos se torna pertinente à formação do gênero quando compreendemos que o tabu do incesto, entre outras funções, inicia, para o eu, a perda de um objeto de amor, e que esse eu se recupera dessa perda mediante a internalização do objeto tabu do desejo. No caso de uma união heterossexual proibida, é o objeto que

PROIBIÇÃO, PSICANÁLISE E A PRODUÇÃO DA MATRIZ...

é negado, mas não a modalidade de desejo, de modo que o desejo é desviado desse objeto para outros objetos do sexo oposto. Mas no caso de uma união homossexual proibida, é claro que tanto o desejo como o objeto requerem uma renúncia e, assim, se tornam sujeitos às estratégias de internalização da melancolia. Consequentemente, "o menino lida com seu pai identificando-se com ele" (p. 21).

Na formação inicial da identificação menino-pai, Freud especula que a identificação ocorre sem o investimento objetal anterior (p. 21), o que significa que a identificação em questão não é a consequência de um amor perdido ou proibido do filho pelo pai. Posteriormente, contudo, Freud postula a bissexualidade primária como fator complicador do processo de formação do caráter e do gênero. Com a postulação de um conjunto de disposições bissexuais da libido, não há razão para negar o amor sexual original do filho pelo pai, mas Freud implicitamente o faz. O menino mantém, todavia, um investimento primário na mãe, e Freud observa que a bissexualidade manifesta-se no comportamento masculino e feminino com que o menino tenta seduzir a mãe.

Embora Freud introduza o complexo de Édipo para explicar por que o menino precisa repudiar a mãe e adotar uma atitude ambivalente em relação ao pai, observa logo a seguir que "é até possível que a ambivalência nas relações com os pais deva ser inteiramente atribuída à bissexualidade, e que não se desenvolva, como indiquei acima, a partir da identificação em consequência da rivalidade" (p. 23, n. 1). Mas o que condicionaria a ambivalência nesse caso? Freud sugere claramente que o menino tem de escolher não só entre as duas escolhas de objeto, mas entre as duas predisposições sexuais, masculina e feminina. O fato de o menino geralmente escolher o heterossexual

PROBLEMAS DE GÊNERO

não resultaria do medo da castração pelo pai, mas do medo de castração — isto é, do medo da "feminização", associado com a homossexualidade masculina nas culturas heterossexuais. Com efeito, não é primordialmente o desejo heterossexual pela mãe que deve ser punido e sublimado, mas é o investimento homossexual que deve ser subordinado a uma heterossexualidade culturalmente sancionada. Ora, se é a bissexualidade primária, e não o drama edipiano da rivalidade, que produz no menino o repúdio da feminilidade e sua ambivalência em relação ao pai, então a primazia do investimento materno torna-se cada vez mais duvidosa e, consequentemente, a heterossexualidade primária do investimento objetal do menino.

Independentemente da razão por que o menino repudia a mãe (analisamos nós o pai punitivo como rival ou como objeto do desejo que proíbe a si mesmo como tal?), o repúdio se torna o momento fundador do que Freud chama de "consolidação" do gênero. Ao renunciar à mãe como objeto do desejo, o menino internaliza essa perda por meio de uma identificação com ela, ou desloca seu apego heterossexual, caso em que fortalece sua ligação com o pai e, por meio disso, "consolida" sua masculinidade. Como sugere a metáfora da consolidação, há claramente fragmentos de masculinidade a serem encontrados na paisagem, nas predisposições, tendências sexuais e objetivos psíquicos, mas eles são difusos e desorganizados, ainda não amarrados pela exclusividade de uma escolha de objeto heterossexual. De fato, quando o menino renuncia tanto ao objetivo como ao objeto, e portanto ao investimento heterossexual, ele internaliza a mãe e estabelece um supereu feminino, o qual dissolve e desorganiza a masculinidade, consolidando disposições libidinais femininas em seu lugar.

PROIBIÇÃO, PSICANÁLISE E A PRODUÇÃO DA MATRIZ...

Quanto à menina, o complexo de Édipo também pode ser "positivo" (identificação com o mesmo sexo) ou "negativo" (identificação com o sexo oposto); a perda do pai, iniciada pelo tabu do incesto, pode resultar numa identificação com o objeto perdido (consolidação da masculinidade) ou fazer com que o alvo se desvie do objeto, caso em que a heterossexualidade triunfa sobre a homossexualidade, e um objeto substituto é encontrado. Na conclusão do breve parágrafo sobre o complexo de Édipo negativo na menina, Freud observa que o fator a decidir se a identificação se realizará é a força ou fraqueza da masculinidade e da feminilidade em sua predisposição. Significativamente, Freud admite sua confusão sobre o que é exatamente uma predisposição masculina ou feminina, ao interromper sua reflexão a meio caminho com uma dúvida entre travessões: "— o que quer que seja isso —" (p. 22).

O que são essas predisposições primárias em que o próprio Freud parece se embaraçar? Serão elas atributos de uma organização libidinal inconsciente? Como exatamente se estabelecem as várias identificações instauradas em consequência do trabalho do conflito edipiano no sentido de reforçar ou dissolver cada uma dessas predisposições? Que aspecto da "feminilidade" nós consideramos atinente à predisposição, e qual é a consequência da identificação? Ora, o que nos impediria de entender as "predisposições" de bissexualidade como *efeitos* ou *produtos* de uma série de internalizações? Além disso, como identificar, desde a origem, uma predisposição "feminina" ou "masculina"? Por que traços é ela reconhecida, e em que medida supomos que a predisposição "feminina" ou "masculina" é a precondição de uma escolha de objeto heterossexual? Em outras palavras, até que ponto nós tomamos o desejo

PROBLEMAS DE GÊNERO

pelo pai como prova de uma predisposição feminina, só porque partimos de uma matriz heterossexual do desejo, apesar da postulação da bissexualidade primária?

A conceituação da bissexualidade em termos de *predisposições,* feminina e masculina, que têm objetivos heterossexuais como seus correlatos intencionais sugere que, para Freud, a *bissexualidade é a coincidência de dois desejos heterossexuais no interior de um só psiquismo.* Com efeito, a predisposição masculina nunca se orienta para o pai como objeto de amor sexual, e tampouco se orienta para a mãe a predisposição feminina (a menina pode assim se orientar, mas isso antes de ter renunciado ao lado "masculino" da sua natureza disposicional). Ao repudiar a mãe como objeto do amor sexual, a menina repudia necessariamente sua masculinidade e "fixa" paradoxalmente sua feminilidade, como uma consequência. Assim, não há homossexualidade na tese de bissexualidade primária de Freud, e só os opostos se atraem.

Mas que prova nos dá Freud da existência dessas predisposições? Se não há modo de distinguir entre a feminilidade adquirida mediante internalizações e aquela estritamente oriunda das predisposições, o que nos impede de concluir que todas as afinidades específicas do gênero são consequência de internalizações? Em que bases são atribuídas predisposições e identidades sexuais aos indivíduos, e que significados podemos dar à "feminilidade" e à "masculinidade" em sua origem? Tomando a problemática da internalização como ponto de partida, consideremos o *status* das identificações internalizadas na formação do gênero e, secundariamente, a relação entre uma afinidade de gênero internalizada e a melancolia autopunitiva das identificações internalizadas.

PROIBIÇÃO, PSICANÁLISE E A PRODUÇÃO DA MATRIZ...

Em *Luto e melancolia*, Freud interpreta as atitudes autocríticas do melancólico como resultantes da internalização de um objeto amoroso perdido. É precisamente porque foi perdido, mesmo que a relação permaneça ambivalente e não resolvida, que esse objeto é "trazido para dentro" do eu, onde a disputa recomeça magicamente, como um diálogo interior entre duas partes do psiquismo. Em *Luto e melancolia*, o objeto perdido se estabelece no interior do eu como voz ou agência crítica, e a raiva originalmente sentida por ele se inverte, de modo que, internalizado, o objeto passa a recriminar o eu:

> Ao escutar pacientemente as muitas e variadas autoacusações do melancólico, não se pode evitar a impressão de que frequentemente as mais violentas delas não se aplicam ao próprio paciente, mas, com modificações insignificantes, referem-se de fato a um outro, a alguém que o paciente ama, amou ou deveria amar [...] as autorrecriminações são recriminações contra um objeto amado, deslocadas para o eu do próprio paciente (p. 169).

O melancólico recusa a perda do objeto, e a internalização se torna uma estratégia de ressuscitação mágica do objeto perdido, não só porque a perda é dolorosa, mas porque a ambivalência sentida em relação ao objeto exige que ele seja preservado até que as diferenças sejam superadas. Nesse ensaio, um dos primeiros, Freud compreende a tristeza como a retirada do investimento libidinal do objeto e sua transferência bem-sucedida para um novo objeto. Em *O eu e o id,* contudo, Freud revê essa distinção entre luto e melancolia e sugere que o processo de identificação associado à melancolia pode ser "a única condição sob a qual o id

PROBLEMAS DE GÊNERO

pode abrir mão de seus objetos" (p. 19). Em outras palavras, a identificação com amores perdidos que é característica da melancolia torna-se uma precondição do trabalho do luto. Os dois processos, concebidos originalmente como opostos, passam a ser entendidos como aspectos integralmente relacionados do processo do luto.[35] Nessa última visão, Freud observa que a internalização da perda é compensatória: "Quando o eu assume as características do objeto, está, por assim dizer, impondo-se à perda do id, como se dissesse: 'Olhe, você também pode me amar — sou muito parecido com o objeto'" (p. 20). Estritamente falando, abrir mão do objeto não é uma negação do investimento, mas sua internalização e, consequentemente, preservação.

Qual é exatamente a topologia da psique em que o eu e seus amores perdidos residem em abrigo perpétuo? Freud conceitua claramente o eu na companhia perpétua do ideal do eu, o qual atua como agência moral de vários tipos. As perdas internalizadas do eu são restabelecidas como parte desse agente de escrutínio moral, como a internalização da raiva e da culpa originalmente sentidas pelo objeto em sua forma externa. No ato da internalização, a raiva e a culpa, inevitavelmente aumentadas pela própria perda, voltam-se para dentro e são preservadas; o eu troca de lugar com o objeto internalizado e, por meio dessa operação, investe essa externalidade internalizada de ação e força morais. Assim, o eu cede sua raiva e eficácia ao ideal do eu, o qual se volta contra o próprio eu que o mantém e preserva; em outras palavras, o eu constrói um modo de se voltar contra si mesmo. E Freud adverte sobre as possibilidades hipermorais desse ideal do eu, que, levadas a extremos, podem motivar o suicídio.[36]

A construção de um ideal do eu interior envolve igualmente a internalização de identidades de gênero. Freud observa que o ideal do eu é uma solução do complexo de Édipo e, assim, é instrumental na consolidação bem-sucedida da masculinidade e da feminilidade:

> O supereu não é, todavia, um simples resíduo das escolhas de objeto anteriores do id: também representa uma formação reativa enérgica contra essas escolhas. Sua relação com o eu não é esgotada pelo preceito: "Você tem de ser assim (como seu pai)." Ela abrange também uma proibição: "Você *não pode* ser assim (como seu pai) — isto é, não pode fazer tudo que ele faz; algumas coisas são prerrogativas dele" (p. 24).

O ideal do eu serve assim como agência interna de sanção e tabu, a qual, segundo Freud, atua para consolidar identidades de gênero por meio da reorientação e sublimação apropriadas do desejo. A internalização do genitor como objeto amoroso sofre uma inversão necessária de sentido. O genitor não só é proibido como objeto amoroso, mas é internalizado como objeto de amor *proibidor* ou impeditivo. Desse modo, a função proibidora do ideal do eu age para inibir ou reprimir a expressão do desejo por esse genitor, mas também funda um "espaço" interno em que o amor pode ser *preservado*. Haja vista poder ser "positiva" ou "negativa" a solução do dilema edipiano, a proibição do genitor do sexo oposto pode levar tanto a uma identificação com o sexo do genitor perdido como a uma recusa dessa identificação e, consequentemente, a um desvio do desejo heterossexual.

Como conjunto de sanções e tabus, o ideal do eu regula e determina as identificações masculina e feminina. Considerando que as identificações substituem as relações de objeto e são a consequência de uma perda, a identificação de gênero é uma espécie de melancolia em que o sexo do objeto proibido é internalizado como proibição. Essa proibição sanciona e regula identidades de gênero distintas e a lei do desejo heterossexual. A resolução do complexo de Édipo afeta a identificação de gênero por via não só do tabu do incesto, mas, antes disso, do tabu contra a homossexualidade. O resultado é que a pessoa se identifica com o objeto amoroso do mesmo sexo, internalizando por meio disso tanto o objetivo como o objeto do investimento homossexual. As identificações consequentes à melancolia são modos de preservação de relações de objeto não resolvidas e, no caso da identificação de gênero com o mesmo sexo, as relações de objeto não resolvidas são invariavelmente homossexuais. Aliás, quanto mais rigorosa e estável é a afinidade de gênero, menos resolvida é a perda original, de modo que as rígidas fronteiras de gênero agem inevitavelmente no sentido de ocultar a perda de um objeto amoroso original, o qual, não reconhecido, não pode se resolver.

Obviamente, porém, nem toda identificação de gênero baseia-se na implementação bem-sucedida do tabu contra a homossexualidade. Se as predisposições masculina e feminina são resultado da internalização efetiva desse tabu, e se a resposta melancólica à perda do objeto do mesmo sexo é incorporar e, a rigor, *tornar-se* esse objeto, por via da construção do ideal do eu, então a identidade de gênero parece ser, em primeiro lugar, a internalização de uma proibição que se mostra formadora da identidade. Além disso, essa identidade é construída e mantida pela aplicação coerente desse tabu, não só na estilização do corpo segundo categorias sexuais distintas, mas também na produção e na "predisposição" do desejo sexual. A linguagem das predisposições evolui de uma formação verbal (*estar disposto*)

PROIBIÇÃO, PSICANÁLISE E A PRODUÇÃO DA MATRIZ...

para uma formação substantival, em consequência do que se cristaliza (*ter predisposições*); a linguagem das "predisposições" desdobra-se assim em falso *fundacionismo*, sendo os resultados da afetividade formados ou "fixados" pelos efeitos da proibição. Como consequência, as predisposições não são fatos sexuais primários do psiquismo, mas efeitos produzidos por uma lei imposta pela cultura e pelos atos cúmplices e *transvalorizadores* do ideal do eu.

Na melancolia, o objeto amado é perdido por uma variedade de meios: separação, morte ou ruptura de um laço afetivo. Na situação edipiana, contudo, a perda é ditada por uma *proibição* acompanhada de um conjunto de punições. A melancolia da identificação de gênero que "responde" ao dilema edipiano deve ser entendida, portanto, como a internalização de uma diretriz moral interna, que adquire sua estrutura e energia a partir de um tabu externamente imposto. Embora Freud não o argumente explicitamente, dir-se-ia que o tabu contra a homossexualidade deve *preceder* o tabu heterossexual do incesto; o tabu contra a homossexualidade com efeito cria as "predisposições" heterossexuais pelas quais o conflito edipiano se torna possível. O menino e a menina que entram no drama edipiano com objetivos incestuosos heterossexuais já foram submetidos a proibições que os "predispuseram" a direções sexuais distintas. Consequentemente, as predisposições que Freud supõe serem os fatos primários ou constitutivos da vida sexual são efeitos de uma lei que, internalizada, produz e regula identidades de gênero distintas e a heterossexualidade.

Longe de serem *fundantes*, essas predisposições são o resultado de um processo cujo objetivo é dissimular sua própria genealogia. Em outras palavras, as "predisposições" são vestígios de uma história de proibições sexuais

PROBLEMAS DE GÊNERO

impostas, de uma história que não é contada e cujas proibições buscam torná-la indizível. A narrativa da apropriação do gênero que começa pela postulação de predisposições exclui efetivamente seu ponto de partida, que a exporia como tática de autoampliação da própria proibição. Na narrativa psicanalítica, as predisposições são ensinadas, fixadas e consolidadas por uma proibição que, posteriormente e em nome da cultura, consegue subjugar o distúrbio criado por um investimento homossexual irrefreado. Contada do ponto de vista que toma a lei proibitiva como momento fundador da narrativa, a lei tanto produz a sexualidade sob forma de "predisposições" como reaparece ardilosamente, num momento posterior, para transformar essas predisposições aparentemente "naturais" em estruturas culturalmente aceitáveis de parentesco exogâmico. Para ocultar sua genealogia como norma produtora do próprio fenômeno que ela afirma posteriormente somente canalizar ou reprimir, a lei desempenha um terceira função: ao instalar a si mesma como princípio de continuidade lógica numa narrativa de relações causais que toma os fatos psíquicos como seu ponto de partida, essa configuração da lei exclui a possibilidade de uma genealogia mais radical das origens culturais da sexualidade e das relações de poder.

O que significa exatamente inverter a narrativa causal de Freud e pensar as disposições primárias como efeitos da lei? *Em História da sexualidade 1,* Foucault critica a hipótese repressiva por ela pressupor um desejo original (não "desejo" nos termos de Lacan, mas *gozo)* que conserva integridade ontológica e prioridade temporal em relação à lei repressiva.[37] Essa lei, segundo Foucault, silencia ou transmuda subsequentemente esse desejo em uma forma ou expressão secundária e inevitavelmente insatisfatória

PROIBIÇÃO, PSICANÁLISE E A PRODUÇÃO DA MATRIZ...

(deslocamento). Foucault argumenta que o desejo, que tanto é concebido como original quanto como recalcado, é o efeito da própria lei coercitiva. Consequentemente, a lei produz a suposição do desejo recalcado para racionalizar suas próprias estratégias autoampliadoras; e ao invés de exercer uma função repressiva, a lei jurídica deve ser reconcebida, aqui como em toda parte, como uma prática discursiva produtora ou generativa — discursiva porque produz a ficção linguística do desejo recalcado para manter sua própria posição como instrumento teleológico. O desejo em questão assume o significado de "recalcado" na medida em que a lei constitui sua estrutura de contextualização; na verdade, a lei identifica e faz vigorar o "desejo recalcado" como tal, dissemina o termo e, com efeito, cava o espaço discursivo para a experiência constrangida e linguisticamente elaborada chamada "desejo recalcado".

O tabu contra o incesto, e implicitamente contra a homossexualidade, é uma injunção repressora que presume um desejo original, localizado na noção de "predisposições", o qual sofre a repressão de um direcionamento libidinal originalmente homossexual e produz o fenômeno deslocado do desejo heterossexual. A estrutura dessa metanarrativa particular do desenvolvimento infantil representa as predisposições sexuais como impulsos pré-discursivos, temporariamente primários e ontologicamente distintos, dotados de um propósito e, consequentemente, de um significado anterior a seu surgimento na linguagem e na cultura. A própria entrada no campo cultural desvia esse desejo de seu significado original, com a consequência de que o desejo é, na cultura, necessariamente, uma série de deslocamentos. Assim, a lei repressiva efetivamente produz a heterossexualidade, e atua não como um código meramente negativo ou excludente, mas como uma sanção e, mais apropriadamente, uma lei do discurso, distinguindo o que é dizível do que é indizível (delimitando e construindo o campo do indizível), o que é legítimo do que é ilegítimo.

A complexidade do gênero e os limites da identificação

As análises precedentes de Lacan, de Riviere e de Freud, em *O eu e o id,* apresentam versões rivais de como funcionam as identificações do gênero — se é que se pode dizer que de fato "funcionam". Podem a complexidade e a dissonância do gênero ser explicadas pela multiplicação e convergência de uma variedade de identificações culturalmente dissonantes? Ou será toda identificação construída mediante a exclusão de uma sexualidade que questiona essas identificações? No primeiro caso, as identificações múltiplas podem constituir uma configuração não hierárquica de identidades mutáveis e superpostas que questionam a primazia de quaisquer atribuições unívocas de gênero. Na formulação de Lacan, a identificação é compreendida como fixada na disjunção binária entre "ter" e "ser" o Falo, com a consequência de que o termo excluído do binário assombra e perturba continuamente a postura coerente dos sujeitos. O termo excluído é uma sexualidade excluída que contesta as pretensões autorreferentes do sujeito, bem como suas afirmações de conhecer a fonte e o objeto de seu desejo.

Em sua maior parte, as críticas feministas preocupadas com a problemática psicanalítica da identificação têm concentrado sua atenção na questão da identificação materna, buscando elaborar uma posição epistemológica feminista a partir dessa identificação materna e/ou um discurso materno desenvolvido do ponto de vista dessa identificação e de suas dificuldades. Embora grande parte desse trabalho seja extremamente significativa e goze de muita influência, ocorre que passou a ocupar uma posição hegemônica no cânone emergente da teoria feminista. Além disso, esse enfoque tende a reforçar exatamente a estrutura binária heterossexista que cinzela os gêneros em masculino e feminino e impede uma descrição adequada dos tipos de convergência subversiva e imitativa que caracterizam as culturas gay e lésbica. Contudo, num esforço muito parcial por entrar em acordo com o discurso maternalista, a descrição de Julia Kristeva da semiótica como subversão materna do Simbólico será examinada no capítulo seguinte.

Que estratégias críticas e fontes de subversão surgem como consequência das explicações psicanalíticas consideradas até aqui? O recurso ao inconsciente como fonte de subversão só faz sentido, parece, se a lei paterna for compreendida como um determinismo rígido e universal que faz da "identidade" uma questão fixa e fantasística. Mesmo se aceitarmos o conteúdo fantasístico da identidade, não há razão para supor que a lei que fixa os termos dessa fantasia é impermeável à variabilidade e às possibilidades históricas.

Em oposição à lei fundadora do Simbólico, que fixa identidades *a priori,* podemos reconsiderar a história das identificações constitutivas sem a pressuposição de uma lei fixa e fundadora. Embora a "universalidade" da lei paterna possa ser contestada nos círculos antropológicos, parece importante considerar que o *significado* por ela suportado, em qualquer contexto histórico dado, é menos unívoco e menos deterministicamente eficaz do que as explicações de Lacan parecem reconhecer. Deveria ser possível apresentar um esquema dos caminhos pelos quais toda uma

PROBLEMAS DE GÊNERO

constelação de identificações se conforma ou não aos padrões de integridade do gênero culturalmente impostos. As identificações constitutivas de uma narrativa autobiográfica são sempre parcialmente fabricadas. Lacan afirma que nunca podemos contar a história de nossas origens, exatamente porque a linguagem separa o sujeito falante das origens libidinais recalcadas de sua fala; entretanto, o momento fundador em que a lei paterna institui o sujeito parece funcionar como uma meta-história, a qual não só podemos, como devemos contar, ainda que os momentos fundadores do sujeito, da instituição da lei, sejam tão anteriores ao sujeito falante quanto o próprio inconsciente.

A perspectiva alternativa sobre identificação que emerge da teoria psicanalítica sugere que as identificações múltiplas e coexistentes produzem conflitos, convergências e dissonâncias inovadoras nas configurações do gênero, as quais contestam a fixidez das posições masculina e feminina em relação à lei paterna. Com efeito, a possibilidade de identificações múltiplas (que finalmente não são redutíveis a identificações primárias ou fundadoras, fixadas em posições masculinas e femininas) sugere que a Lei não é determinante e que "a" lei pode até não ser singular.

O debate sobre o significado ou as possibilidades subversivas das identificações não deixou claro, até aqui, o lugar preciso onde elas devem ser encontradas. O espaço psíquico interior em que se diz que são preservadas só faz sentido se pudermos entender esse espaço interior como um local fantasiado que serve a mais uma função psíquica. Ao concordar com Nicolas Abraham e Maria Torok, assim parece, o psicanalista Roy Schafer argumenta que a "incorporação" é uma fantasia e não um processo; o espaço interior dentro do qual um objeto é tomado é imaginado, e

PROIBIÇÃO, PSICANÁLISE E A PRODUÇÃO DA MATRIZ...

imaginado no bojo de uma linguagem que pode conjurar e reificar tais espaços.[38] Se as identificações sustentadas pela melancolia são "incorporadas", resta então a questão: se onde se situa esse espaço incorporado? Se não está literalmente dentro do corpo, talvez esteja *sobre* o corpo, como seu significado superficial, de tal modo que o próprio corpo tem de ser compreendido *como* um espaço incorporado.

Abraham e Torok argumentam que a introjeção é um processo que serve ao trabalho do luto (em que o objeto não só é perdido, mas reconhecido como perdido).[39] Por outro lado, a incorporação pertence mais propriamente à melancolia, ao estado de tristeza renegada ou suspensa em que o objeto é, de algum modo, magicamente preservado "dentro do corpo". Abraham e Torok sugerem que a introjeção da perda característica do luto estabelece *um espaço vazio,* interpretado literalmente pela boca vazia que se torna condição da fala e da significação. O deslocamento bem-sucedido da libido do objeto perdido é realizado mediante a formação de *palavras,* que tanto significam como deslocam o objeto; esse deslocamento do objeto original é uma atividade essencialmente metafórica em que as palavras "representam" a ausência e a ultrapassam. Compreende-se que a introjeção é trabalho do luto, mas é a incorporação, que denota a resolução *mágica* da perda, que caracteriza a melancolia. Enquanto a introjeção funda a possibilidade da significação metafórica, a incorporação é antimetafórica, precisamente porque mantém a perda como radicalmente inominável; em outras palavras, a incorporação é não somente uma impossibilidade de nomear ou admitir a perda, mas corrói as condições da própria significação metafórica.

Como na perspectiva lacaniana, o repúdio do corpo materno é, para Abraham e Torok, a condição da significação no Simbólico. Eles argumentam, além disso, que esse recalcamento primário funda a possibilidade de individuação e de fala significante, em que a fala é necessariamente metafórica, no sentido de que o referente, o objeto do desejo, é um deslocamento perpétuo. Com efeito, a perda do corpo materno como objeto amoroso estabelece o espaço vazio a partir do qual se originam as palavras. Mas a recusa dessa perda — a melancolia — resulta na impossibilidade de deslocamento para as palavras; na verdade, o lugar do corpo materno é estabelecido no corpo, "criptografado", para usar seu termo, ganhando ali residência permanente como uma parte morta e embotadora do corpo, ou então habitada ou possuída por fantasias de vários tipos.

Se considerarmos a identidade de gênero como uma estrutura melancólica, faz sentido escolher a "incorporação" como o modo pelo qual essa identificação se realiza. De fato, segundo o esquema acima, a identidade de gênero se estabeleceria por meio de uma recusa da perda, a qual se inscreve criptografada no corpo e, com efeito, determina o corpo vivo *versus* o morto. Como atividade antimetafórica, a incorporação *literaliza* a perda *sobre* ou *no* corpo, aparecendo assim como a facticidade do corpo, o meio pelo qual o corpo vem a suportar um "sexo" como sua verdade literal. A localização e/ou proibição de prazeres e desejos em zonas "erógenas" dadas constitui precisamente o tipo de melancolia diferenciadora do gênero que cobre a superfície do corpo. A perda do objeto do prazer se resolve mediante a incorporação deste mesmo prazer, resultando que o prazer tanto é determinado como proibido por via dos efeitos compulsórios da lei diferenciadora dos gêneros.

O tabu do incesto é, claro, mais abrangente do que o tabu contra a homossexualidade, mas no caso do tabu do

PROIBIÇÃO, PSICANÁLISE E A PRODUÇÃO DA MATRIZ...

incesto heterossexual, mediante o qual se estabelece a identidade heterossexual, a perda é experimentada como tristeza. Já no caso da proibição do incesto homossexual mediante a qual se estabelece a identidade heterossexual, a perda é preservada por intermédio de uma estrutura melancólica. A perda do objeto heterossexual, argumenta Freud, resulta no deslocamento desse objeto, mas não do objetivo heterossexual; por outro lado, a perda do objeto homossexual exige a perda do objetivo *e* do objeto. Em outras palavras, não só o objeto é perdido, mas o desejo é plenamente negado: "eu nunca perdi essa pessoa, nunca amei essa pessoa. Na verdade, nunca senti esse tipo de amor." Pela trajetória total da negação, salvaguarda-se ainda mais a preservação melancólica desse amor.

A tese de Irigaray de que as estruturas da melancolia e da feminilidade desenvolvida são muito semelhantes no trabalho de Freud refere-se à negação do objeto e do objetivo que constitui a "dupla onda" de recalcamento característica da feminilidade plenamente desenvolvida. Para Irigaray, é o reconhecimento da castração que introduz a menina em "uma 'perda' que escapa radicalmente a toda representação".[40] A melancolia é assim uma norma psicanalítica para as mulheres, norma que repousa sobre seu desejo ostensivo de ter um pênis, um desejo que, convenientemente, não pode mais ser sentido ou conhecido.

A leitura de Irigaray, repleta de citações irônicas, é perfeita para desmascarar as assertivas desenvolvimentais sobre sexualidade e feminilidade que claramente permeiam o texto de Freud. Como ela também nos mostra, há outras leituras possíveis dessa teoria, que excedem, invertem e deslocam os objetivos declarados de Freud. Considere-se que a recusa do investimento desejo e objetivo homossexual,

PROBLEMAS DE GÊNERO

conjuntamente, recusa esta tanto impingida pelo tabu social como apropriada pelos estágios do desenvolvimento, resulta numa estrutura melancólica que efetivamente encerre esse objetivo e esse objeto no espaço corporal ou "cripta" estabelecida por uma negação permanente. Se a negação heterossexual da homossexualidade resulta em melancolia, e se a melancolia age através da incorporação, então o amor homossexual renegado é preservado pelo cultivo de uma identidade de gênero definida por oposição. Em outras palavras, a homossexualidade masculina renegada culmina numa masculinidade acentuada ou consolidada, que mantém o feminino como impensável e inominável. Contudo, o reconhecimento do desejo heterossexual leva a um deslocamento de um objeto original para um objeto secundário, precisamente o tipo de desapego e reinvestimento libidinais que Freud afirma serem o caráter do luto normal.

É claro que um homossexual, para quem o desejo heterossexual é impensável, bem pode preservar essa heterossexualidade por meio de uma estrutura melancólica de incorporação, pela identificação e incorporação do amor que não é nem reconhecido nem pranteado. Mas aqui fica claro que a recusa heterossexual a reconhecer a atração homossexual primária é imposta culturalmente por uma proibição da homossexualidade que não tem paralelo no caso do homossexual melancólico. Em outras palavras, a melancolia heterossexual é instituída e mantida culturalmente, como o preço de identidades de gênero estáveis relacionadas por desejos opostos.

Mas que linguagem de superfície e profundidade expressa adequadamente esse efeito incorporador da melancolia? Uma resposta preliminar é possível para essa pergunta no discurso psicanalítico, mas uma compreensão mais plena nos levará, no último capítulo, a considerar o gênero como uma representação que constitui *performativamente* a aparência de sua própria fixidez interior. Nesse ponto, contudo, a afirmação de que a incorporação é uma fantasia sugere que a incorporação de uma identidade é uma fantasia de literalização ou uma *fantasia literalizante*.[41] Por causa exatamente de sua estrutura melancólica, essa literalização do corpo oculta sua genealogia e se apresenta sob a categoria de "fato natural".

O que significa sustentar uma fantasia literalizante? Se a diferenciação do gênero decorre do tabu do incesto e do tabu anterior da homossexualidade, então "tornar-se" um gênero é um laborioso processo de tornar-se *naturalizado*, processo que requer uma diferenciação de prazeres e de partes corporais, com base em significados com características de gênero. Diz-se que os prazeres residem no pênis, na vagina e nos seios, ou que emanam deles, mas tais descrições correspondem a um corpo que já foi construído ou naturalizado como portador de traços específicos de gênero. Em outras palavras, algumas partes do corpo tornam-se focos concebíveis de prazer precisamente porque correspondem a um ideal normativo de um corpo já portador de um gênero específico. Em certo sentido, os prazeres são determinados pela estrutura melancólica do gênero pela qual alguns órgãos são amortecidos para o prazer e outros, vivificados. A questão de saber que prazeres viverão e que outros morrerão está frequentemente ligada a qual deles serve às práticas legitimadoras de formação da identidade que ocorrem na matriz das normas do gênero.[42]

Os transexuais afirmam amiúde uma descontinuidade radical entre prazeres sexuais e partes corporais. Muito frequentemente, o que se quer em termos de prazer exige

PROBLEMAS DE GÊNERO

uma participação imaginária de partes do corpo, tanto apêndices como orifícios, que a pessoa pode de fato não possuir, ou, dito de outro modo, o prazer pode requerer que se imagine um conjunto exagerado ou diminuído de partes. E claro, o *status* imaginário do desejo não se restringe à identidade transexual; a natureza fantasística do desejo não revela o corpo como sua base ou sua causa, mas como sua *ocasião* e seu *objeto*. A estratégia do desejo é em parte a transfiguração do próprio corpo desejante. Aliás, para desejar, talvez seja necessário acreditar em um eu corporal alterado,[43] o qual, no interior das regras de gênero do imaginário, corresponda às exigências de um corpo capaz de desejo. Essa condição imaginária do desejo sempre excede o corpo físico pelo qual ou no qual ela atua.

Desde sempre um signo cultural, o corpo estabelece limites para os significados imaginários que ocasiona, mas nunca está livre de uma construção imaginária. O corpo fantasiado jamais poderá ser compreendido em relação ao corpo real; ele só pode ser compreendido em relação a uma outra fantasia culturalmente instituída, a qual postula o lugar do "literal" e do "real". Os limites do "real" são produzidos no campo da heterossexualização naturalizada dos corpos, em que os fatos físicos servem como causas e os desejos refletem os efeitos inexoráveis dessa fisicalidade.

A fusão do desejo com o real — isto é, a crença em que são partes do corpo, o pênis "literal", a vagina "literal", que causam prazer e desejo — constitui precisamente o tipo de fantasia literalizante característica da síndrome da heterossexualidade melancólica. A homossexualidade repudiada que está na base da heterossexualidade melancólica reemerge como facticidade anatômica manifesta do sexo, em que o "sexo" designa a obscura unidade entre

PROIBIÇÃO, PSICANÁLISE E A PRODUÇÃO DA MATRIZ...

anatomia, "identidade natural" e "desejo natural". A perda é negada e incorporada, e a genealogia dessa transmutação é plenamente esquecida e recalcada. A superfície sexuada do corpo emerge assim como o signo necessário de uma identidade e de um desejo natural(izados). A perda da homossexualidade é recusada e o amor é preservado ou codificado nas partes do próprio corpo, literalizado na facticidade anatômica ostensiva do sexo. Aqui nós vemos a estratégia geral de literalização como uma forma de esquecimento que, no caso da anatomia sexual literalizada, "esquece" o imaginário, e, com ele, a homossexualidade imaginável. No caso do heterossexual masculino melancólico, ele nunca amou outro homem, ele *é* homem, e pode se apoiar em fatos empíricos que irão prová-lo. Mas a literalização da anatomia não só não prova nada, como também é uma restrição literalizante do prazer no próprio órgão asseverado como signo da identidade masculina. O amor pelo pai é armazenado no pênis, salvaguardado por meio de uma negação impérvia, e o desejo, que passa então a centrar-se nesse pênis, tem nessa negação contínua sua estrutura e sua incumbência. Aliás, a mulher-como-objeto tem de ser o signo de que ele não só nunca sentiu desejo homossexual, mas nunca sentiu pesar por sua perda. Certamente, a mulher-como-signo tem efetivamente de deslocar e ocultar essa história pré-heterossexual em favor de outra, capaz de consagrar uma heterossexualidade sem suturas.

Reformulando a proibição como poder

Embora a crítica genealógica de Foucault ao *fundacionismo* tenha guiado esta leitura de Lévi-Strauss, de Freud e da matriz heterossexual, faz-se necessária uma compreensão

PROBLEMAS DE GÊNERO

ainda mais precisa de como a lei jurídica da psicanálise, o recalcamento, produz e reproduz os gêneros que tenta controlar. As teóricas feministas têm sido atraídas para a explicação psicanalítica da diferença sexual em parte porque as dinâmicas edipiana e pré-edipiana parecem oferecer uma maneira de situar a construção primária do gênero. Pode a proibição do incesto, que proscreve e sanciona posições de gênero hierárquica e binariamente estruturadas, ser reconcebida como uma força produtora que gera inadvertidamente várias configurações culturais do gênero? O tabu do incesto está sujeito à crítica da hipótese da repressão apresentada por Foucault? Como seria um desdobramento feminista dessa crítica? Mobilizaria essa crítica o projeto de confundir as restrições binárias que pesam sobre sexo/ gênero, impostas pela matriz heterossexual? Certamente, uma das leituras feministas mais influentes de Lévi-Strauss, Lacan e Freud está no artigo de Gayle Rubin, "The Traffic of Women: The 'Political Economy' of Sex" [Tráfico de mulheres: a "economia política" do sexo], publicado em 1975.[44] Embora Foucault não seja mencionado nesse artigo, nele Rubin efetivamente prepara o terreno para uma crítica foucaultiana. O fato de a autora ter-se apropriado posteriormente de Foucault para seu trabalho numa teoria sexual radical[45] levanta retrospectivamente a questão de saber até que ponto esse artigo tão influente poderia ser reescrito na perspectiva foucaultiana.

A análise foucaultiana das possibilidades culturalmente produtivas da lei da proibição se apoia claramente na teoria existente da sublimação articulada por Freud no *Mal-estar da civilização*, e reinterpretada por Marcuse em *Eros e civilização*. Tanto Freud como Marcuse identificam os efeitos produtivos da sublimação, argumentando que os

PROIBIÇÃO, PSICANÁLISE E A PRODUÇÃO DA MATRIZ ..

artefatos e instituições culturais são efeitos do Eros subli-mado. Ainda que Freud veja a sublimação da sexualidade como produtora de um "mal-estar" generalizado, Marcuse, à moda platônica, subordina Eros ao Logos e vê no ato da sublimação a mais satisfatória expressão do espírito humano. Em divergência radical com essas teorias da subli-mação, entretanto, Foucault defende uma lei produtiva sem a postulação de um desejo original; a operação dessa lei se justifica e se consolida pela construção de uma explicação narrativa de sua própria genealogia, a qual de fato mascara sua própria imersão nas relações de poder. Assim, o tabu do incesto não reprimiria nenhuma predisposição primária, mas criaria efetivamente a distinção entre as predisposições "primárias" e "secundárias", para narrar e reproduzir a distinção entre uma heterossexualidade legítima e uma homossexualidade ilegítima. De fato, se concebermos o tabu do incesto como primariamente produtivo em seus efeitos, então a proibição que funda o "sujeito" e sobrevive como a lei de seu desejo torna-se o meio pelo qual a identidade, e particularmente a identidade de gênero, se constitui.

Enfatizando o tabu do incesto como proibição e como sanção, Rubin escreve: "o tabu do incesto impõe o objetivo social da exogamia e da aliança aos eventos biológicos do sexo e da procriação. O tabu do incesto divide o universo da escolha sexual em categorias de parceiros sexuais per-mitidos e proibidos" (p. 173).

Porque todas as culturas buscam reproduzir a si mes-mas, e porque a identidade social particular do grupo de parentesco tem de ser preservada, a exogamia é instituída e, como seu pressuposto, também a heterossexualidade exogâmica. Consequentemente, o tabu do incesto não só proíbe a união sexual entre membros da mesma linhagem

PROBLEMAS DE GÊNERO

de parentesco, mas envolve igualmente um tabu contra a homossexualidade. Rubin escreve:

> o tabu do incesto pressupõe um tabu anterior, menos enunciado, contra a homossexualidade. Uma proibição contra *algumas* uniões heterossexuais supõe um tabu contra as uniões *não* heterossexuais. O gênero é não somente uma identificação com um sexo; ele também implica que o desejo sexual seja dirigido para o sexo oposto. A divisão sexual do trabalho está implícita em ambos os aspectos do gênero — ela os cria masculino e feminino, e os cria heterossexuais (p. 180).

Rubin entende que a psicanálise, principalmente em sua encarnação lacaniana, complementa a descrição de Lévi-Strauss das relações de parentesco. Ela entende, particularmente, que o "sistema de sexo/gênero", o mecanismo cultural regulamentado de transformação de masculinos e femininos biológicos em gêneros distintos e hierarquizados, é, a um só tempo, comandado pelas instituições culturais (a família, as formas residuais da "troca de mulheres", a heterossexualidade obrigatória) e inculcado pelas leis que estruturam e impulsionam o desenvolvimento psíquico individual. Assim, o complexo de Édipo exemplifica concretamente e executa o tabu cultural contra o incesto, e resulta em identificações distintas de gênero e numa predisposição heterossexual como corolário. Em seu ensaio, Rubin sustenta, além disso, que antes da transformação de um masculino ou feminino biológicos em um homem ou uma mulher com traços de gênero, "cada criança contém todas as possibilidades sexuais acessíveis à expressão humana" (p. 189).

PROIBIÇÃO, PSICANÁLISE E A PRODUÇÃO DA MATRIZ...

O esforço de situar e descrever uma sexualidade "antes da lei", como uma bissexualidade primária ou um polimorfismo ideal e irrestrito implica que a lei é anterior à sexualidade. Como restrição a uma plenitude originária, a lei proíbe alguns grupos de possibilidades sexuais pré-punitivas e sanciona outros. Mas, se aplicarmos a crítica foucaultiana da hipótese de repressão ao tabu do incesto — esse paradigma da lei repressiva —, veremos que a lei parece produzir *tanto* a heterossexualidade sancionada *como* a homossexualidade transgressora. Ambas são na verdade *efeitos*, temporal e ontologicamente posteriores à lei ela mesma, e a ilusão de uma sexualidade antes da lei é, ela própria, uma criação dessa lei.

O ensaio de Rubin mantém o compromisso com uma distinção entre sexo e gênero, que presume a realidade ontológica anterior e distinta de um "sexo" que é refeito em nome da lei, vale dizer, é transformado subsequentemente em "gênero". Essa narrativa da aquisição do gênero exige certo ordenamento temporal dos eventos, o qual pressupõe que o narrador esteja em posição de "conhecer" tanto o que é anterior como o que é posterior à lei. Todavia, a narração ocorre numa linguagem que, estritamente falando, é posterior à lei, é consequência da lei, e assim provém de um ponto de vista tardio e retrospectivo. Se essa linguagem é estruturada pela lei, e se a lei é exemplificada e, a rigor, imposta na linguagem, a descrição, narração não só não pode conhecer o que está fora dela mesma — isto é, o que é anterior à lei —, como sua descrição desse "antes" estará sempre a serviço do "depois". Em outras palavras, não só a narrativa reivindica acesso a um "antes" do qual está por definição excluída (em virtude de seu caráter linguístico), mas a descrição do "antes" ocorre nos termos do "depois"

PROBLEMAS DE GÊNERO

e, consequentemente, torna-se uma atenuação da própria lei no lugar da sua ausência.

Embora Rubin afirme a existência de um universo ilimitado de possibilidades sexuais para a criança pré-edipiana, ela não subscreve a noção de uma bissexualidade primária. De fato, a bissexualidade é consequência de práticas de educação infantil em que os pais de ambos os sexos estão presentes e se ocupam de fato dos cuidados à criança, e em que o repúdio à feminilidade já não serve, tanto para homens como para mulheres, como pré-condição da identidade de gênero (p. 199). Ao conclamar a uma "revolução do parentesco", Rubin prefigura a erradicação da troca de mulheres, cujos traços são evidentes não só na institucionalização contemporânea da heterossexualidade, mas também nas normas psíquicas residuais (a institucionalização da psique) que sancionam e constroem a sexualidade e a identidade de gênero em termos heterossexuais. Com o afrouxamento do caráter compulsório da heterossexualidade e a emergência simultânea de possibilidades culturais bissexuais e homossexuais de comportamento e identidade, Rubin contempla a derrocada do próprio gênero (p. 204). Na medida em que o gênero é a transformação cultural de uma polissexualidade biológica em uma heterossexualidade culturalmente comandada, e na medida em que a heterossexualidade expõe identidades de gênero distintas e hierarquizadas para alcançar seu objetivo, o colapso do caráter compulsório da heterossexualidade implicaria, para Rubin, o corolário do colapso do próprio gênero. Se o gênero pode ou não ser plenamente erradicado e em que sentido seu "colapso" seria culturalmente imaginável são implicações intrigantes, mas não esclarecidas por sua análise.

PROIBIÇÃO, PSICANÁLISE E A PRODUÇÃO DA MATRIZ...

A tese de Rubin repousa sobre a possibilidade de que a lei seja de fato subvertida, e de que a interpretação cultural de corpos diferentemente sexuados possa ocorrer, em termos ideais, sem referência à disparidade de gênero. Parece claro que os sistemas de heterossexualidade compulsória podem se alterar — e têm sem dúvida mudado — e que a troca das mulheres, sob formas residuais quaisquer, não determina necessariamente uma troca heterossexual; nesse sentido, Rubin reconhece as implicações misóginas do estruturalismo notoriamente não diacrônico de Lévi-Strauss. Mas que é que a leva à conclusão de que o gênero é meramente função da heterossexualidade compulsória, e de que, sem este *status* compulsório, o campo dos corpos não mais seria marcado em termos de gênero? Claramente, Rubin já imaginou um mundo sexual alternativo, um mundo atribuído a um estágio utópico do desenvolvimento infantil, a um "antes" da lei que promete ressurgir "depois" do fim ou da dispersão da lei. Se aceitarmos as críticas de Foucault e Derrida sobre a viabilidade de conhecermos ou nos referirmos a esse "antes", como haveríamos de revisar a narrativa da aquisição do gênero? Se rejeitarmos a postulação de uma sexualidade ideal anterior ao tabu do incesto, e se também nos recusarmos a aceitar a premissa estruturalista da permanência cultural desse tabu, que relação restará entre a sexualidade e a lei para a descrição do gênero? Será que precisamos recorrer a um estado mais feliz, anterior à lei, para podermos afirmar que as relações de gênero contemporâneas e a produção punitiva das identidades de gênero são opressivas?

A crítica de Foucault à hipótese do recalcamento em *História da sexualidade 1*, argumenta que a "lei" estruturalista (a) pode ser compreendida como uma formação de *poder,* uma configuração histórica específica, e (b)

PROBLEMAS DE GÊNERO

como produtora ou geradora do desejo que supostamente ela reprime. O objeto do recalcamento não é o *desejo* que ela toma como seu objeto aparente, mas as múltiplas configurações do poder em si, cuja própria pluralidade deslocaria a aparente universalidade e necessidade da lei jurídica ou repressora. Em outras palavras, o desejo e seu recalcamento são uma oportunidade para a consolidação das estruturas jurídicas; o desejo é fabricado e proibido como um gesto simbólico ritual pelo qual o modelo jurídico exerce e consolida seu próprio poder.

O tabu do incesto é a lei jurídica que supostamente proíbe os desejos incestuosos e constrói certas subjetividades com traços de gênero por meio do mecanismo da identificação compulsória. Mas o que garante a universalidade ou a necessidade dessa lei? É claro, há debates antropológicos em que se busca afirmar e contestar a universalidade do tabu do incesto,[46] e há uma disputa secundária em torno do que pode implicar, se tal for o caso, para o significado dos processos sociais, a afirmação da universalidade da lei.[47] Afirmar que uma lei é universal não é o mesmo que afirmar que ela opera da mesma maneira em diferentes culturas, ou que determina a vida social de modo unilateral. De fato, atribuir universalidade a uma lei pode implicar simplesmente que ela opera como uma estrutura dominante em cujo interior ocorrem as relações sociais. Afirmar a presença universal de uma lei na vida social não significa, de modo algum, afirmar que ela existe em todos os aspectos da forma social considerada; mais modestamente, isso significa que a lei existe e que opera em algum lugar em todas as formas sociais.

Minha tarefa aqui não é mostrar a existência de culturas em que o tabu do incesto como tal não opera, mas antes sublinhar a generatividade desse tabu onde ele opera, e não meramente seu *status* jurídico. Em outras palavras, não só o tabu proíbe e dita a sexualidade em certas formas, mas produz inadvertidamente uma variedade de desejos e identidades substitutos, os quais não são, em nenhum sentido, reprimidos *a priori,* exceto pelo aspecto de serem em algum sentido "substitutos". Se estendermos a crítica de Foucault ao tabu do incesto, veremos que o tabu e o desejo original pela mãe/pelo pai podem ser historicizados de várias maneiras resistentes à universalidade das fórmulas de Lacan. Pode-se entender que o tabu cria e sustenta o desejo pela mãe/pelo pai e o deslocamento compulsório desse desejo. A noção de uma sexualidade "original" para sempre recalcada e proibida torna-se assim uma produção da lei, a qual funciona subsequentemente como sua proibição. Se a mãe é o desejo original, e isso bem pode ser verdade para um grande número de famílias do capitalismo recente, trata-se de um desejo que tanto é produzido como proibido nos termos desse contexto cultural. Em outras palavras, a lei que proíbe essa união é a mesma que a incita, e já não é possível isolar a função recalcadora da função produtiva do tabu jurídico do incesto.

É claro que a teoria psicanalítica sempre reconheceu a função produtiva do tabu do incesto; é ele que cria o desejo sexual e identidades sexuais distintas. A psicanálise também tem sido clara sobre o fato de que o tabu do incesto nem sempre opera para produzir gêneros e desejos no sentido esperado. O exemplo do complexo de Édipo negativo nada mais é do que uma ocasião em que a proibição do incesto é claramente mais forte em relação ao genitor de sexo oposto do que em relação ao genitor do mesmo sexo, e o genitor proibido se torna a figura de identificação. Mas como redescrever este exemplo na perspectiva da concepção do tabu do

PROBLEMAS DE GÊNERO

incesto como jurídico e generativo? O desejo pelo genitor que, objeto do tabu, se torna a figura de identificação tanto é produzido como negado pelo mesmo mecanismo de poder. Mas para que fim? Se o tabu do incesto regulamenta a produção de identidades distintas de gênero, e se essa produção exige a proibição e a sanção da heterossexualidade, então a homossexualidade emerge como um desejo que tem de ser produzido para permanecer recalcado. Em outras palavras, para que a heterossexualidade permaneça intata como forma social distinta, ela *exige* uma concepção inteligível da homossexualidade e também a proibição dessa concepção, tornando-a culturalmente ininteligível. Na psicanálise, a bissexualidade e a homossexualidade são consideradas predisposições libidinais primárias, e a heterossexualidade é a construção laboriosa que se baseia em seu recalcamento gradual. Ao mesmo tempo que esta doutrina parece encerrar uma possibilidade subversiva, a construção discursiva da bissexualidade e da homossexualidade presente na literatura psicanalítica refuta a afirmação de seu *status* pré-cultural. A discussão acima sobre a linguagem das predisposições bissexuais é portanto pertinente.[48]

A bissexualidade, da qual se diz estar "fora" do Simbólico e servir como *locus* de subversão, é, na verdade, uma construção nos termos desse discurso constitutivo, a construção de um "fora" que todavia está completamente "dentro", não de uma possibilidade além da cultura, mas de uma possibilidade cultural concreta que é recusada e redescrita como impossível. O que permanece "impensável" e "indizível" nos termos de uma forma cultural existente não é necessariamente o que é excluído da matriz de inteligibilidade presente no interior dessa forma; ao contrário, o marginalizado, e não o excluído, é que é a possibilidade cultural causadora de medo ou, no mínimo, da perda de sanções. Não ter o reconhecimento social como heterossexual efetivo é perder uma identidade social possível em troca de uma que é radicalmente menos sancionada. O "impensável" está assim plenamente dentro da cultura, mas é plenamente excluído da cultura *dominante*. A teoria que presume a bissexualidade ou a homossexualidade como o "antes" da cultura, e que situa essa "prioridade" como fonte de uma subversão pré-discursiva, proíbe efetivamente, a partir de dentro dos termos da cultura, a própria subversão que ela defende de forma ambivalente e à qual se opõe. Como argumentarei no caso de Kristeva, a subversão se torna assim um gesto fútil, mantido apenas num modo estético irreal, que nunca pode ser traduzido em outras práticas culturais.

No caso do tabu do incesto, Lacan afirma que o desejo (como oposto à necessidade) é instituído por meio dessa lei. A existência "inteligível" nos termos do Simbólico requer tanto a institucionalização do desejo como sua insatisfação, consequência necessária do recalcamento do prazer *original* e da necessidade associados ao corpo materno. Esse prazer pleno que assombra o desejo como prazer inatingível é a memória irrecuperável do prazer antes da lei. Lacan é claro sobre o fato de o prazer antes da lei ser apenas fantasiado e repetir-se nas fantasias infinitas do desejo. Mas em que sentido a fantasia, ela mesma proibida de recuperar literalmente um prazer original, é a constituição de uma fantasia de "originalidade" que pode ou não corresponder a um estado libidinal literal? De fato, em que medida esta questão pode ser resolvida nos termos da teoria lacaniana? Só se pode compreender um deslocamento ou substituição como tais em relação

PROBLEMAS DE GÊNERO

a um original, um original que, neste caso, nunca pode ser recuperado ou conhecido. Essa origem especulativa é sempre meditada de uma posição retrospectiva, a partir da qual ela assume o caráter de um ideal. A santificação desse "além" prazeroso é instituída mediante a invocação de uma ordem Simbólica essencialmente imutável.[49] Ora, é preciso entender o drama do Simbólico, do desejo, da instituição da diferença sexual, como uma economia significante autônoma que detém o poder de demarcar e excluir o que pode e o que não pode ser pensado nos termos da inteligibilidade cultural. Mobilizar a distinção entre o que existe "antes" e o "durante" a cultura é uma maneira de excluir possibilidades culturais desde o início. Assim como a "ordem das aparências" — a temporalidade fundadora do relato — contesta a coerência narrativa, ao introduzir a divisão no sujeito e a *fêlure* no desejo, ela reinstitui uma coerência no âmbito da exposição temporal. Como resultado, essa estratégia narrativa, girando em torno da distinção entre uma origem irrecuperável e um presente perpetuamente deslocado, não mede esforços para recuperar essa origem, em nome de uma subversão inevitavelmente atrasada.

CAPÍTULO 3 Atos corporais subversivos

A corpo-política de Julia Kristeva

Inicialmente, a teoria de Kristeva sobre a dimensão semiótica da linguagem parece absorver as premissas lacanianas somente para expor seus limites e apresentar um *locus* especificamente feminino de subversão da lei paterna no interior da linguagem.[1] Segundo Lacan, a lei paterna estrutura toda a significação linguística, chamada "o Simbólico", e assim se torna o princípio organizador universal da própria cultura. A lei cria a possibilidade de uma linguagem significativa, e consequentemente de uma experiência significativa, mediante o recalcamento dos impulsos libidinais primários, inclusive a dependência radical da criança em relação ao corpo materno. Assim, o simbólico se torna possível ao repudiar o relacionamento primário com o corpo materno. O "sujeito" que emerge como consequência desse recalcamento torna-se portador ou proponente dessa lei repressiva. O caos libidinal característico dessa dependência primitiva é então plenamente restringido por um agente unitário cuja linguagem é estruturada por essa lei. Esta linguagem, por sua vez, estrutura o mundo pela supressão dos múltiplos significados (que sempre evocam a

PROBLEMAS DE GÊNERO

multiplicidade libidinal que caracterizou a relação primária com o corpo materno) e pela instauração de significados unívocos e discriminados em seu lugar.

Kristeva questiona a narrativa lacaniana, que presume que os significados culturais requerem o recalcamento da relação primária com o corpo materno. Ela argumenta que o "semiótico" é uma dimensão da linguagem ocasionada por esse mesmo corpo materno primário, o que não só refuta a principal premissa de Lacan, mas serve como fonte perpétua de subversão no campo do Simbólico. Para Kristeva, o semiótico expressa a multiplicidade libidinal original no âmbito dos termos da cultura ou, mais precisamente, no campo da linguagem poética, em que prevalecem os significados múltiplos e a semântica em aberto. Com efeito, a linguagem poética é a recuperação do corpo materno nos termos da linguagem, um resgate que tem o potencial de romper, subverter e deslocar a lei paterna.

Não obstante sua crítica a Lacan, a estratégia de subversão de Kristeva mostra-se duvidosa. Sua teoria parece depender da estabilidade e da reprodução exatamente da lei paterna que ela busca afastar. Embora efetivamente exponha os limites dos esforços de Lacan para universalizar a lei paterna na linguagem, ela todavia admite que o semiótico é invariavelmente subordinado ao Simbólico, e que ele assume sua especificidade nos termos de uma hierarquia imune a questionamentos. Se o semiótico promove a possibilidade da subversão, deslocamento ou ruptura da lei paterna, que sentido podem ter esses termos se o Simbólico reafirma sempre sua hegemonia?

A crítica a seguir discorda de várias etapas da tese de Kristeva em favor do semiótico como fonte de subversão efetiva. Em primeiro lugar, não fica claro se o relaciona-

ATOS CORPORAIS SUBVERSIVOS

mento primário com o corpo materno, que tanto Kristeva como Lacan parecem aceitar, é um construto viável e sequer uma experiência cognoscível nos termos de suas respectivas teorias linguísticas. As pulsões múltiplas que caracterizam o semiótico constituem uma economia libidinal pré-discursiva que ocasionalmente se dá a conhecer na linguagem, mas preservando ao mesmo tempo um *status* ontológico anterior à própria linguagem. Manifesta na linguagem, particularmente na linguagem poética, essa economia libidinal pré-discursiva torna-se um *locus* de subversão cultural. Um segundo problema surge quando Kristeva argumenta que essa fonte libidinal de subversão não pode se manter nos termos da cultura, que sua presença continuada no âmbito da cultura leva à psicose e ao colapso da própria vida cultural. Kristeva, assim, postula e nega alternadamente o semiótico como ideal emancipatório. Embora nos diga que ele é uma dimensão regularmente recalcada da linguagem, ela também admite tratar-se de um tipo de linguagem que nunca pode ser mantido coerentemente.

Para avaliar a teoria aparentemente contraditória de Kristeva, nós precisamos perguntar como essa multiplicidade libidinal se torna manifesta na linguagem, e o que condiciona sua duração temporária. Ademais, Kristeva descreve o corpo materno como portador de um conjunto de significados anteriores à própria cultura. Por meio disso, ela preserva a noção de cultura como uma estrutura paterna, e delimita a maternidade como uma realidade essencialmente pré-cultural. Suas descrições naturalistas do corpo materno efetivamente reificam a maternidade, impedindo uma análise de sua construção e variabilidade culturais. Ao perguntarmos se é possível uma multiplicidade libidinal pré-discursiva, também estaremos considerando se o que Kristeva afirma

PROBLEMAS DE GÊNERO

discernir no corpo materno pré-discursivo não é em si mesmo uma produção de um discurso histórico dado, um *efeito* da cultura, ao invés de sua causa primária e secreta.

Mesmo se aceitarmos a teoria de Kristeva das pulsões primárias, não fica claro se os efeitos subversivos dessas pulsões podem servir, pela via do semiótico, como algo mais do que uma ruptura temporária e fútil da hegemonia da lei paterna. Tentarei mostrar como o fracasso de sua estratégia política decorre, em parte, de sua apropriação basicamente acrítica da teoria da pulsão. Além disso, a partir de um cuidadoso escrutínio de sua descrição da função do semiótico na linguagem, torna-se claro que Kristeva reinstala a lei paterna no âmbito do próprio semiótico. No fim das contas, parece que Kristeva nos oferece uma estratégia de subversão que nunca poderá se transformar numa prática política sustentada. No final desta parte do livro, eu sugerirei uma maneira de reconceituar a relação entre as pulsões, a linguagem e a prerrogativa patriarcal, o que poderá servir a uma estratégia de subversão mais efetiva.

A descrição de Kristeva do semiótico procede por meio de certo número de etapas problemáticas. Ela supõe que as pulsões têm objetivos anteriores à sua emergência na linguagem, que a linguagem invariavelmente recalca ou sublima essas pulsões, e que elas só se manifestam naquelas expressões linguísticas que desobedecem, por assim dizer, às exigências unívocas de significação no campo do Simbólico. Além disso, ela afirma que a emergência de pulsões múltiplas na linguagem evidencia-se no semiótico, domínio do significado linguístico que se distingue do Simbólico e que é o corpo materno manifesto no discurso poético.

Já em *Revolution in Poetic Language* [Revolução na linguagem poética], Kristeva defende uma relação causal

ATOS CORPORAIS SUBVERSIVOS

necessária entre a heterogeneidade das pulsões e as possibilidades plurívocas da linguagem poética. Diferenciando-se de Lacan, ela afirma que a linguagem poética não se baseia num recalcamento das pulsões primárias. Ao contrário, afirma que a linguagem poética é a oportunidade linguística de as pulsões romperem os termos usuais e unívocos da linguagem e revelarem uma heterogeneidade irreprimível de sons e significados múltiplos. Desse modo, Kristeva contesta a identidade estabelecida por Lacan entre o Simbólico e o significado linguístico como um todo, afirmando que a linguagem poética possui sua própria modalidade de sentido, a qual não se conforma às exigências da designação unívoca.

No mesmo trabalho, ela subscreve a noção de uma energia livre ou não investida que se faz conhecer na linguagem por intermédio da função poética. Ela afirma, por exemplo, que "na mistura das pulsões na linguagem [...] veremos a economia da linguagem poética", e que, nessa economia, "o sujeito unitário já não pode encontrar seu [*sic*]* lugar".[2] Essa função poética é uma função linguística repulsora ou divisiva que tende a fraturar e multiplicar significados; ela faz viger a heterogeneidade das pulsões mediante a proliferação e destruição da significação unívoca. Consequentemente, o anseio por um conjunto de significados altamente diferenciados e plurívocos aparece como uma revanche das pulsões contra a dominação do Simbólico, o qual, por sua vez, se baseia no recalcamento delas. Kristeva define o semiótico como a multiplicidade de pulsões manifesta na linguagem. Com sua energia e heterogeneidade insistentes, elas rompem a função significante.

---

*O *sic* remete ao uso do pronome possessivo masculino *(his)* para se referir ao sujeito. (N. R. T.)

PROBLEMAS DE GÊNERO

Assim, em um de seus primeiros trabalhos, Kristeva define o semiótico como a "função significante [...] associada à modalidade [do] processo primário".[3]

Nos ensaios que incluem *Desire in Language*, Kristeva baseia mais plenamente sua definição do semiótico em termos psicanalíticos. As pulsões primárias, recalcadas pelo Simbólico e obliquamente indicadas pelo semiótico, são então compreendidas como *pulsões maternas*, não só as pertencentes à mãe, mas também as que caracterizam a dependência do corpo da criança (de qualquer sexo) em relação à mãe. Em outras palavras, "o corpo materno" designa uma relação de continuidade, ao invés de um sujeito ou objeto distintos do desejo; a rigor, ele designa o gozo que precede o desejo, bem como a dicotomia sujeito/objeto que o desejo pressupõe. Enquanto o Simbólico baseia-se na rejeição da mãe, o semiótico, mediante ritmos, assonâncias, entonações, jogos sonoros e repetições, reapresenta ou recupera o corpo materno no discurso poético. Mesmo as "primeiras ecolalias do bebê" ou as "glossolalias do discurso psicótico" são manifestações da continuidade da relação mãe-bebê, um campo heterogêneo de pulsões que é anterior à separação/individuação da criança e da mãe, igualmente efetuada pela imposição do tabu do incesto.[4] A separação da mãe e da criança, efetuada pelo tabu, expressa-se linguisticamente como cisão que separa o som do sentido. Nas palavras de Kristeva,

> um fonema, na qualidade de elemento distintivo de significado, pertence à linguagem como Simbólico. Mas esse mesmo fonema está envolvido em repetições rítmicas e entonacionais; assim, ele tende a uma autonomia em relação ao significado, de modo a manter-se numa disposição semiótica próxima do corpo da pulsão instintiva.[5]

ATOS CORPORAIS SUBVERSIVOS

O semiótico é descrito por Kristeva como destruição ou erosão do Simbólico; diz-se que está "antes" do significado, como quando a criança começa a vocalizar, ou "depois", como quando o psicótico já não usa palavras para significar. Se o Simbólico e o semiótico são entendidos como duas modalidades de linguagem, e se se compreende que o semiótico é geralmente reprimido pelo Simbólico, então, para Kristeva, a linguagem é entendida como um sistema em que o Simbólico permanece hegemônico, exceto quando o semiótico rompe ou perturba seu processo significante por via de elisão, repetição, sons isolados e multiplicações de significados, por meio de imagens e metáforas indefinidamente significantes. Em sua modalidade simbólica, a linguagem repousa no corte da relação de dependência materna pelo qual ela se torna abstrata (abstra*ída* da materialidade da linguagem) e unívoca; isso se evidencia sobretudo no raciocínio quantitativo ou puramente formal. Em sua modalidade semiótica, a linguagem está envolvida num resgate poético do corpo materno, essa materialidade difusa que resiste a toda significação discriminada e unívoca. Kristeva escreve:

> Em toda linguagem poética, não apenas as restrições da rítmica, por exemplo, contribuem muito para violar certas regras gramaticais de línguas nacionais [...] como também em textos recentes, as restrições semióticas (ritmo, timbres vocálicos em obras simbolistas, e ainda a disposição gráfica na página) se fazem acompanhar por elisões sintáticas não recuperáveis; é impossível reconstituir a categoria sintática particular elidida (objeto ou verbo) que torna resolúvel o sentido do enunciado.[6]

Para Kristeva, essa irresolução constitui precisamente o momento instintivo da linguagem, sua função disruptiva. A linguagem poética sugere assim uma dissolução do sujeito significante coerente na continuidade primária que é o corpo materno:

> A linguagem como função simbólica se constitui à custa de recalcar a pulsão instintiva e a relação contínua com a mãe. Já o sujeito não estabelecido e questionável da linguagem poética (para quem palavra nunca é unicamente signo) se mantém, pelo contrário, à custa de reativar esse elemento materno instintivo recalcado.[7]

As referências de Kristeva ao "sujeito" da linguagem poética não são inteiramente apropriadas, pois a linguagem poética, em que o sujeito é compreendido como ser falante que participa do Simbólico, erode e destrói o sujeito. Seguindo Lacan, Kristeva afirma que a proibição da união incestuosa com a mãe é a lei fundadora do sujeito, uma fundação que corta ou rompe a relação contínua de dependência materna. Ao criar o sujeito, a lei proibitiva cria o domínio do Simbólico, ou linguagem, como um sistema de signos univocamente significantes. Por essa razão, Kristeva conclui que "a linguagem poética seria, para seu sujeito em aberto e questionável, o equivalente do incesto".[8] A ruptura da linguagem simbólica com sua própria lei fundadora — ou, equivalentemente, a emergência de uma ruptura na linguagem a partir de seu próprio cerne instintivo interior — não é meramente uma eclosão de heterogeneidade libidinal na linguagem; também significa o estado somático de dependência em relação ao corpo materno, anterior à individuação do eu. Assim, a

ATOS CORPORAIS SUBVERSIVOS

linguagem poética indica sempre um retorno ao terreno materno, em que o materno tanto significa dependência libidinal como a heterogeneidade das pulsões.

Em "Motherhood According to Bellini" [A maternidade segundo Bellini], Kristeva sugere que, visto o corpo materno significar a perda da identidade coerente e distinta, a linguagem poética beira a psicose. E no caso das expressões semióticas da mulher na linguagem, o retorno ao materno significa uma homossexualidade pré-discursiva que Kristeva também associa claramente à psicose. Ainda que Kristeva admita que a linguagem poética é culturalmente sustentada por sua participação no Simbólico e, consequentemente, nas normas de comunicabilidade linguística, ela não logra admitir que a homossexualidade seja capaz da mesma expressão social não psicótica. A chave para a sua visão da natureza psicótica da homossexualidade há de encontrar-se, eu sugeriria, em sua aceitação da hipótese estruturalista de que a heterossexualidade é coextensiva à fundação do Simbólico. Consequentemente, o investimento do desejo homossexual só pode realizar-se, segundo Kristeva, mediante deslocamentos sancionados no interior do Simbólico, tais como a linguagem poética ou o ato de dar à luz:

> Ao dar à luz, a mulher entra em contato com sua mãe; ela se torna, ela é sua própria mãe; elas são uma mesma continuidade a diferenciar-se. Ela atualiza assim a faceta homossexual da maternidade, mediante a qual uma mulher fica simultaneamente mais próxima de sua memória instintiva, mais aberta à sua psicose e, consequentemente, mais negadora de seu liame social simbólico.[9]

PROBLEMAS DE GÊNERO

Segundo Kristeva, o ato de dar à luz não logra restabelecer a relação contínua anterior à individuação porque o bebê sofre invariavelmente a proibição que pesa sobre o incesto, e é separado como uma identidade distinta. Quanto à separação entre mãe e filha, o resultado é a melancolia para ambas, pois a separação nunca se completa plenamente.

Em oposição à tristeza ou ao luto, em que a separação é reconhecida e a libido vinculada ao objeto original logra deslocar-se para um novo objeto substituto, a melancolia designa uma dificuldade de passar pela dor, em que a perda é simplesmente internalizada e, nesse sentido, *recusada*. Ao invés de um apego negativo ao corpo, o corpo materno é internalizado como negação, de tal modo que a identidade da filha torna-se uma espécie de perda, uma privação ou falta caraterística.

Então, a pretensa psicose da homossexualidade consiste em sua completa ruptura com a lei paterna e com o embasamento do "eu" feminino, por mais tênue que seja, na resposta melancólica à separação do corpo materno. Consequentemente, segundo Kristeva, a homossexualidade feminina é a emergência da psicose na cultura:

> A faceta homossexual-materna *é* um turbilhão de palavras, uma ausência completa de significado e visão; é sentimento, deslocamento, ritmo, som, lampejos, e apego fantasioso ao corpo materno como um anteparo contra o mergulho [...] para a mulher, um paraíso perdido mas aparentemente ao alcance da mão.[10]

Para as mulheres, entretanto, essa homossexualidade é manifesta na linguagem poética, a qual se torna, de fato, a única forma do semiótico, além do parto, que pode ser

ATOS CORPORAIS SUBVERSIVOS

sustentada nos termos do Simbólico. Para Kristeva, portanto, a homossexualidade aberta não pode ser uma atividade culturalmente sustentável, pois constituiria uma ruptura imediata do tabu do incesto. Todavia, por que seria assim?

Kristeva aceita a presunção de que a cultura é equivalente ao Simbólico, de que o Simbólico é plenamente subordinado à "Lei do Pai" e de que os únicos modos de atividade não psicótica são aqueles que, em alguma medida, participam do Simbólico. Seu objetivo estratégico, portanto, não é nem substituir o Simbólico pelo semiótico, nem estabelecer o semiótico como uma possibilidade cultural rival, mas, ao invés disso, validar aquelas experiências no interior do Simbólico que permitam a manifestação das fronteiras que o separam do semiótico. Do mesmo modo que o nascimento é compreendido como um investimento de pulsões instintivas para os propósitos de uma teleologia social, a produção poética é concebida como o lugar em que a cisão entre instinto e representação existe sob forma culturalmente comunicável:

> O falante só atinge esse limite, esse requisito de sociabilidade, em virtude de uma prática discursiva particular chamada "arte". Uma mulher também o atinge (e em nossa sociedade, *especialmente)* por meio da estranha forma da simbolização cindida (limiar da linguagem e da pulsão instintiva, do "simbólico" e do "semiótico") em que consiste o ato de dar à luz.[11]

Para Kristeva, consequentemente, poesia e maternidade representam práticas privilegiadas no interior da cultura paternalmente sancionada, as quais permitem a experiência não psicótica da heterogeneidade e dependência características do terreno materno. Esses atos de *poesis* revelam uma heterogeneidade instintiva que expõe subsequentemente a base recalcada do Simbólico, desafia a dominação do significante unívoco e difunde a autonomia do sujeito que faz as vezes de seu suporte necessário. A heterogeneidade das pulsões opera culturalmente como uma estratégia subversiva de deslocamento, uma estratégia que desaloja a hegemonia da lei paterna, libertando a multiplicidade recalcada inerente à própria linguagem. Precisamente porque essa heterogeneidade instintiva tem de ser reapresentada na lei paterna e por meio dela, não pode desafiar o tabu do incesto, mas precisa permanecer dentro das regiões mais frágeis do Simbólico. Obediente, portanto, às exigências sintáticas, as práticas poético-maternas de deslocamento da lei paterna continuam sempre firmemente atadas a essa lei. Consequentemente, a recusa plena do Simbólico é impossível, e o discurso de "emancipação" está, para Kristeva, fora de questão. Na melhor das hipóteses, as subversões e deslocamentos táticos da lei paterna questionam sua pressuposição auto-justificadora. Porém, mais uma vez, Kristeva não questiona seriamente a suposição estruturalista de que a lei proibitiva paterna seja fundadora da cultura. Consequentemente, a subversão de uma cultura paternalmente sancionada não pode vir de uma outra versão da cultura, mas somente do interior recalcado da própria cultura, da heterogeneidade de pulsões que constitui a base oculta da cultura.

Essa relação entre as pulsões heterogêneas e a lei paterna produz uma visão excessivamente problemática da psicose. Por um lado, designa a homossexualidade feminina como uma prática culturalmente ininteligível, inerentemente psicótica; por outro lado, dita uma noção da maternidade como defesa compulsória contra o caos libidinal. Embora

ATOS CORPORAIS SUBVERSIVOS

Kristeva não reivindique explicitamente nenhuma dessas colocações, ambas decorrem, como implicações, de suas opiniões sobre a lei, a linguagem e as pulsões. Note-se que, para Kristeva, a linguagem poética rompe com o tabu do incesto e, como tal, está sempre à beira da psicose. Como retorno ao corpo materno e desindividuação concomitante do eu, a linguagem poética torna-se especialmente ameaçadora quando enunciada por uma mulher. O poético contesta então não só o tabu do incesto, mas também o tabu contra a homossexualidade. A linguagem poética é assim, para as mulheres, tanto dependência materna deslocada como, por ser esta dependência libidinal, homossexualidade deslocada.

Para Kristeva, o investimento não mediado do desejo homossexual feminino conduz inequivocamente à psicose. Consequentemente, só se pode satisfazer essa pulsão por meio de uma série de deslocamentos: a incorporação da identidade materna — isto é, o tornar-se mãe — ou mediante a linguagem poética, que manifesta obliquamente a heterogeneidade de pulsões característica da dependência materna. Como únicos deslocamentos socialmente sancionados e consequentemente não psicóticos do desejo homossexual, tanto a maternidade como a poesia constituem experiências melancólicas para as mulheres, devidamente aculturadas na heterossexualidade. A poeta-mãe heterossexual sofre interminavelmente em função do deslocamento do investimento homossexual. Contudo, a consumação desse desejo levaria à desintegração psicótica de sua identidade, segundo Kristeva — cuja hipótese é que, para as mulheres, a heterossexualidade e a coesão do eu estão indissoluvelmente ligadas.

Mas como entender essa constituição da experiência lésbica como o lugar de uma perda irrecuperável de si mesmo? Kristeva considera a heterossexualidade claramente como pré-requisito do parentesco e da cultura. Consequentemente, identifica a experiência lésbica como a alternativa psicótica à aceitação das leis paternalmente sancionadas. Porém, por que o lesbianismo é constituído como psicose? A partir de que perspectiva cultural o lesbianismo é construído como lugar de fusão, perda de si mesmo e psicose?

Ao projetar a lésbica como "Outro" da cultura, e ao caracterizar o discurso lésbico como um "turbilhão de palavras" psicótico, Kristeva interpreta a sexualidade lésbica como intrinsecamente ininteligível. Essa destituição tática e essa redução da experiência lésbica, realizadas em nome da lei, colocam Kristeva na órbita do privilégio paterno-heterossexual. A lei paterna que a protege dessa incoerência radical é precisamente o mecanismo que produz o construto do lesbianismo como lugar de irracionalidade. Significativamente, essa descrição da experiência lésbica é feita de fora para dentro, e nos diz mais sobre as fantasias produzidas por uma cultura heterossexual amedrontada, para se defender de suas próprias possibilidades homossexuais, do que sobre a própria experiência lésbica.

Ao afirmar que o lesbianismo indica uma perda de si mesma, Kristeva parece estar anunciando uma verdade psicanalítica sobre o recalcamento necessário à individuação. Assim, o medo dessa "regressão" para a "homossexualidade" é o medo de perder por completo a sanção e o privilégio culturais. Embora Kristeva afirme que essa perda designa um lugar *anterior* à cultura, não há razão para não a entendermos como uma forma cultural nova ou não reconhecida. Em outras palavras, Kristeva prefere explicar a experiência lésbica como um estado libidinal regressivo, anterior à própria aculturação, em vez de aceitar o desafio que o lesbianismo propõe à sua visão restrita das leis

ATOS CORPORAIS SUBVERSIVOS

culturais paternalmente sancionadas. Esse medo inscrito na interpretação da lésbica como psicótica, não seria ele resultado de recalcamento exigido pelo desenvolvimento? Ou será ele o medo de perder a legitimidade cultural e ser, consequentemente, projetada não para fora ou para antes da cultura, mas para fora da *legitimidade* cultural, ainda no interior da cultura, mas culturalmente "marginalizada"?

Kristeva descreve tanto o corpo materno como a experiência lésbica a partir de uma posição de heterossexualidade sancionada, a qual não logra reconhecer seu próprio medo de perder essa sanção. Sua reificação da lei paterna não só repudia a homossexualidade feminina como nega as possibilidades e significados variados da maternidade como prática cultural. Porém, a subversão *cultural* não é realmente a preocupação de Kristeva, pois quando a subversão se manifesta, ela irrompe das profundezas da cultura só para retornar inevitavelmente a elas. Embora o semiótico seja uma possibilidade de linguagem que escapa à lei paterna, ele permanece inevitavelmente dentro ou, a rigor, abaixo do território dessa lei. Assim, a linguagem poética e os prazeres da maternidade constituem deslocamentos locais da lei paterna, subversões temporárias que se submetem finalmente àquilo contra o que inicialmente se rebelaram. Ao relegar a fonte de subversão a um lugar fora da própria cultura, Kristeva parece excluir a possibilidade da subversão como prática cultural efetiva ou realizável. O prazer além da lei paterna só pode ser imaginado juntamente com sua impossibilidade inevitável.

A teoria de Kristeva sobre a subversão frustrar as pulsões tem como premissa sua visão problemática da relação entre as pulsões, a linguagem e a lei. Sua postulação de uma multiplicidade subversiva de pulsões sugere uma série de

PROBLEMAS DE GÊNERO

questões epistemológicas e políticas. Em primeiro lugar, se essas pulsões só se manifestam na linguagem ou em formas culturais já determinadas como simbólicas, então como podemos verificar seu *status* ontológico pré-simbólico? Kristeva argumenta que a linguagem poética nos dá acesso a essas pulsões em sua multiplicidade fundamental, mas esta resposta não é plenamente satisfatória. Haja vista considerar-se que a linguagem poética depende da existência anterior dessas pulsões múltiplas, não podemos justificar a postulada existência delas, de forma circular, mediante recurso à linguagem poética. Se as pulsões têm que ser recalcadas para que a linguagem possa existir, e se só podemos atribuir significado àquilo que é representável na linguagem, então é impossível atribuir sentido às pulsões antes de sua emergência na linguagem. De maneira semelhante, atribuir às pulsões uma causalidade que facilita sua transformação em linguagem, e mediante a qual a própria linguagem tem que ser explicada, é algo que não se pode razoavelmente fazer dentro dos limites da própria linguagem. Em outras palavras, nós só conhecemos essas pulsões como "causas" em e através de seus efeitos, e, como tal, não há razão para não as identificarmos com seus efeitos. Decorre daí que (a) ou as pulsões e sua representação são coextensivas, ou então (b) as representações preexistem às próprias pulsões.

Eu diria que é importante considerar essa última alternativa, pois, como saber se o objeto instintivo do discurso de Kristeva não é uma construção do próprio discurso? E que bases temos para presumir que tal objeto, esse campo múltiplo, é anterior à significação? Se, para ser culturalmente comunicável, a linguagem poética tem que participar do Simbólico, e se os próprios textos teóricos de Kristeva são emblemáticos do Simbólico, onde haveremos

ATOS CORPORAIS SUBVERSIVOS

de encontrar um "fora" convincente para esse domínio? Sua postulação de uma multiplicidade corporal pré-discursiva complica-se ainda mais quando descobrimos que as pulsões maternas são consideradas como parte de um "destino biológico", sendo elas próprias manifestações de "uma causalidade não simbólica e não paterna".[12] Para Kristeva, essa causalidade pré-simbólica e não paterna é uma causalidade *materna,* semiótica, ou, mais especificamente, uma concepção teleológica dos instintos maternos:

> Compulsão material, espasmo de uma memória pertencente à espécie, que tanto se aglutina como se separa para perpetuar a si mesma, série de marcadores sem outro significado além do eterno retorno do ciclo biológico de vida e morte. Como podemos verbalizar essa memória pré-linguística irrepresentável? O fluxo de Heráclito, os átomos de Epicuro, os turbilhões de poeira dos místicos cabalísticos, árabes e indianos, e os desenhos pontilhados dos psicodélicos — tudo isso parece em metáforas melhores do que a teoria do Ser, do *logos* e de suas leis.[13]

Aqui, o corpo materno recalcado é não só o *locus* de pulsões múltiplas, mas igualmente o portador de uma teleologia biológica, teleologia esta que se explicita, parece, nos primeiros estágios da filosofia ocidental, nas crenças e práticas religiosas não ocidentais, nas representações estéticas produzidas em estados psicóticos ou quase psicóticos, e mesmo nas práticas artísticas de vanguarda. Mas por que devemos supor que estas várias expressões culturais manifestam exatamente o mesmo princípio da heterogeneidade materna? Kristeva simplesmente subordina cada um desses momentos culturais ao mesmo princípio. Consequentemente, o semiótico representa todo e qualquer esforço cultural para

PROBLEMAS DE GÊNERO

deslocar o *logos* (o qual, curiosamente, ela *contrasta* com o fluxo de Heráclito), em que o *logos* representa o significante unívoco, a lei da identidade. A oposição que ela faz entre o semiótico e o Simbólico reduz-se aqui a uma disputa metafísica entre o princípio da multiplicidade, que foge da acusação de não contradição, e um princípio de identidade baseado na supressão dessa multiplicidade. Estranhamente, o princípio de multiplicidade que Kristeva defende em toda parte opera de modo muito semelhante a um princípio de identidade. Observe-se como toda sorte de coisas "primitivas" e "orientais" são sumariamente subordinadas ao princípio do corpo materno. Seguramente, sua descrição justifica não apenas a acusação de orientalismo como propõe, ironicamente, a questão bastante significativa de saber se a multiplicidade não se terá transformado num significante unívoco.

Sua atribuição de um objetivo teleológico às pulsões maternas, anterior à sua constituição na linguagem ou na cultura, levanta uma série de questões sobre o programa político de Kristeva. Ainda que ela veja claramente um potencial subversivo e disruptivo nas expressões semióticas que desafiam a hegemonia da lei paterna, é bem menos claro em que consiste exatamente essa subversão. Se se compreende que a lei repousa sobre uma base construída, sob a qual o terreno materno recalcado está à espreita, que opções culturais concretas emergem na cultura como consequência dessa revelação? Aparentemente, a multiplicidade associada com a economia libidinal materna tem a força necessária para dispersar a univocidade do significante paterno e, ao que parece, para criar a possibilidade de outras expressões culturais, libertas das restrições cerradas da lei da não contradição. Mas corresponderá essa atividade disruptiva à abertura de um campo de significações, ou

ATOS CORPORAIS SUBVERSIVOS

tratar-se-á da manifestação de um arcaísmo biológico que opera segundo uma causalidade "pré-paterna" e natural? Se Kristeva acreditasse no primeiro caso (o que não faz), ela se interessaria por um deslocamento da lei paterna em favor de um campo prolífero de possibilidades culturais. Ao invés disso, ela prescreve um retorno ao princípio da heterogeneidade materna, o qual se mostra um conceito fechado, a rigor, uma heterogeneidade confinada por uma teleologia tanto unilinear como unívoca.

Kristeva entende o desejo de dar à luz como um desejo da espécie, parte de uma pulsão libidinal feminina coletiva e arcaica que constitui uma realidade metafísica sempre recorrente. Aqui Kristeva reifica a maternidade, e então promove essa reificação como o potencial disruptivo do semiótico. Como resultado, a lei paterna, compreendida como base da significação unívoca, é substituída por um significante igualmente unívoco, o princípio do corpo materno, que permanece idêntico a si mesmo em sua teologia, não obstante suas manifestações "múltiplas".

Na medida em que Kristeva conceitua o instinto materno como portador de um *status* ontológico anterior à lei paterna, ela deixa de considerar como essa própria lei pode ser a *causa* do desejo mesmo que supostamente ela *reprime*. Ao invés da manifestação de uma causalidade pré-paterna, esses desejos podem atestar a maternidade como prática social requerida e recapitulada pelas exigências do parentesco. Kristeva aceita a análise de Lévi-Strauss sobre a troca das mulheres como pré-requisito da consolidação dos laços de parentesco. Contudo, ela entende essa troca como o momento cultural em que o corpo materno é reprimido, e não como um mecanismo para a construção cultural compulsória do corpo feminino

PROBLEMAS DE GÊNERO

como corpo materno. Aliás, nós podemos compreender a troca das mulheres como uma prática que impõe ao corpo das mulheres a obrigação compulsória de reproduzir. Segundo a leitura de Lévi-Strauss por Gayle Rubin, o parentesco produz uma "modelagem da [...] sexualidade" em que o desejo de dar à luz resulta de práticas sociais que exigem e produzem esses desejos, para levar a efeito seus objetivos reprodutivos.[14]

Que bases tem Kristeva, portanto, para imputar ao corpo feminino uma teleologia materna anterior à sua emergência na cultura? Propor a questão desse modo já é questionar a distinção entre o Simbólico e o semiótico em que sua concepção do corpo materno está fundamentada. O corpo materno em sua significação originária é considerado por Kristeva como anterior à própria significação; assim, torna-se impossível, no interior da estrutura por ela proposta, considerar o materno em si mesmo como uma significação aberta à variabilidade cultural. Sua argumentação deixa claro que as pulsões maternas constituem aqueles processos primários que a linguagem invariavelmente recalca ou sublima. Mas talvez sua tese possa ser reformulada numa estrutura ainda mais abrangente: que configuração cultural de linguagem — de *discurso,* a rigor — gera o tropo de uma multiplicidade libidinal pré-discursiva, e com que propósitos?

Ao restringir a lei paterna a uma função proibitiva ou repressora, Kristeva não logra compreender os mecanismos paternos mediante os quais a própria afetividade é gerada. A lei que reprime o semiótico, como ela diz, bem pode ser o princípio que rege o próprio semiótico. Resulta que o que é aceito como "instinto materno" pode bem ser um desejo culturalmente construído, interpretado por via de um vocabulário naturalista. E se esse desejo

ATOS CORPORAIS SUBVERSIVOS

for construído de acordo com uma lei de parentesco que exige a produção e reprodução heterossexuais do desejo, então o vocabulário do afeto naturalista torna essa "lei paterna" efetivamente invisível. O que é, para Kristeva, uma causalidade pré-paterna, apareceria então como uma causalidade *paterna,* sob o disfarce de uma causalidade natural ou caracteristicamente materna.

Significativamente, a representação do corpo materno e da teleologia de seus instintos como princípio metafísico insistente e idêntico a si mesmo — arcaísmo de uma constituição biológica coletiva e específica do sexo — baseia-se numa concepção unívoca do sexo feminino. E este sexo, concebido tanto como origem quanto como causalidade, posa como princípio de pura generatividade. De fato, para Kristeva, ele se iguala à própria *poesis,* essa atividade criadora apresentada em *O Banquete* de Platão como um ato simultâneo de nascimento e concepção poética.[15] Mas é a generatividade feminina verdadeiramente uma causa não causada, e inicia ela a narrativa que põe toda a humanidade sob o tacão do tabu do incesto e na linguagem? A causalidade pré-paterna de que Kristeva fala significa uma economia feminina primária do prazer e do sentido? Podemos inverter a ordem mesma dessa causalidade e compreender essa economia semiótica como produção de um discurso anterior?

No último capítulo de *História da sexualidade 1* Foucault nos adverte contra o uso da categoria de sexo como "unidade fictícia [...] [e] princípio causal", argumentando que a categoria fictícia de sexo facilita uma inversão das relações causais, de tal modo que o "sexo" passa a ser compreendido como causa da estrutura e do significado do desejo:

PROBLEMAS DE GÊNERO

a noção de "sexo" tornou possível agrupar, numa unidade artificial, elementos anatômicos, funções biológicas, condutas, sensações e prazeres, e isso possibilitou o uso dessa unidade fictícia como um princípio causal, um significado onipresente: o sexo tornou-se assim capaz de funcionar como significante único e significado universal.[16]

Para Foucault, o corpo não é "sexuado" em nenhum sentido significativo antes de sua determinação num discurso pelo qual ele é investido de uma "ideia" de sexo natural ou essencial. O corpo só ganha significado no discurso no contexto das relações de poder. A sexualidade é uma organização historicamente específica do poder, do discurso, dos corpos e da afetividade. Como tal, Foucault compreende que a sexualidade produz o "sexo" como um conceito artificial que efetivamente amplia e mascara as relações de poder responsáveis por sua gênese.

A perspectiva de Foucault sugere uma maneira de resolver algumas das dificuldades epistemológicas e políticas que decorrem da visão de Kristeva do corpo feminino. Podemos compreender que a afirmação de Kristeva de uma "causalidade pré-paterna" é fundamentalmente invertida. Enquanto ela postula um corpo materno anterior ao discurso, o qual exerce sua própria força causal na estrutura das pulsões, Foucault argumentaria sem dúvida que a produção discursiva do corpo materno como pré-discursivo é uma tática de autoampliação e ocultação das relações de poder específicas pelas quais o tropo do corpo materno é produzido. Nesses termos, o corpo materno não seria mais entendido como a base oculta de toda significação, causa tácita de toda a cultura. Ao invés disso, o seria como efeito ou consequência de um sistema de sexualidade em que se

ATOS CORPORAIS SUBVERSIVOS

exige do corpo feminino que ele assuma a maternidade como essência do seu eu e lei de seu desejo.

Se acatamos a perspectiva de Foucault, somos compelidos a redescrever a economia libidinal materna como produto de uma organização historicamente específica da sexualidade. Além disso, o discurso da sexualidade, ele próprio impregnado de relações de poder, torna-se a verdadeira base do tropo do corpo materno pré-discursivo. A formulação de Kristeva sofre uma inversão completa: o Simbólico e o semiótico não são mais interpretados como dimensões da linguagem que resultam do recalcamento ou manifestação da economia libidinal materna. Ao invés disso, compreende-se essa própria economia como uma reificação que amplia e oculta a instituição da maternidade como sendo compulsória para as mulheres. Na verdade, quando os desejos que sustentam a instituição da maternidade são *transvalorizados,* aparecendo como pulsões pré-paternas e pré-culturais, a instituição ganha, nas estruturas invariáveis do corpo feminino, uma legitimação permanente. Aliás, a lei claramente paterna que sanciona e exige que o corpo feminino seja primariamente caracterizado nos termos de sua função reprodutora está inscrita neste corpo como a lei de sua necessidade natural. Ao defender a lei de uma maternidade biologicamente exigida como operação subversiva preexistente à própria lei paterna, Kristeva contribui para a produção sistemática de sua invisibilidade e, consequentemente, para a ilusão de sua inevitabilidade.

Por se restringir a uma concepção exclusivamente *proibidora* da lei paterna, Kristeva é incapaz de explicar os caminhos pelos quais essa lei *gera* certos desejos na forma de pulsões naturais. O corpo feminino que Kristeva busca exprimir é ele próprio um construto produzido pela lei que

PROBLEMAS DE GÊNERO

supostamente deve questionar. Essas críticas à concepção da lei paterna de Kristeva não invalidam de modo algum sua posição geral de que a cultura ou o Simbólico baseia-se no repúdio dos corpos femininos. Quero sugerir, todavia, que qualquer teoria que declare que a significação se baseia na negação ou no recalcamento de um princípio feminino deve considerar se tal feminilidade é realmente externa às normas culturais pelas quais é recalcada. Em outras palavras, na minha leitura, o recalcamento do feminino não requer que o agente recalcador e o objeto do recalque sejam ontologicamente distintos. Na verdade, pode-se entender que o recalcamento produz o objeto que nega. Tal produção bem pode ser a elaboração do próprio agente repressor. Como Foucault deixa claro, a iniciativa culturalmente contraditória do mecanismo de repressão é proibidora e generativa ao mesmo tempo, tornando a problemática da "libertação" especialmente aguda. O corpo feminino liberto dos grilhões da lei paterna pode se mostrar apenas uma outra encarnação dessa lei, que posa de subversiva, mas opera a serviço da autoampliação e proliferação da lei. Para evitar a emancipação do opressor em nome do oprimido, temos de levar em conta toda a complexidade e sutileza da lei, e nos curarmos da ilusão de um corpo verdadeiro além da lei. Se a subversão for possível, será uma subversão a partir de dentro dos termos da lei, por meio das possibilidades que surgem quando ela se vira contra si mesma e gera metamorfoses inesperadas. O corpo culturalmente construído será então libertado, não para seu passado "natural", nem para seus prazeres originais, mas para um futuro aberto de possibilidades culturais.

ATOS CORPORAIS SUBVERSIVOS

Foucault, Herculine e a política da descontinuidade sexual

A crítica genealógica de Foucault proporcionou uma maneira de criticar as teorias lacaniana e neolacanianas que consideram culturalmente ininteligíveis as formas marginais de sexualidade. Escrevendo nos termos de uma desilusão com a noção de um Eros libertário, Foucault entende que a sexualidade é saturada de poder, e oferece uma visão crítica das teorias que reivindicam uma sexualidade anterior ou posterior à lei. Contudo, ao considerarmos aquelas ocasiões textuais em que Foucault critica as categorias do sexo e o regime de poder da sexualidade, torna-se claro que sua teoria sustenta um ideal emancipatório não reconhecido, que se mostra cada vez mais difícil de manter, mesmo dentro do rigorismo de seu próprio aparato crítico.

A teoria da sexualidade de Foucault, apresentada em *História da sexualidade 1*, é de algum modo contraditada em sua pequena mas significativa introdução aos diários que ele publicou de Herculine Barbin, um hermafrodita francês do século XIX. No nascimento, atribuíram o sexo "feminino" a Herculine. Na casa dos 20 anos, após uma série de confissões a padres e médicos, ela/ele foi legalmente obrigada/o a mudar seu sexo para "masculino". Os diários que Foucault afirma ter encontrado são publicados nessa coletânea, juntamente com os documentos médicos e legais que discutem as bases sobre as quais foi decidida a designação de seu "verdadeiro" sexo. Um conto satírico do escritor alemão Oscar Panizza também é incluído. Foucault fornece uma introdução para a tradução inglesa do texto, na qual questiona se a noção de um sexo verdadeiro é necessária. Inicialmente, essa questão parece se articular numa continuidade com a genealogia crítica da categoria de "sexo" por ele apresentada perto da conclusão da *História da sexualidade 1*.[17] Entretanto, os diários e sua introdução oferecem uma oportunidade para refletir sobre a leitura de Herculine por Foucault em contraste com sua teoria da sexualidade em *História da sexualidade 1*. Embora argumente nesta obra que a sexualidade é coextensiva ao poder, Foucault deixa de reconhecer as relações de poder concretas que tanto constroem como condenam a sexualidade de Herculine. Na verdade, ele parece romancear o mundo de prazeres de Herculine, que é apresentado como o "limbo feliz de uma não identidade" (p. xiii), um mundo que ultrapassa as categorias do sexo e da identidade. O reaparecimento de um discurso sobre a diferença sexual e as categorias do sexo nos próprios escritos autobiográficos do hermafrodita levam a uma leitura alternativa de Herculine, em contraste com a apropriação e à recusa romanceadas de seu texto por Foucault.

Na *História da sexualidade 1,* Foucault argumenta que o construto unívoco do "sexo" (a pessoa é de um sexo e, portanto, *não é* do outro) é (a) produzido a serviço da regulação e do controle sociais da sexualidade; (b) oculta e unifica artificialmente uma variedade de funções sexuais distintas e não relacionadas; e (c) então aparece no discurso como *causa*, como uma essência interior que tanto produz como torna inteligível todo tipo de sensação, prazer e desejo como específicos de um sexo. Em outras palavras, do ponto de vista causal, os prazeres corporais não são meramente redutíveis a essa essência aparentemente específica do sexo, mas se tornam prontamente interpretáveis como manifestações ou *signos* desse "sexo".[18]

Em oposição a essa falsa construção do "sexo" como unívoco e causal, Foucault engaja-se num discurso inverso, que trata o "sexo" como *efeito* e não como origem. Em lugar do

ATOS CORPORAIS SUBVERSIVOS

"sexo" como causa e significação originais e contínuas dos prazeres corporais, ele propõe a "sexualidade" como um sistema histórico aberto e complexo de discurso e poder, o qual produz a denominação imprópria de "sexo" como parte da estratégia para ocultar e portanto perpetuar as relações de poder. Uma das maneiras pelas quais o poder é ocultado e perpetuado é pelo estabelecimento de uma relação externa ou arbitrária entre o poder, concebido como repressão ou dominação, e o sexo, concebido como energia vigorosa mas toldada, à espera de libertação ou autoexpressão autêntica. A utilização desse modelo jurídico presume não só que a relação entre poder e sexualidade é ontologicamente distinta, mas que o poder funciona sempre e unicamente para subjugar ou libertar um sexo fundamentalmente intacto, autossuficiente, e diferente do próprio poder. Quando o "sexo" é essencializado dessa maneira, torna-se ontologicamente imune às relações de poder e à sua própria historicidade. Como resultado, a análise da sexualidade descamba em análise do "sexo", e qualquer indagação sobre a produção histórica da própria categoria de "sexo" é impedida por essa causalidade invertida e falsificadora. Segundo Foucault, não só o "sexo" precisa ser recontextualizado nos termos de uma *sexualidade,* mas o poder jurídico tem de ser repensado como uma construção produzida por um poder generativo que, por sua vez, oculta o mecanismo da sua própria produtividade.

> a noção de sexo acarretou uma inversão fundamental; tornou possível inverter a representação das relações entre poder e sexualidade, fazendo esta última aparecer não *em sua relação essencial e positiva com o poder,* mas como enraizada numa urgência específica e irredutível que o poder faz todo o possível para dominar (p. 154).

PROBLEMAS DE GÊNERO

Na História da sexualidade, Foucault toma posição explicitamente contra os modelos emancipatórios ou libertários da sexualidade, pois eles se conformam a um modelo jurídico que não reconhece a produção histórica do "sexo" como categoria, isto é, como um "efeito" mistificador das relações de poder. Seu ostensivo problema com o feminismo também parece se manifestar aqui: enquanto a análise feminista toma como ponto de partida a categoria de sexo, e assim, segundo ele, a restrição binária que pesa sobre o gênero, Foucault entende seu próprio projeto como uma indagação acerca de como as categorias de "sexo" e diferença sexual são construídas no discurso como aspectos necessários da identidade corporal. Do ponto de vista desse autor, o modelo jurídico de lei que estrutura o modelo emancipatório feminista pressupõe que o sujeito da emancipação, em algum sentido "o corpo sexuado", não necessita de uma desconstrução crítica. Como observou Foucault sobre alguns esforços humanistas de reforma das prisões, o sujeito criminoso que se beneficia da emancipação pode estar muito mais profundamente acorrentado do que terá originalmente pensado o humanista. Para Foucault, ser sexuado é estar submetido a um conjunto de regulações sociais, é ter a lei que norteia essas regulações situada como princípio formador do sexo, do gênero, dos prazeres e dos desejos, e como o princípio hermenêutico de autointerpretação. A categoria do sexo é, assim, inevitavelmente reguladora, e toda análise que a tome acriticamente como um pressuposto amplia e legitima ainda mais essa estratégia de regulação como regime de poder/conhecimento.

Ao editar e publicar os diários de Herculine, Foucault está claramente tentando mostrar como um corpo hermafrodita ou intersexuado denuncia e refuta implicitamente

ATOS CORPORAIS SUBVERSIVOS

as estratégias reguladoras da categorização sexual. Por pensar que o "sexo" unifica funções e significados corporais que não têm correlação necessária uns com os outros, ele prediz que o desaparecimento do "sexo" resultará numa feliz dispersão dessas várias funções, significados, órgãos e processos psicológicos e somáticos, bem como na proliferação de prazeres fora do contexto de inteligibilidade imposto pelos sexos unívocos na relação binária. Segundo Foucault, no mundo sexual habitado por Herculine, os prazeres corporais não significam imediatamente o "sexo" como sua causa primária e significado último; é um mundo, afirma ele, em que há "sorrisos pairando à toa" (p. xiii). De fato, estes são prazeres que transcendem claramente a regulação que lhes é imposta, e aqui nós vemos o deleite sentimental de Foucault com o próprio discurso emancipatório que sua análise em *História da sexualidade* deveria substituir. Segundo esse modelo foucaultiano de política sexual emancipatória, a derrubada do "sexo" resulta na liberação da multiplicidade sexual primária, uma noção não muito distante da postulação psicanalítica do polimorfismo perverso primário ou da noção de Marcuse de um Eros bissexual original e criativo, posteriormente reprimido por uma cultura instrumentalista.

A diferença significativa entre as posições de Foucault em *História da sexualidade 1* e em sua introdução a *Herculine Babin* já pode ser observada como uma tensão não resolvida que está presente na própria *História da sexualidade* (em que ele faz referência aos prazeres "bucólicos" e "inocentes" da troca sexual intergeracional, vigente antes da imposição das várias estratégias reguladoras [p. 31]). Por um lado, Foucault quer argumentar que não existe um "sexo" em si que não seja produzido por interações complexas de discurso e poder, e parece haver uma "multiplicidade de prazeres" *em si* que não é efeito de qualquer interação específica de discurso/ poder. Em outras palavras, Foucault invoca o tropo de uma multiplicidade pré-discursiva que efetivamente pressupõe uma sexualidade "antes da lei", a rigor, uma sexualidade à espera da sua emancipação dos grilhões do "sexo". Por outro lado, ele insiste oficialmente em que a sexualidade e o poder são coextensivos, e em que não devemos pensar que, ao dizermos sim ao sexo, estamos dizendo não ao poder. Em seu modo antijurídico e antiemancipatório, o Foucault "oficial" argumenta que a sexualidade se situa sempre no interior das matrizes de poder, sempre produzida ou construída no bojo de práticas históricas específicas, tanto discursivas como institucionais, e que o recurso a uma sexualidade antes da lei é ilusório e cúmplice das políticas sexuais emancipatórias.

Os diários de Herculine fornecem uma oportunidade de ler Foucault contra ele mesmo, ou talvez, mais apropriadamente, de denunciar a contradição que constitui esse tipo de convocação antiemancipatória à liberdade sexual. Herculine, chamada de Alexia ao longo do texto, narra a história de sua trágica situação de alguém que vive uma vida injusta de vitimização, falsidades, anseios e insatisfação inevitável. Desde seu tempo de menina, relata, ela/ele era diferente das outras meninas. Essa diferença é causa de estados alternados de angústia e envaidecimento ao longo da história, mas está presente na medida em que um conhecimento tácito de antes da lei se torna ator explícito da história. Ainda que Herculine não comente diretamente sua anatomia nos diários, os laudos médicos, publicados por Foucault juntamente com o texto de Herculine, suge-

ATOS CORPORAIS SUBVERSIVOS

rem que seria razoável dizer que ela/ele possuía o que se poderia descrever como um pequeno pênis ou um clitóris aumentado; que onde deveria estar a vagina havia um "beco sem saída", como disseram os médicos; e que, além disso, ela não parecia ter seios femininos identificáveis. Também havia, parece, alguma capacidade de ejaculação que não é plenamente esclarecida pelos documentos médicos. Herculine nunca se refere à anatomia como tal, mas relata sua condição em termos de erro natural, errância metafísica, estado de desejo insaciável e solidão radical, situação que se transformou, antes de seu suicídio, em raiva manifesta, primeiro dirigida contra os homens, mas finalmente contra o mundo como um todo.

Em termos elípticos, Herculine conta suas relações com as meninas da escola, com as "mães" do convento e, finalmente, sua ligação apaixonada com Sara, que se tornou sua amante. Atormentada inicialmente pela culpa, e depois por alguma enfermidade genital inespecífica, Herculine expõe seu segredo a um médico e a um padre, num conjunto de atos de confissão que acabam forçando sua separação de Sara. As autoridades confirmam e efetuam sua transformação jurídica em homem, com o que ela/ele é legalmente obrigada/o a se vestir com roupas masculinas e a exercer seus vários direitos de homem na sociedade. Escritos em tom sentimental e melodramático, os diários relatam um sentimento de crise perpétua, que culmina no suicídio. Poder-se-ia argumentar que, antes da transformação legal de Alexia em homem, ela/ele estava livre para desfrutar os prazeres que de fato estão livres das pressões jurídicas e reguladoras da categoria do "sexo". Foucault parece deveras pensar que os diários fornecem uma visão justamente desse campo não regulado de prazeres, anterior à

PROBLEMAS DE GÊNERO

imposição da lei do sexo unívoco. Sua leitura, contudo, constitui uma interpretação radicalmente equivocada do modo como esses prazeres estão desde sempre embutidos na lei difusa mas inarticulada, gerados, na verdade, pela própria lei que pretensamente desafiariam.

A tentação de romancear a sexualidade de Herculine como jogo utópico de prazeres, anterior à imposição e às restrições do "sexo", deve certamente ser rejeitada. Entretanto, ainda é possível colocar a questão alternativa de Foucault: que práticas e convenções sociais produzem a sexualidade nessa forma? Ao explorarmos esta pergunta, penso eu, nós temos a oportunidade de compreender algo sobre (a) a capacidade produtiva do poder — isto é, o modo como as estratégias reguladoras produzem os sujeitos que vêm a subjugar; e (b) o mecanismo específico mediante o qual o poder produz a sexualidade no contexto dessa narrativa autobiográfica. A questão da diferença sexual ressurge sob uma nova luz ao deixarmos de lado a reificação metafísica da sexualidade múltipla e nos indagarmos, no caso de Herculine, sobre as estruturas narrativas e convenções políticas e culturais concretas que produzem e regulam os beijos de ternura, os prazeres difusos e os frêmitos barrados e transgressores do mundo sexual de Herculine.

Dentre as várias matrizes de poder que produzem a sexualidade entre Herculine e suas parceiras, figuram claramente as convenções sobre a homossexualidade feminina, a qual tanto é estimulada como condenada pelo convento e pela ideologia religiosa que o sustenta. Uma coisa que sabemos sobre Herculine é que ela/ele lia, e lia muito, que sua educação oitocentista francesa abrangia os clássicos e o romantismo francês, e que sua própria narrativa ocorre nos termos de um conjunto de convenções literárias estabeleci-

ATOS CORPORAIS SUBVERSIVOS

das. Na verdade, essas convenções produzem e interpretam para nós aquela sexualidade que tanto Foucault como Herculine consideram estar fora de qualquer convenção. As narrativas românticas e sentimentais de amores impossíveis também parecem contar para a produção de todo tipo de desejo e sofrimento no texto em questão, como fazem as lendas cristãs de santos malfadados, os mitos gregos de andróginos suicidas e, obviamente, a própria figura do Cristo. Seja "antes" da lei, como sexualidade múltipla, ou "fora" da lei, como transgressão antinatural, esses posicionamentos estão invariavelmente "dentro" de um discurso que produz a sexualidade e depois oculta essa produção mediante a configuração de uma sexualidade corajosa e rebelde, "fora" do próprio texto.

Claro está que o esforço de explicar as relações sexuais de Herculine com as meninas por meio do componente masculino de sua duplicidade biológica é a tentação constante do texto. Se Herculine deseja uma menina, então talvez haja provas, nas estruturas hormonais ou cromossômicas ou na presença anatômica do pênis imperfurado, a sugerirem a presença de um sexo mais distinto, masculino, o qual geraria subsequentemente a capacidade e o desejo heterossexuais. Os prazeres, os desejos, os atos — não emanariam eles, em algum sentido, do corpo biológico? E não haveria uma maneira de compreender essa emanação como causalmente exigida por esse corpo e expressiva de sua especificidade sexual?

Talvez porque o corpo de Herculine é hermafrodito, é especialmente árdua a luta para separar conceitualmente a descrição de suas características sexuais primárias, de um lado, e de outro, sua identidade de gênero (seu sentido de seu próprio gênero, o qual, diga-se de passagem, está

PROBLEMAS DE GÊNERO

permanentemente em modificação e longe de ser claro) e a direção e os objetos de seu desejo. Ela/ele própria/o presume em vários momentos que seu corpo é a *causa* de sua confusão de gênero e de seus prazeres transgressivos, como se fossem ambos tanto resultado como manifestação de uma essência que de algum modo fica fora da ordem natural/metafísica das coisas. Contudo, ao invés de entender seu corpo anômalo como a causa de seu desejo, sua aflição, seus casos e suas confissões, devemos ler esse corpo, aqui plenamente textualizado, como o signo de uma ambivalência insolúvel, produzida pelo discurso jurídico sobre o sexo unívoco. No lugar da univocidade, deixamos de descobrir a multiplicidade, como Foucault gostaria; ao invés disso, deparamos com uma ambivalência fatal, produzida pela lei proibitiva, e que apesar de todos os felizes efeitos dispersivos, culmina no suicídio de Herculine.

Se seguirmos a narrativa autoexpositiva de Herculine, ela mesma uma espécie de produção confessional do eu, parece que sua predisposição sexual é de ambivalência desde o início, que sua sexualidade recapitula a estrutura ambivalente de sua produção, construída em parte como injunção institucional de buscar o amor das várias "irmãs" e "mães" da família ampliada do convento, e a proibição absoluta de levar esse amor longe demais. Inadvertidamente, Foucault sugere que o "limbo feliz de uma não identidade" de Herculine tornou-se possível mediante uma formação historicamente específica de sua sexualidade, a saber, "sua existência sequestrada na companhia quase exclusiva de mulheres". Essa "estranha felicidade", como ele a descreve, era ao mesmo tempo "obrigatória e proibida" no âmbito das convenções do convento. Sua sugestão clara aqui é de que esse ambiente homossexual, estruturado

ATOS CORPORAIS SUBVERSIVOS

como era por um tabu erotizado, tinha características tais que o "limbo feliz de uma não identidade" foi sutilmente promovido. Neste ponto, Foucault se retrata num átimo da sugestão sobre a participação de Herculine numa prática de convenções homossexuais femininas, insistindo em que o que está em jogo é mais a "não identidade" do que uma variedade de identidades femininas. Ocupasse Herculine a posição discursiva da "homossexual feminina", isso representaria, na visão de Foucault, um compromisso com a categoria do sexo — precisamente o que Foucault quer que a narrativa de Herculine nos persuada a rejeitar.

Mas talvez Foucault queira as coisas de ambas as maneiras; na verdade, ele quer sugerir implicitamente que os contextos homossexuais produzem a não identidade — a saber, que a homossexualidade é um instrumento para derrubar a categoria do sexo. Observe-se, na seguinte descrição foucaultiana dos prazeres de Herculine, como a categoria do sexo é ao mesmo tempo invocada e recusada: a escola e o convento "promovem os delicados prazeres que a não identidade sexual descobre e provoca quando é desviada em meio a todos esses corpos semelhantes uns aos outros" (p. xiv). Foucault presume aqui que a semelhança desses corpos condiciona o limbo feliz de sua não identidade, uma formulação difícil de aceitar tanto lógica quanto historicamente, e também como descrição adequada de Herculine. É a consciência de sua semelhança que condiciona o jogo sexual das jovens do convento, ou será, antes, a presença erotizada da lei interditora do homossexualismo que produz esses prazeres transgressivos na modalidade compulsória de um confessionário? Herculine sustenta seu discurso de diferença sexual mesmo nesse contexto ostensivamente homossexual: ela/ele nota

PROBLEMAS DE GÊNERO

e goza de sua diferença em relação às jovens que deseja, e contudo essa diferença não é uma simples reprodução da matriz homossexual do desejo. Ela/ele sabe que sua posição nessa troca é transgressiva, que ela é "usurpadora" de uma prerrogativa masculina, como ela/ele diz, e que contesta tal privilégio até mesmo ao reproduzi-lo.

A linguagem da usurpação sugere uma participação nas próprias categorias das quais ela/ele se sente inevitavelmente distanciada/o, insinuando também as possibilidades desnaturalizadas e fluidas de tais categorias, posto não mais estarem vinculadas, causal ou expressivamente, à presumida fixidez do sexo. A anatomia de Herculine não fica fora das categorias do sexo, mas confunde e redistribui seus elementos constitutivos; na verdade, a livre interação dos atributos tem o efeito de denunciar o caráter ilusório do sexo como substrato substantivo permanente ao qual esses vários atributos devem presumivelmente aderir. Além disso, a sexualidade de Herculine constitui um conjunto de transgressões de gênero que desafia a própria distinção entre as trocas eróticas heterossexuais e lésbicas, subestimando seus pontos de convergência e redistribuição ambíguas.

Mas parece que somos obrigados a perguntar: não há, mesmo no âmbito de uma ambiguidade sexual discursivamente constituída, algumas questões atinentes ao "sexo" e, na verdade, à sua relação com o "poder", que impõem limites ao livre jogo das categorias sexuais? Em outras palavras, até que ponto o jogo é livre, seja ele concebido como multiplicidade libidinal pré-discursiva ou como multiplicidade discursivamente constituída? A objeção original de Foucault à categoria do sexo é que ela impõe o artifício da unidade e da univocidade a um conjunto de funções e elementos sexuais ontologicamente distintos. Foucault constrói

ATOS CORPORAIS SUBVERSIVOS

o binário de uma lei cultural artificial que reduz e distorce aquilo que poderíamos compreender como uma heterogeneidade *natural*. A/O própria/o Herculine refere-se à sua sexualidade como "essa incessante luta da natureza contra a razão" (p. 103). Um rápido exame desses "elementos" distintos, entretanto, sugere sua completa medicalização como "funções", "sensações" e mesmo "impulsos". Assim, a heterogeneidade à qual Foucault faz apelo é ela própria constituída pelo discurso médico, que ele caracteriza como lei jurídica repressiva. Mas o que é essa heterogeneidade que Foucault parece louvar, e a que propósito serve?

Se ele afirmasse claramente que a não identidade sexual é promovida em contextos homossexuais, pareceria identificar os contextos heterossexuais precisamente como aqueles em que a identidade se constitui. Nós já sabemos que ele entende as categorias do sexo e da identidade em geral como efeito e instrumento de um regime sexual regulador, mas não fica claro se essa regulação é reprodutiva ou heterossexual, ou alguma outra coisa. Produz essa regulação da sexualidade identidades masculinas e femininas no âmbito de uma relação binária simétrica? Se a homossexualidade produz a não identidade sexual, então a própria homossexualidade não depende mais de identidades *parecidas* umas com as outras; na verdade, nem poderia mais ser descrita como tal. Mas se a homossexualidade pretende designar o lugar de uma heterogeneidade libidinal *inominável,* talvez possamos nos perguntar se esta não é, ao invés disso, um amor que não pode ou não ousa dizer seu nome. Em outras palavras, Foucault, que só deu uma entrevista sobre homossexualidade e sempre resistiu ao momento confessional em sua própria obra, todavia nos apresenta as confissões de Herculine, e de modo desconcertantemente didático. Tratar-se-á de uma confissão deslocada, que presume uma continuidade ou paralelo entre a sua vida e a dela?

Na capa da edição francesa, ele observa que Plutarco entendia que as pessoas ilustres constituem vidas paralelas, as quais, em certo sentido, percorrem linhas infinitas que se encontram finalmente na eternidade. Ele adverte que algumas vidas se afastam da trilha do infinito e correm o risco de desaparecer numa obscuridade de que nunca serão resgatadas — vidas que não trilham o caminho "reto", por assim dizer, da eterna comunidade da grandeza, mas se desviam e ameaçam torna-se totalmente irrecuperáveis. "Isso seria o inverso de Plutarco", escreve ele, "vidas paralelas que nada poderá reunir novamente" [minha tradução]. Aqui, a referência textual é claramente à separação de Herculine, ao nome masculino adotado (ainda que com uma curiosa terminação feminina), e a Alexia, o nome que designava Herculine no gênero feminino. Mas trata-se também de uma referência a Herculine e Sara, sua amante, que são literalmente separadas e cujos caminhos obviamente divergem. Mas talvez, em algum sentido, a vida de Herculine também seja paralela à de Foucault, precisamente no sentido em que podem sê-lo as vidas divergentes, que absolutamente não são "retas". De fato, talvez Herculine e Foucault sejam paralelos, não em qualquer sentido literal, mas em sua própria contestação do literal enquanto tal, especialmente quando aplicado às categorias do sexo.

A sugestão de Foucault, no prefácio, de existirem corpos que são em algum sentido "semelhantes" uns aos outros, desconsidera a singularidade hermafrodita do corpo de Herculine, bem como a apresentação que ela/ele faz de si

ATOS CORPORAIS SUBVERSIVOS

mesma/o, dizendo-se muito diferente das mulheres que deseja. Aliás, após alguns tipos de intercâmbio sexual, Herculine passa a usar a linguagem da apropriação e do triunfo, declarando abertamente que Sara é sua propriedade eterna ao observar: "Daquele momento em diante, Sara me pertenceu...!!!" (p. 51). Por que então Foucault resistiria ao próprio texto que quer usar para fazer sua asserção? Na única entrevista que deu sobre a homossexualidade, James O'Higgins, o entrevistador, observou que "há uma tendência crescente nos círculos intelectuais americanos, particularmente entre as feministas radicais, a fazer uma distinção entre as homossexualidades masculina e feminina", posição, argumentou ele, que afirma que coisas fisicamente muito diferentes acontecem nos dois tipos de encontro, e que as lésbicas tendem a preferir a monogamia e coisas similares, ao passo que os homens gays em geral não fazem. Foucault responde com uma gargalhada, sugerida pelos colchetes ["risos"], e diz: "Tudo que posso fazer é explodir numa gargalhada."[19] Essa mesma risada explosiva, podemos lembrar, também ocorreu após a leitura de Borges por Foucault, relatada no prefácio de *Les mots et les choses* [As palavras e as coisas]:

> Este livro nasceu de uma passagem de Borges, da gargalhada que abalou, quando li a passagem, todos os marcos familiares de meu pensamento [...] rompendo todas as superfícies ordenadas e todos os planos com que estamos acostumados a domesticar a selvagem profusão das coisas existentes, continuando muito tempo depois a perturbar e ameaçar de colapso nossas velhas distinções entre o Mesmo e o Outro.[20]

PROBLEMAS DE GÊNERO

Naturalmente, a passagem é da enciclopédia chinesa, que confunde a distinção aristotélica entre as categorias universais e os casos particulares. Mas há também a "gargalhada corrosiva" de Pierre Rivière, cuja destruição assassina de sua família, ou talvez, para Foucault, *da* família, parece negar literalmente as categorias do parentesco e, por extensão, do sexo.[21] E há, é claro, a gargalhada agora famosa de Bataille, a qual, como nos conta Derrida em *A escritura e a diferença*, designa o excesso que escapa ao domínio conceitual da dialética hegeliana.[22] Foucault parece rir precisamente porque a questão instaura o próprio binário que ele busca afastar, esse lúgubre binário do Mesmo e do Outro que tem perturbado não só o legado da dialética, mas igualmente a dialética do sexo. E depois, decerto, há também a risada da Medusa, a qual, nos diz Hélène Cixous, rompe a plácida superfície constituída pelo olhar petrificante, deixando claro que a dialética do Mesmo e do Outro se dá em conformidade com o eixo da diferença sexual.[23] Num gesto que ecoa timidamente a história da Medusa, a/o própria/o Herculine escreve sobre "a fria fixidez do meu olhar [que] parece congelar" (p. 105) os que o encontram.

Mas há, é claro, Irigaray, que denuncia a dialética do Mesmo e do Outro como um falso binário, a ilusão de uma diferença simétrica que consolida a economia metafísica do falocentrismo, a economia do mesmo. Em seu ponto de vista, tanto o Outro como o Mesmo são marcados como masculinos; o Outro é apenas uma elaboração negativa do sujeito masculino, com o resultado de que o sexo feminino é irrepresentável — ou seja, é o sexo que, nessa economia significante, não o é. Mas não o é também no sentido de que escapa à significação unívoca característica do Simbólico, e de que não é uma identidade substantiva, mas sempre e

ATOS CORPORAIS SUBVERSIVOS

somente uma relação indeterminada de diferença na economia que o representa como ausente. Trata-se do sexo que não é "um", no sentido de que é múltiplo e difuso em seus prazeres e seu modo de significação. De fato, talvez os prazeres aparentemente múltiplos de Herculine se qualificassem como a marca do feminino, em sua polivalência e sua recusa a se submeter aos esforços reprodutivos da significação unívoca.

Não nos esqueçamos, porém, da relação de Herculine com a gargalhada, que parece se manifestar duas vezes, primeiro no medo de ser *objeto* de risadas (p. 23) e depois como a gargalhada de desdém que ela/ele dirige contra o médico, por quem ela/ele perde o respeito depois que ele não consegue contar às autoridades apropriadas as irregularidades naturais que lhe tinham sido reveladas (p. 71). Para Herculine, portanto, gargalhada parece designar humilhação ou desdém, duas posições inequivocamente ligadas a uma lei condenatória, estando a ela sujeitas como seu instrumento ou objeto. Herculine não está fora da jurisdição dessa lei; até mesmo seu exílio é compreendido à luz do modelo da punição. Logo na primeira página, ela/ele relata que seu "lugar não foi marcado [*pas marquée*] neste mundo que me evitou". E ela/ele articula o sentido inicial de abjeção que depois é sancionado, primeiro como filha ou amante dedicada, a ser assemelhada a um "cão" ou um "escravo", e depois, finalmente em forma plena e fatal, quando ela/ele é expulsa/o e se expulsa do âmbito de todos os seres humanos. A partir desse isolamento pré-suicida, ela/ele afirma elevar-se acima de ambos os sexos, mas seu ódio se volta mais plenamente contra os homens, cujo "direito" ela/ele tentou usurpar em sua intimidade com Sara, e aos quais ela/ele agora culpa sem restrições como aqueles que de algum modo proibiram a ela/ele a possibilidade do amor.

PROBLEMAS DE GÊNERO

No começo da narrativa, ela/ele apresenta dois parágrafos de só uma frase, "paralelos" um ao outro e sugestivos de uma incorporação melancólica do pai perdido, de um adiamento do ódio ao abandono pela instauração estrutural dessa negatividade em sua identidade e seu desejo. Antes de nos dizer que foi muito cedo abandonada/o pela mãe, e sem aviso prévio, ela/ele nos conta que, por motivos não declarados, passou alguns anos num lar para crianças abandonadas e órfãs. Ela/ele se refere às "pobres criaturas, privadas de seu berço e do amor de mãe". Na sentença seguinte, ela/ele faz referência a essa instituição como um "refúgio [asile] de sofrimento e aflição", e na frase a seguir, fala do pai, "que a morte súbita arrancou [...] da terna afeição de minha mãe" (p. 4). Ainda que seu próprio abandono seja aqui duas vezes desviado pela piedade por outros que subitamente se viram sem mãe, ela/ele estabelece uma identificação por intermédio desse desvio, que reaparece posteriormente como a triste situação conjunta de pai e filha, arrancados às carícias maternas. Os desvios do desejo são semanticamente compostos, por assim dizer, à medida que Herculine vai em frente, enchendo-se de paixão por "mãe" após "mãe", e então apaixonando-se por várias "filhas" de mães, o que escandaliza todas as mães. Sem dúvida, ela/ele vacila entre ser um objeto da adoração e excitação de todos e um objeto de repúdio e abandono, consequência cindida de uma estrutura melancólica deixada a alimentar-se de si mesma, sem intervenção. Se a melancolia envolve autorrecriminação, como argumenta Freud, e se essa recriminação é uma espécie de narcisismo negativo (que se volta para o eu, mesmo que somente sob a forma de recriminá-lo), então pode-se entender que Herculine cai constantemente na oposição entre os narci-

ATOS CORPORAIS SUBVERSIVOS

sismos negativo e positivo, declarando-se a um só tempo a criatura mais abandonada e negligenciada do mundo e alguém com a capacidade de encantar a todos que dela/dele se aproximam; alguém que, para todas as mulheres, é melhor do que qualquer "homem" (p. 107).

Ela/ele menciona o hospital para crianças órfãs como o primeiro "refúgio de sofrimento", um lar que ela/ele reencontra figurativamente no fechamento da narrativa, no que chama de o "refúgio do túmulo". Exatamente como esse primeiro refúgio proporciona uma comunhão e identificação mágicas com o fantasma do pai, assim o túmulo da morte já está ocupado pelo próprio pai, que ela/ele espera que a morte permita encontrar: "A visão da tumba me reconcilia com a vida", escreve ela/ele. "Faz-me sentir uma ternura indefinível por aquele cujos ossos repousam a meus pés [*là à mes pieds*]" (p. 109). Mas esse amor, formulado como uma espécie de solidariedade contra a mãe abandonadora, não é absolutamente purificado do ódio ao abandono: O pai "a [seus] pés" é anteriormente engrandecido, de modo a tornar-se a totalidade dos homens acima de quem ela/ele se eleva e a quem afirma dominar (p. 107), e contra os quais dirige sua gargalhada de desdém. No começo, ela/ele observa sobre o médico que descobriu sua condição anômala: "Queria que ele estivesse 30 metros debaixo da terra!" (p. 69).

A ambivalência de Herculine implica aqui os limites da teoria do "limbo feliz de uma não identidade". Quase a prefigurar o lugar que assumiria aos olhos de Foucault, ela/ele imagina se não seria "o joguete de um sonho impossível" (p. 79). A predisposição sexual de Herculine é de ambivalência desde o começo, e, como já foi dito, sua sexualidade recapitula a estrutura ambivalente de sua produção, construída em parte como injunção institucional de buscar o

PROBLEMAS DE GÊNERO

amor das várias "irmãs" e "mães" da família ampliada do convento, e como a proibição absoluta de levar esse amor longe demais. Sua sexualidade não está fora da lei, mas é a produção ambivalente da lei, em que a própria noção de *proibição* abarca os terrenos psicanalítico e institucional. Suas confissões, assim como seus desejos, são a um só tempo sujeição e rebeldia. Em outras palavras, o amor proibido pela morte ou pelo abandono, ou por ambos, é um amor proibido de ser sua condição e seu objetivo.

Depois de submeter-se à lei, Herculine torna-se um sujeito juridicamente sancionado como "homem", e todavia a categoria do gênero se mostra menos fluida do que sugerem suas próprias referências a *As metamorfoses,* de Ovídio. Seu discurso heteroglóssico desafia a viabilidade da noção de uma "pessoa" que se possa dizer que preexiste ao gênero ou à troca de um gênero por outro. Se ela/ele não é ativamente condenada/o pelos outros, condena a si mesma/o (chamando-se até mesmo de "juiz/juíza" [p. 106]), revelando que a lei jurídica vigente é muito maior do que a lei empírica que efetua a conversão de seu gênero. Na verdade, Herculine jamais poderá incorporar essa lei, exatamente porque não pode prover a ocasião pela qual a lei se naturaliza nas estruturas simbólicas da anatomia. Em outras palavras, a lei não é meramente uma imposição cultural feita a uma heterogeneidade de outro modo natural; ela exige a conformidade à sua própria noção de "natureza", e ganha sua legitimidade através da naturalização binária e assimétrica de corpos em que o Falo, embora claramente não idêntico ao pênis, ainda assim exibe o pênis como seu instrumento e signo naturalizados.

Os prazeres e desejos de Herculine não correspondem de modo algum à inocência bucólica que medra e proli-

ATOS CORPORAIS SUBVERSIVOS

fera antes da imposição da lei jurídica. Tampouco está ela/ele completamente fora da economia significante da masculinidade. Ela/ele está fora da lei, mas a lei abrange este "fora", mantendo-o em seu interior. Com efeito, ela/ele encarna a lei, não como sujeito autorizado, mas como um testemunho legalizado da estranha capacidade da lei de produzir somente as rebeliões que ela pode garantir que — por fidelidade — derrotarão a si próprias e aos sujeitos que, completamente submetidos, não têm alternativa senão reiterar a lei de sua gênese.

Pós-escrito conclusivo não científico

Em *História da sexualidade 1*, Foucault parece situar a busca da identidade no contexto das formas jurídicas de poder que se tornam plenamente articuladas com o advento das ciências sexuais, inclusive a psicanálise, no final do século XIX. Embora Foucault tenha revisto sua historiografia do sexo, no começo de *O uso dos prazeres* [*L'Usage des plaisirs*], e buscado descobrir as regras repressivas/generativas da formação do sujeito em antigos textos gregos e romanos, seu projeto filosófico de denunciar a produção reguladora dos efeitos da identidade permaneceu constante. Pode-se encontrar um exemplo contemporâneo dessa busca da identidade nos avanços recentes da biologia celular, exemplo este que confirma inadvertidamente a aplicabilidade continuada da crítica foucaultiana.

Uma boa oportunidade para nos interrogarmos sobre a univocidade do sexo é a recente controvérsia sobre o gene mestre que os pesquisadores do MIT afirmam ter descoberto, no final de 1987, como o determinante secreto

PROBLEMAS DE GÊNERO

e indubitável do sexo. Com o uso de meios tecnológicos altamente sofisticados, o gene mestre, que constitui uma sequência específica de DNA no cromossoma Y, foi descoberto pelo dr. David Page e seus colegas, sendo chamado de "FDT" ou "fator determinante dos testículos". Quando da publicação das suas descobertas na revista *Cell* (n. 51), o dr. Page afirmou ter descoberto "a chave binária de que dependem todas as características sexuais dimórficas".[24] Consideremos portanto as afirmações dessa descoberta, e vejamos por que as inquietantes questões sobre o fator decisivo do sexo continuam a ser formuladas.

Segundo o artigo do dr. Page, "The Sex-Determining Region of the Human Y Chromosome Encodes a Finger Protein" [A região determinante do sexo no cromossomo Y humano codifica uma proteína do dedo], amostras de DNA foram recolhidas de um grupo muito inusitado de pessoas, dentre as quais algumas possuíam cromossomas XX, mas tinham sido designadas pelos médicos como pertencentes ao sexo masculino, e outras tinham a constituição cromossômica XY, mas tinham sido designadas como pertencentes ao sexo feminino. Ele não nos conta em que bases essas pessoas foram designadas contrariamente às constatações cromossômicas, mas pode-se presumir que os caracteres primários e secundários óbvios teriam sugerido que tais seriam de fato as designações apropriadas. Page e seus colegas formularam a seguinte hipótese: deve haver um segmento do DNA, que não pode ser visto sob condições microscópicas usuais, que determina o sexo masculino, e esse segmento de DNA deve ter sido de algum modo deslocado do cromossoma Y, sua localização usual, para algum outro cromossoma onde não se esperaria encontrá-lo. Só se pudermos presumir (a) essa sequência

ATOS CORPORAIS SUBVERSIVOS

indetectável de DNA e (b) provar sua *translocabilidade* nós seremos capazes de compreender porque um macho XX não apresenta um cromossoma Y detectável, mas, ainda assim, de fato pertence ao sexo masculino. Similarmente, explicaríamos a curiosa presença do cromossoma Y em fêmeas precisamente da mesma maneira, isto é, por ter havido um extravio desse segmento de DNA.

Ainda que a pesquisa de Page e seus pesquisadores para chegar a essa descoberta tenha sido limitada, a especulação em que eles a basearam é, em parte, que uns bons 10 por cento da população apresentam variações cromossômicas que não se encaixam exatamente no conjunto de categorias XX-fêmea, XY-macho. Consequentemente, considera-se que a descoberta do "gene mestre" constitui uma base mais segura do que os critérios cromossômicos anteriores para a compreensão da determinação dos sexos e, portanto, da diferença sexual.

Infelizmente para Page, um problema persistente atormentou as declarações feitas em defesa da descoberta da sequência de DNA. Descobriu-se que exatamente a mesma sequência considerada determinante da masculinidade estava presente no cromossoma X das mulheres. Inicialmente, Page reagiu a essa curiosa descoberta afirmando que talvez o fator decisivo não fosse a *presença* da sequência de genes nos homens *versus* sua *ausência* nas mulheres mas sim o fato de ela ser *ativa* nos machos e *passiva* nas fêmeas (Aristóteles vive!). Mas essa sugestão resta hipotética e, segundo Anne Fausto-Sterling, Page e seus colegas não mencionaram, naquele artigo da *Cell,* que os indivíduos de quem as amostras genéticas foram extraídas estavam longe de ser inequívocos em sua constituição anatômica e reprodutiva. Cito de seu artigo "Life in the XY Corral".

PROBLEMAS DE GÊNERO

... os quatro homens XX que eles estudaram eram todos estéreis (não produziam esperma), possuíam testículos pequenos que absolutamente não dispunham de gametas, *i.e.*, as células precursoras do esperma. Eles também tinham níveis hormonais elevados e baixos níveis de testosterona. Provavelmente, foram classificados como homens por causa da sua genitália externa e da presença de testículos [...] De maneira semelhante, a genitália externa das duas mulheres XY era normal, [mas] seus ovários não tinham gametas (p. 328).

Trata-se claramente de casos em que as partes componentes do sexo não perfazem a coerência ou unidade reconhecível que é normalmente designada pela categoria do sexo. Essa incoerência perturba igualmente a argumentação de Page, pois não fica claro por que deveríamos concordar desde o princípio com a ideia de que se trata de homens XX e mulheres XY, quando é precisamente a denominação de macho e fêmea que está em questão, e isso já foi implicitamente decidido, mediante recurso à genitália externa. De fato, se a genitália externa fosse suficiente como critério de determinação ou atribuição do sexo, dificilmente a pesquisa experimental do gene mestre seria necessária.

Mas vejamos um tipo de problema diferente na maneira como essa hipótese particular foi formulada, testada e validada. Note-se que Page e seus colegas misturam determinação de sexo com determinação masculina e de testículos. Na *Annual Review of Genetics,* as geneticistas Eva Eicher e Linda L. Washburn sugerem que a determinação dos ovários nunca é considerada na literatura sobre determinação sexual, e que a feminilidade é sempre conceituada em termos de ausência do fator determinante masculino

ATOS CORPORAIS SUBVERSIVOS

ou de presença passiva desse fator. Considerada ausente ou passiva, a feminilidade é por definição desqualificada como objeto de estudo. Mas Eicher e Washburn sugerem que ela *é* ativa, e que o preconceito cultural, um conjunto de pressuposições com marcas de gênero a respeito do sexo e do que pode validar uma pesquisa desse tipo, distorce e limita a pesquisa sobre a determinação do sexo. Fausto-Sterling cita Eicher e Washburn:

> Ao apresentarem a indução de tecidos testiculares como uma ocorrência ativa (dirigida pelo gene e dominante), ao passo que apresentam a indução do tecido ovariano como ocorrência passiva (automática), alguns investigadores superenfatizaram a hipótese de que o cromossomo Y esteja envolvido na determinação dos testículos. Certamente, a indução do tecido ovariano é um processo de desenvolvimento tão geneticamente dirigido quanto a indução do tecido testicular ou aquela de qualquer processo de diferenciação celular. Quase nada foi escrito sobre os genes envolvidos na indução do tecido ovariano a partir da gônada indiferenciada (p. 325).

De modo correlato, todo o campo da embriologia tem sido criticado por seu foco no papel central do núcleo na diferenciação celular. A crítica feminista ao campo da biologia celular molecular tem argumentado contra suas hipóteses nucleocêntricas. Em oposição a uma orientação de pesquisa que busca estabelecer o núcleo da célula plenamente diferenciada como amo ou senhor do desenvolvimento de um novo organismo completo e bem formado, sugere-se um programa de pesquisas que reinterprete o núcleo como algo que só adquire seu significado e controle no interior de seu contexto celular. Segundo Fausto-Sterling,

PROBLEMAS DE GÊNERO

"a pergunta a ser feita não é como muda o núcleo celular ao longo do processo de diferenciação, mas sim como se alteram as interações citoplasmáticas nucleares ao longo da diferenciação" (p. 323-24).

A estrutura da investigação de Page encaixa-se perfeitamente nas tendências gerais da biologia molecular da célula. Sua perspectiva sugere uma recusa inicial de considerar que aqueles indivíduos desafiam implicitamente a força descritiva das categorias sexuais disponíveis. A questão que ele quer resolver é como a "chave binária" começa a funcionar, e não se a descrição dos corpos em termos do sexo binário é adequada à tarefa em questão. Além disso, a concentração no "gene mestre" sugere que a feminilidade deve ser compreendida como presença ou ausência da masculinidade, ou, na melhor das hipóteses, como presença de uma passividade que, nos homens, seria invariavelmente ativa. Naturalmente, diz-se isso no contexto de pesquisas em que as contribuições ovarianas ativas para a diferenciação sexual nunca foram seriamente consideradas. A conclusão aqui não é que não seja possível fazer afirmações válidas e demonstráveis sobre a determinação sexual, mas, em vez disso, que as pressuposições culturais sobre o *status* relativo de homens e mulheres e sobre a relação binária do gênero estruturam e orientam as pesquisas sobre a determinação sexual. A tarefa de distinguir sexo de gênero torna-se dificílima uma vez que compreendamos que os significados com marca de gênero estruturam a hipótese e o raciocínio das pesquisas biomédicas que buscam estabelecer o "sexo" para nós como se fosse anterior aos significados culturais que adquire. A tarefa torna-se certamente ainda mais complicada quando entendemos que a linguagem da biologia participa de outras linguagens, reproduzindo essa

ATOS CORPORAIS SUBVERSIVOS

sedimentação cultural nos objetos que se propõe a descobrir e descrever de maneira neutra.

Não seria a uma convenção puramente cultural que Page e outros se referem ao decidirem que um indivíduo XX anatomicamente ambíguo é do sexo masculino, uma convenção que toma a genitália como "signo" definitivo do sexo? Pode-se argumentar que as descontinuidades não podem se resolver nesses casos mediante recurso a um determinante único, e que o sexo, como categoria que abrange uma variedade de elementos, funções e dimensões cromossômicas e hormonais, não estaria mais operando no âmbito da estrutura binária que aceitamos sem questionar. Mas trata-se de não lançar mão de exceções, do bizarro, unicamente para relativizar as afirmações feitas em nome de uma vida sexual normal. Contudo, como sugere Freud em *Três ensaios sobre a teoria da sexualidade,* é a exceção, o estranho, que nos dá a indicação de como se constitui o mundo corriqueiro e presumido dos significados sexuais. É somente a partir de uma posição conscientemente desnaturalizada que podemos ver como a aparência de naturalidade é ela própria constituída. Nossas pressuposições sobre os corpos sexuados, sobre o fato de serem um ou o outro, sobre os significados que lhes são considerados inerentes ou decorrentes de serem de tal ou qual modo sexuados, se veem repentina e significativamente perturbadas por esses exemplos, que não concordam com as categorias que naturalizam e estabilizam esse campo dos corpos para nós nos termos das convenções culturais vigentes. Consequentemente, é o estranho, o incoerente, o que está "fora" da lei, que nos dá uma maneira de compreender o mundo inquestionado da categorização sexual como um mundo construído, e que certamente poderia ser construído diferentemente.

PROBLEMAS DE GÊNERO

Embora não possamos concordar imediatamente com a análise que Foucault nos apresenta — a saber, de que a categoria de sexo é construída a serviço de um sistema de sexualidade reprodutiva e reguladora —, interessa observar que Page designa a genitália externa, aquelas partes anatômicas essenciais à simbolização da sexualidade reprodutiva, como os determinantes ambíguos e *a priori* da atribuição de sexo. Pode-se muito bem argumentar que a indagação de Page é atravessada por dois discursos na prática conflitantes: o discurso cultural que compreende as genitálias externas como sinais seguros do sexo, fazendo-o a serviço de interesses reprodutivos, e o discurso que busca estabelecer o princípio masculino como ativo e não causal, senão autogenético. O desejo de determinar o sexo conclusivamente, e de determiná-lo como um sexo em vez de outro, parece assim advir da organização social da reprodução sexual, através da construção de identidades e posições claras e inequívocas dos corpos sexuados em relação uns aos outros.

Considerando que, dentro da estrutura da sexualidade reprodutiva, o corpo masculino é normalmente apresentado como o agente ativo, o problema com a pesquisa de Page é, em certo sentido, conciliar o discurso reprodutivo com aquele da atividade masculina, dois discursos que em geral funcionam culturalmente juntos, mas que nesse caso se separaram. É interessante o desejo de Page de se fixar na sequência ativa do DNA como última palavra, dando prioridade ao princípio da masculinidade ativa sobre o discurso da reprodução.

Contudo, essa prioridade só constituiria uma aparência, segundo a teoria de Monique Wittig. A categoria do sexo pertence a um sistema de heterossexualidade compulsória que claramente opera através de um sistema de reprodução

ATOS CORPORAIS SUBVERSIVOS

sexual compulsória. Na opinião de Wittig, sobre a qual nos debruçaremos a seguir, "masculino" e "feminino", "macho" e "fêmea" existem *unicamente* no âmbito da matriz heterossexual; de fato, são esses os termos naturalizados que mantêm essa matriz oculta, protegendo-a consequentemente de uma crítica radical.

Monique Wittig: desintegração corporal e sexo fictício

> *A linguagem projeta feixes de realidade sobre o corpo social.*
>
> Monique Wittig

Simone de Beauvoir escreveu, em *O segundo sexo,* que "Ninguém nasce mulher: *torna-se* mulher". A frase é curiosa, até mesmo um pouco absurda, pois como tornar-se mulher se não se é mulher desde o começo? E quem se torna mulher? Há algum ser humano que se torne de seu gênero em algum ponto do tempo? É justo supor que esse ser humano não tenha sido de seu gênero antes de "tornar-se" de seu gênero? Como é que alguém "se torna" de um gênero? Qual é o momento ou o mecanismo da construção do gênero? E talvez, mais pertinentemente, quando entra esse mecanismo no cenário cultural e transforma o sujeito humano num sujeito com características de gênero?

Haverá humanos que não tenham um gênero desde sempre? A marca do gênero parece "qualificar" os corpos como corpos humanos; o bebê se humaniza no momento em que a pergunta "menino ou menina?" é respondida. As imagens corporais que não se encaixam em nenhum desses gêneros ficam fora do humano, constituem a rigor

PROBLEMAS DE GÊNERO

o domínio do desumanizado e do abjeto, em contraposição ao qual o próprio humano se estabelece. Se o gênero está sempre presente, delimitando previamente o que se qualifica como humano, como podemos falar de um ser humano que se torna de seu gênero, como se o gênero fosse um pós-escrito ou uma consideração cultural posterior?

Beauvoir, é claro, só queria sugerir que a categoria das mulheres é uma realização cultural variável, um conjunto de significados que são assumidos ou absorvidos dentro de um campo cultural, e que ninguém nasce com um gênero — o gênero é sempre adquirido. Por outro lado, Beauvoir desejava afirmar que a pessoa nasce com um sexo, como um sexo, sexuada, e que ser sexuado e ser humano são condições coextensivas e simultâneas; o sexo é um atributo analítico do humano; não há ser humano que não seja sexuado; como atributo necessário, o sexo qualifica o ser humano. Mas o sexo não causa o gênero; e o gênero não pode ser entendido como expressão ou reflexo do sexo; aliás, para Beauvoir, o sexo é imutavelmente um fato, mas o gênero é adquirido, e ao passo que o sexo não pode ser mudado — ou assim pensava ela —, o gênero é a construção cultural variável do sexo, uma miríade de possibilidades abertas de significados culturais ocasionados pelo corpo sexuado. A teoria de Beauvoir implicava consequências aparentemente radicais, que ela própria não entretinha. Por exemplo, se o sexo e o gênero são radicalmente distintos, não decorre daí que ser de um dado sexo seja tornar-se de um dado gênero; em outras palavras, a categoria de "mulher" não é necessariamente a construção cultural do corpo feminino, e "homem" não precisa necessariamente interpretar os corpos masculinos. Essa formulação radical da distinção sexo/gênero sugere que os corpos sexuados

ATOS CORPORAIS SUBVERSIVOS

podem dar ensejo a uma variedade de gêneros diferentes, e que, além disso, o gênero em si não está necessariamente restrito aos dois usuais. Se o sexo não limita o gênero, então talvez haja gêneros, maneiras de interpretar culturalmente o corpo sexuado, que não são de forma alguma limitados pela aparente dualidade do sexo. Consideremos ainda a consequência de que, se o gênero é algo que a pessoa se torna — mas nunca pode ser —, então o próprio gênero é uma espécie de devir ou atividade, e não deve ser concebido como substantivo, como coisa substantiva ou marcador cultural estático, mas antes como uma ação incessante e repetida de algum tipo. Se o gênero não está amarrado ao sexo, causal ou expressivamente, então ele é um tipo de ação que pode potencialmente se proliferar além dos limites binários impostos pelo aspecto binário aparente do sexo. Na verdade, o gênero seria uma espécie de ação cultural/corporal que exige um novo vocabulário, o qual institui e faz com que proliferem particípios de vários tipos, categorias ressignificáveis e expansíveis que resistem tanto ao binário como às restrições gramaticais substantivadoras que pesam sobre o gênero. Mas como se tornaria culturalmente concebível um projeto dessa natureza, e como se poderia evitar o destino dos projetos utópicos, vãos e impossíveis?

"Ninguém nasce mulher." Monique Wittig fez eco a essa frase num artigo do mesmo nome, publicado em *Feminist Issues* (v. 1, n. 1). Mas que tipo de eco e de reapresentação de Beauvoir nos deu Monique Wittig? Duas das suas afirmações tanto evocam a figura de Beauvoir como colocam Wittig longe dela: uma, que a categoria de sexo não é nem invariável nem natural, mas sim um uso especificamente político da categoria da natureza, o qual serve aos propósitos da sexualidade reprodutora.

PROBLEMAS DE GÊNERO

Em outras palavras, não há razão para dividir os corpos humanos em sexos masculino e feminino, exceto que uma tal divisão é adequada às necessidades econômicas da heterossexualidade, emprestando um lustro naturalista à sua instituição. Consequentemente, não há, para Wittig, distinção entre sexo e gênero; a própria categoria de "sexo" *traz marcas de gênero*, é politicamente investida, naturalizada mas não natural. A segunda afirmação até certo ponto contraintuitiva de Wittig é a seguinte: a lésbica não é uma mulher. A mulher, argumenta ela, só existe como termo que estabiliza e consolida a relação binária e de oposição ao homem; e essa relação, diz, é a heterossexualidade. Ao recusar a heterossexualidade, afirma Wittig, a lésbica para de se definir nos termos dessa relação de oposição. Na verdade, diz ela, a lésbica transcende a oposição binária entre homens e mulheres; a lésbica não é nem mulher nem homem. E, demais, a lésbica não tem sexo: ela está além das categorias do sexo. Por meio da recusa lésbica dessas categorias, a lésbica (e os pronomes são aqui problemáticos) denuncia a constituição cultural contingente dessas categorias e a pressuposição tácita mas permanente da matriz heterossexual. Consequentemente, poderíamos dizer que, para Wittig, a pessoa não nasce mulher, ela se torna mulher; e mais, que a pessoa não é do sexo feminino, *torna-se* feminina; ou até, mais radicalmente, que a pessoa pode, se quiser, não se tornar nem mulher nem homem. Certamente, a lésbica parece ser um terceiro gênero ou, como mostrarei, uma categoria que problematiza radicalmente tanto o sexo quanto o gênero como categorias descritivas políticas estáveis.

Wittig argumenta que a discriminação linguística do "sexo" assegura a operação cultural e política da heterosse-

ATOS CORPORAIS SUBVERSIVOS

xualidade compulsória. Essa *relação* de heterossexualidade, sustenta, não é nem recíproca nem binária no sentido comum; o "sexo" é desde sempre feminino, e só há um sexo, o feminino. Ser masculino é não ser "sexuado"; ser "sexuado" é sempre uma maneira de tornar-se particular e relativo, e o macho no interior do sistema participa sob a forma de pessoa universal. Para Wittig, portanto, o "sexo feminino" não implica nenhum outro sexo, como o "sexo masculino"; o "sexo feminino" só implica a si mesmo, enredado, por assim dizer, no sexo, preso no que Beauvoir chamou de o círculo da imanência. Considerando que o "sexo" é uma interpretação política e cultural do corpo, não existe a distinção sexo/gênero em linhas convencionais; o gênero é embutido no sexo, e o sexo mostra ter sido gênero desde o princípio. Wittig argumenta que, dentro desse conjunto de relações sociais compulsórias, as mulheres se tornam ontologicamente impregnadas de sexo; elas *são* seu sexo e, inversamente, o sexo é necessariamente feminino.

Wittig considera que o "sexo" é discursivamente produzido e difundido por um sistema de significações opressivo para as mulheres, os gays e as lésbicas. Ela se recusa a tomar parte nesse sistema de significação ou a acreditar na viabilidade de adotar uma postura reformista ou subversiva em seu interior; invocar uma parte do sistema é invocá-lo e confirmá-lo em sua totalidade. Resulta que a tarefa política formulada por ela é derrubar inteiramente o discurso sobre o sexo, a rigor, subverter a própria gramática que institui o "gênero" — ou o "sexo fictício" — como atributo essencial dos seres humanos e dos objetos (especialmente quando pronunciado em francês).[25] Através de sua teoria e sua ficção, ela conclama a uma reorganização radical da descrição dos corpos e das sexualidades, sem

PROBLEMAS DE GÊNERO

recurso à noção de sexo e, consequentemente, às diferenciações pronominais que regulam e distribuem os direitos de expressão no interior da matriz do gênero.

Wittig compreende que categorias discursivas como "sexo" são abstrações impostas à força ao campo social, as quais produzem uma realidade de segunda ordem ou "retificada". Embora os indivíduos pareçam ter uma "percepção direta" do sexo, tido como dado objetivo da experiência, Wittig argumenta que, como dado, este objeto foi violentamente modelado, e que a história e o mecanismo dessa violência nele não aparecem mais.[26] Assim, o "sexo" é o efeito de realidade de um processo violento, dissimulado por esse mesmo efeito. Tudo que vem à tona é o "sexo", e assim ele é percebido como a totalidade do que existe, como não causado, mas somente porque a causa não pode ser vista em parte alguma. Wittig percebe que sua posição é contraintuitiva, mas o cultivo político da intuição é precisamente o que ela quer elucidar, denunciar e questionar:

> O sexo é tomado como um "dado imediato", um "dado sensível" ou "características físicas" pertencentes à ordem natural. Mas o que acreditamos ser uma percepção física e direta é só uma construção mítica e sofisticada, uma "formação imaginária" que reinterpreta as características físicas (em si mesmas tão neutras como outras, mas marcadas por um sistema social) por meio da rede de relações em que são percebidas.[27]

De certo modo, as "características físicas" parecem simplesmente *existir* no lado obscuro da linguagem, não marcadas pelo sistema social. Mas não é claro se podem

ATOS CORPORAIS SUBVERSIVOS

ser nomeadas de modo a não reproduzirem a operação reducionista das categorias do sexo. Essas numerosas características ganham sentido e unificação sociais mediante sua articulação na categoria do sexo. Em outras palavras, o "sexo" impõe uma unidade artificial a um conjunto de atributos de outro modo descontínuo. Como *discursivo* e *perceptivo*, o "sexo" denota um regime epistemológico historicamente contingente, uma linguagem que forma a percepção, modelando à força as inter-relações pelas quais os corpos físicos são percebidos.

Existe um corpo "físico" anterior ao corpo percebido? Questão de resposta impossível. Não só a junção de atributos sob a categoria do sexo é suspeita, mas também o é a própria discriminação das "características". O fato de o pênis, de a vagina, de os seios e assim por diante serem *denominados* partes sexuais corresponde tanto a uma restrição do corpo erógeno a essas partes quanto a uma fragmentação do corpo como um todo. Com efeito, a "unidade" imposta ao corpo pela categoria do sexo é uma "desunidade", uma fragmentação e compartimentação, uma redução da erotogenia. Não é de se estranhar, portanto, que Wittig decrete textualmente, em *The Lesbian Body,* a "derrubada" da categoria do sexo, por via da destruição e da fragmentação do corpo sexuado. Assim como o sexo fragmenta o corpo, a derrubada lésbica do "sexo" toma por alvo, como modelos de dominação, aquelas normas sexualmente diferenciadas de integridade corporal que ditam o que "unifica" e confere coerência ao corpo como corpo sexuado. Em sua teoria e ficção, Wittig mostra que a "integridade" e "unidade" do corpo, pensadas frequentemente como ideais positivos, servem aos propósitos da fragmentação, da restrição e da dominação.

PROBLEMAS DE GÊNERO

A linguagem é investida do poder de criar "o socialmente real" por meio dos atos de locução dos sujeitos falantes. Na teoria de Wittig, parecem existir dois níveis de realidade, duas ordens de ontologia. A ontologia socialmente constituída emerge de outra, mais fundamental, que parece ser pré-social e pré-discursiva. Enquanto o "sexo" pertence a uma realidade discursivamente constituída (segunda ordem), há uma ontologia pré-social que explica a constituição do próprio discursivo. Wittig recusa abertamente a hipótese estruturalista de um conjunto universal de estruturas significantes, anterior ao sujeito falante, a orquestrar a formação desse sujeito e seu discurso. Em sua opinião, há estruturas historicamente contingentes, caracterizadas como heterossexuais e compulsórias, as quais distribuem aos homens os direitos da fala plena e autorizada, negando-os às mulheres. Mas essa assimetria socialmente constituída disfarça e viola uma antologia pré-social, de pessoas unificadas e iguais.

A tarefa das mulheres, raciocina Wittig, é assumir a posição do sujeito falante autorizado — a qual, em certo sentido, é seu "direito" ontologicamente fundado — e derrubar tanto a categoria do sexo como o sistema da heterossexualidade compulsória que está em sua origem. Para ela, a linguagem é um conjunto de atos, repetidos ao longo do tempo, que produzem efeitos de realidade que acabam sendo percebidos como "fatos". Considerada coletivamente, a prática repetida de nomear a diferença sexual criou essa aparência de divisão natural. A "nomeação" do sexo é um ato de dominação e coerção, um ato *performativo* institucionalizado que cria e legisla a realidade social pela exigência de uma construção discursiva/perceptiva dos corpos, segundo os princípios da diferença sexual. Assim,

ATOS CORPORAIS SUBVERSIVOS

conclui Wittig, "somos obrigados, em nossos corpos e em nossas mentes, a corresponder, traço por traço, à ideia de natureza que foi estabelecida para nós [...] 'homens' e 'mulheres' são categorias políticas, e não fatos naturais".[28]

"Sexo", a categoria, impõe o "sexo", a configuração social dos corpos, por meio do que Wittig chama de contrato forçado. Assim, a categoria de "sexo" é um nome que escraviza. A linguagem "projeta feixes de realidade sobre o corpo social", mas esses feixes não são facilmente descartáveis. E ela continua: "carimbando-o e moldando-o violentamente."[29] Wittig argumenta que a "mentalidade hétero", evidente nos discursos das ciências humanas, "nos oprime a todos, lésbicas, mulheres e homens homossexuais", porque eles "aceitam sem questionar que o que funda a sociedade, qualquer sociedade, é a heterossexualídade".[30] O discurso torna-se opressivo quando exige que, para falar, o sujeito falante participe dos próprios termos dessa opressão — isto é, aceite sem questionar a impossibilidade ou ininteligibilidade do sujeito falante. Essa heterossexualidade presumida, sustenta ela, age no interior do discurso para transmitir uma ameaça: "você-será-hétero-ou-não-será-nada."[31] Mulheres, lésbicas e gays não podem assumir a posição de sujeito falante no interior do sistema linguístico da heterossexualidade compulsória. Falar nesse sistema é ser privado da possibilidade de fala; assim, simplesmente falar nesse contexto é uma contradição *performativa*, a afirmação linguística de um eu que não pode "existir" no interior da linguagem que o afirma.

O poder que Wittig atribui a esse "sistema" de linguagem é enorme. Conceitos, categorias e abstrações, argumenta, podem praticar uma violência material contra os corpos que eles afirmam organizar e interpretar.

PROBLEMAS DE GÊNERO

Não há nada de abstrato no poder que têm as ciências e teorias para atuar real e materialmente sobre nossos corpos e espíritos, mesmo que o discurso que produz essa situação seja abstrato. Trata-se de uma das formas da dominação, de sua própria expressão, como dizia Marx. Eu diria, em vez disso, um de seus exercícios. Todos os oprimidos conhecem esse poder e são obrigados a lidar com ele.[32]

O poder da linguagem de atuar sobre os corpos é tanto causa da opressão sexual como caminho para ir além dela. A linguagem não funciona de forma mágica nem inexorável: "há uma plasticidade do real em relação à linguagem: a linguagem tem uma ação plástica sobre o real".[33] Ela pressupõe e altera seu poder de ação sobre o real por meio de atos elocutivos que, repetidos, tornam-se práticas consolidadas e, finalmente, instituições. A estrutura assimétrica da linguagem, que identifica com o masculino o sujeito que representa e fala como universal, e que identifica o falante do sexo feminino como "particular" e "interessado", absolutamente não é intrínseca a línguas particulares ou à linguagem ela mesma. Não podemos achar que essas posições assimétricas decorram da "natureza" dos homens e das mulheres, pois, como estabeleceu Beauvoir, tal "natureza" não existe:

> É preciso entender que os homens não nasceram com a faculdade do universal e que, ao nascerem, as mulheres não foram reduzidas ao particular. O universal tem sido, e é continuamente, em todo momento, apropriado pelo homem. Isso não acontece meramente, isso tem de ser feito. Trata-se de um ato, de um ato criminoso, perpetrado por uma classe contra a outra. Trata-se de um ato levado a cabo no âmbito dos conceitos, da filosofia e da política.[34]

ATOS CORPORAIS SUBVERSIVOS

Embora Irigaray argumente que "o sujeito é desde sempre masculino", Wittig contesta a noção de "sujeito" como território masculino exclusivo. Para ela, a própria plasticidade da linguagem resiste à fixação da posição do sujeito como masculino. Aliás, presumir um sujeito falante absoluto constitui, para Wittig, o objetivo político das "mulheres", objetivo este que, alcançado, dissolveria de uma vez por todas a categoria de "mulheres". Uma mulher não pode usar a primeira pessoa, "eu", porque, *como* mulher, o falante é "particular" (relativo, interessado e perspectivo), e invocar o "eu" presume a capacidade de falar na condição de humano universal: "um sujeito relativo é inconcebível, um sujeito relativo não poderia absolutamente falar."[35] Apoiando-se na suposição de que toda fala pressupõe e invoca implicitamente a linguagem em sua totalidade, Wittig descreve o sujeito falante como aquele que, no ato de dizer "eu", "se reapropria da linguagem como um todo, partindo apenas de si mesmo, com o poder de usar toda a linguagem". Esse fundamento absoluto do "eu" falante supõe a presença de dimensões quase divinas na discussão de Wittig. Esse privilégio de dizer "eu" estabelece um eu soberano, um centro de plenitude e poder absolutos; a fala funda "o ato supremo da subjetividade". E o advento da subjetividade é a derrubada efetiva do sexo e, consequentemente, do feminino: "nenhuma mulher pode dizer eu sem ser um sujeito total em si mesma — isto é, sem gênero, universal e completa".[36]

Wittig prossegue com uma especulação surpreendente sobre a natureza da linguagem e do "ser", situando seu próprio projeto político nos marcos do discurso tradicional da ontoteologia. Em sua opinião, a ontologia primária da linguagem dá a todos a mesma oportunidade de criar a subjetividade. A tarefa prática que as mulheres enfrentam ao tentarem criar a subjetividade por meio da fala depende de sua capacidade coletiva de descartar as reificações do sexo a elas impostas, e que as deformam como seres parciais ou relativos. Visto que esse descarte se segue ao exercício da plena invocação do "eu", encontram a saída de seu gênero *pela fala*. Pode-se entender que as reificações sociais do sexo mascaram ou distorcem uma realidade ontológica anterior, sendo esta realidade a oportunidade igual que todas as pessoas tiveram, antes de serem marcadas pelo sexo, de exercer a linguagem na afirmação da subjetividade. Ao falar, o "eu" assume a totalidade da linguagem, e fala, portanto, potencialmente a partir de todas as posições — isto é, de um modo universal. "O gênero [...] atua sobre o fato ontológico para anulá-lo", escreve ela, presumindo que o princípio primário do acesso igual ao universal qualifica este "fato ontológico".[37] Contudo, esse princípio de igual acesso se fundamenta na pressuposição ontológica da unidade dos seres falantes em um Ser anterior ao ser sexuado. O gênero, sustenta ela, "tenta levar a cabo a divisão do Ser", mas "o Ser como ser não é dividido".[38] Aqui a afirmação coerente do "eu" pressupõe não só a totalidade da linguagem, mas a unidade do ser.

Mais do que em qualquer outra parte, Wittig põe-se aqui na perspectiva do discurso tradicional da busca filosófica da presença, do Ser, de uma plenitude ininterrupta e radical. A diferença da posição de Derrida, que compreenderia que toda significação repousa sobre uma *différance* operacional, Wittig argumenta que o falar exige e invoca a identidade sem suturas de todas as coisas. A ficção *fundacionista* lhe dá um ponto de partida para criticar as instituições sociais existentes. Entretanto, a questão crítica continua a ser: a que relações sociais contingentes serve pressupor o ser, a au-

ATOS CORPORAIS SUBVERSIVOS

toridade e a condição universal de sujeito? Por que valorizar a usurpação dessa noção autoritária de sujeito? Por que não descentrar o sujeito e suas estratégias epistemológicas universalizantes? Ainda que Wittig critique a "mentalidade hétero" por universalizar seu ponto de vista, parece que ela não só universaliza "a" mentalidade hétero, como também não considera as consequências totalitárias dessa teoria dos atos soberanos de fala.

Politicamente, a divisão do ser — na opinião dela, uma violência contra o campo da plenitude ontológica — em distinções entre o universal e o particular condiciona uma relação de sujeição. Devemos entender a dominação como a negação da unidade anterior e primária de todas as pessoas num ser pré-linguístico. A dominação ocorre por meio de uma linguagem que, em sua ação social plástica, cria uma ontologia artificial de segunda ordem, uma ilusão de diferença e disparidade e, consequentemente, uma hierarquia que *se transforma* em realidade social.

Paradoxalmente, Wittig não alimenta em parte alguma o mito aristofânico da unidade original dos gêneros, pois o gênero é um princípio divisor, um instrumento de sujeição, resistente à própria noção de unidade. Significativamente, seus romances seguem uma estratégia narrativa de desintegração, sugerindo que a formulação binária do sexo tem de se fragmentar e proliferar até o ponto em que o próprio binário seja revelado como contingente. O livre jogo dos atributos ou "características físicas" nunca é uma destruição absoluta, pois o campo ontológico distorcido pelo gênero é um campo de contínua plenitude. Wittig critica "a mentalidade hétero" por esta ser incapaz de livrar-se da ideia da "diferença". Em aliança temporária com Deleuze e Guattari, Wittig se opõe à psicanálise como ciência baseada em uma economia da "falta" e da "negação". Em "Paradigm" [Paradigma], um ensaio anterior, Wittig considera que a derrubada do sistema do sexo binário daria início a um campo cultural de *muitos* sexos. Nesse ensaio, ela faz referência ao *Anti-Édipo:* "Para nós, não há um ou dois sexos, mas muitos (cf. Guattari/Deleuze), tantos sexos quanto há indivíduos."[39] Contudo, a proliferação ilimitada dos sexos acarreta logicamente a negação do sexo como tal. Se o número de sexos corresponde ao número de indivíduos existentes, o sexo não teria mais, como termo, qualquer aplicação genérica: o sexo seria uma propriedade radicalmente singular e não poderia mais operar como generalização útil ou descritiva.

As metáforas de destruição, derrubada e violência que atuam na teoria e na ficção de Wittig têm um *status* ontológico complicado. Apesar de as categorias linguísticas modelarem a realidade de maneira "violenta", criando ficções sociais em nome do real, uma realidade mais verdadeira parece existir, um campo ontológico de unidade com o qual são contrastadas essas ficções sociais. Wittig recusa a distinção entre conceito "abstrato" e realidade "material", argumentando que os conceitos se formam e se difundem no âmbito da materialidade da linguagem e que a linguagem funciona de uma maneira *material* para construir o mundo social.[40] Por outro lado, essas "construções" são compreendidas como distorções e reificações a serem julgadas em contraposição a um campo ontológico anterior, de unidade e plenitude radicais. Os construtos, portanto, são "reais", na medida em que são fenômenos fictícios que adquirem poder no discurso. Todavia, eles são esvaziados de seu poder por meio de atos de enunciação que buscam recorrer implicitamente à universalidade da

ATOS CORPORAIS SUBVERSIVOS

linguagem e à unidade do Ser. Wittig argumenta que "a obra literária pode perfeitamente operar como máquina de guerra", até mesmo como "máquina perfeita de guerra".[41] Para as mulheres, as lésbicas e os gays — que foram todos particularizados por via de uma identificação com o "sexo" —, a principal estratégia dessa guerra é apropriar-se antecipadamente da posição de sujeito falante e de sua invocação do ponto de vista universal.

A questão de como um sujeito relativo e particular pode falar sua própria linguagem a partir das categorias do sexo dirige as diversas considerações de Wittig sobre Djuna Barnes[42], Marcel Proust[43] e Natalie Sarraute.[44] O texto literário como máquina de guerra é, em cada caso, dirigido contra a divisão hierárquica do gênero, a cisão entre o universal e o particular, em nome da recuperação da unidade anterior e essencial desses termos. Universalizar o ponto de vista das mulheres representa, simultaneamente, destruir a categoria das mulheres e estabelecer a possibilidade de um novo humanismo. Assim, a destruição sempre é restauração — isto é, a destruição de um conjunto de categorias que introduz divisões artificiais numa ontologia de outro modo unificada.

Contudo, os textos literários conservam um acesso privilegiado a esse campo primário de abundância ontológica. A cisão entre forma e conteúdo corresponde à distinção filosófica artificial entre pensamento abstrato, universal, e realidade material concreta. Assim como invoca Bakhtin para estabelecer os conceitos como realidades materiais, Wittig invoca mais geralmente a linguagem literária para restabelecer a unidade da linguagem como forma e conteúdo indissolúveis: "por meio da literatura [...] as palavras voltam inteiras para nós",[45] "a linguagem existe como um paraíso feito de palavras visíveis, audíveis, palpáveis e

PROBLEMAS DE GÊNERO

palatáveis."[46] Acima de tudo, a literatura oferece a Wittig a ocasião de fazer experiências com pronomes, os quais, nos sistemas de significação compulsória, fundem o masculino com o universal e particularizam invariavelmente o feminino. Em *Les Guérillères* [As guerrilheiras],[47] ela busca eliminar todas as conjunções ele-eles (*il-ils*), ou, a rigor, todos os "ele" (*il*), e colocar elas *(elles)* na posição do geral, do universal. "O objetivo dessa abordagem", escreve ela, "não é feminizar o mundo, mas tornar as categorias do sexo obsoletas na linguagem".[48]

Numa estratégia de resistência conscientemente imperialista, Wittig argumenta que somente tomando o ponto de vista universal e absoluto, lesbianizando efetivamente o mundo inteiro, a heterossexualidade compulsória poderá ser destruída. O *j/e* [eu] em *The Lesbian Body* não pretende estabelecer a lésbica como um sujeito dividido, mas como um sujeito soberano que pode travar uma guerra linguística contra um "mundo" que constitui um ataque semântico e sintático contra ela. A questão não é chamar a atenção para a presença dos direitos das "mulheres" ou das "lésbicas" como indivíduos, mas opor-se à episteme heterossexista globalizante por meio de um discurso contrário de alcance e poder iguais. A questão não é assumir a posição do sujeito falante, para ser um indivíduo reconhecido num conjunto de relações linguísticas recíprocas; ao invés disso, o sujeito falante se torna mais do que o indivíduo, torna-se uma perspectiva absoluta que impõe suas categorias a todo o campo linguístico conhecido como "o mundo". Wittig argumenta que somente uma estratégia de guerra que se equipare às proporções da heterossexualidade compulsória poderá operar efetivamente no sentido de desafiar sua hegemonia epistemológica.

ATOS CORPORAIS SUBVERSIVOS

Nesse sentido ideal, falar é, para Wittig, um ato de poder, uma afirmação de soberania que implica simultaneamente uma relação de igualdade com outros sujeitos falantes.[49] Esse "contrato" linguístico ideal ou primário opera num nível implícito. A linguagem tem uma possibilidade dupla: pode ser usada para afirmar a universalidade verdadeira e inclusiva das pessoas, ou pode instituir uma hierarquia em que somente algumas pessoas são elegíveis para falar, e outras, em virtude de sua exclusão do ponto de vista universal, não podem "falar" sem desautorizar simultaneamente sua fala. Contudo, antes dessa relação assimétrica com a fala existe um contrato social ideal, um contrato em que todo ato de fala na primeira pessoa pressupõe e afirma uma reciprocidade absoluta entre os sujeitos falantes — a versão de Wittig para a situação ideal de fala. Já o *contrato heterossexual* distorce e oculta essa reciprocidade ideal, questão central do mais recente trabalho teórico de Wittig,[50] ainda que presente em seus ensaios anteriores.[51]

Não dito mas sempre atuante, o contrato heterossexual não pode ser reduzido a nenhuma das suas aparências empíricas. Wittig escreve:

> Deparo-me com um objeto inexistente, um fetiche, uma forma ideológica que não pode ser apreendida na realidade, a não ser por seus efeitos, cuja existência está na mente das pessoas, mas de uma maneira que afeta toda sua vida, o modo como agem, o modo como se movem, o modo como pensam. De sorte que estamos lidando com um objeto ao mesmo tempo imaginário e real.[52]

Como em Lacan, a idealização da heterossexualidade parece, mesmo nas formulações de Wittig, exercer um controle sobre os corpos dos heterossexuais praticantes, o que é definitivamente impossível, e certamente está fadado a tropeçar em sua própria impossibilidade. Wittig parece acreditar que só um distanciamento radical dos contextos heterossexuais — isto é, o tornar-se lésbica ou gay — pode produzir a queda desse regime heterossexual. Mas essa consequência política só virá se pensarmos que toda "participação" na heterossexualidade é uma repetição e consolidação da opressão heterossexual. As possibilidades de ressignificar a heterossexualidade são repudiadas precisamente porque a heterossexualidade é compreendida como um sistema total, que exige um deslocamento cabal. As opções políticas que decorrem dessa visão totalizante do poder heterossexista são de (a) conformidade radical ou (b) revolução radical.

Presumir a integridade sistêmica da heterossexualidade é extremamente problemático tanto para a compreensão de Wittig da prática heterossexual como para sua concepção da homossexualidade e do lesbianismo. Como prática situada radicalmente "fora" da matriz heterossexual, a homossexualidade é concebida como radicalmente não condicionada pelas normas heterossexuais. Essa purificação da homossexualidade, uma espécie de modernismo lésbico, é atualmente contestada por um sem-número de discursos lésbicos e gays, que entendem que a cultura lésbica e gay está inserida na estrutura mais ampla da heterossexualidade, mesmo quando se posiciona em relações subversivas ou ressignificadoras com as configurações culturais heterossexuais. Ao que parece, a visão de Wittig recusa a possibilidade de uma heterossexualidade volitiva ou optativa; todavia, mesmo que a heterossexualidade seja apresentada como obrigatória ou presumida, não decorre daí que todos os atos heterossexuais sejam radicalmente determinados. Além disso, a disjunção

ATOS CORPORAIS SUBVERSIVOS

radical de Wittig entre hétero e gay reproduz o tipo de binarismo disjuntivo que ela mesma caracteriza como o gesto filosófico divisório da mentalidade hétero.

Minha própria convicção é que a disjunção radical proposta por Wittig entre heterossexualidade e homossexualidade é simplesmente falsa, que há estruturas de homossexualidade psíquica no âmbito das relações heterossexuais, e estruturas de heterossexualidade psíquica no âmbito da sexualidade e dos relacionamentos lésbicos e gays. Além disso, há outros centros de poder/discurso que constroem e estruturam tanto a sexualidade gay como a hétero; a heterossexualidade não é a única manifestação compulsória de poder a instrumentar a sexualidade. O ideal de uma heterossexualidade coerente, que Wittig descreve como a norma e padrão do contrato heterossexual, é um ideal impossível, um "fetiche", como ela mesma ressalta. Uma elaboração psicanalítica afirmaria que essa impossibilidade se denuncia em virtude da complexidade e resistência de uma sexualidade inconsciente que não é desde sempre heterossexual. Nesse sentido, a heterossexualidade apresenta posições sexuais normativas que são intrinsecamente impossíveis de incorporar, e a impossibilidade persistente do identificar-se plenamente e sem incoerências com essas posições a revela não só como lei compulsória, mas como comédia inevitável. Aliás, eu ofereceria essa visão da heterossexualidade como um sistema compulsório e uma comédia intrínseca, paródia constante de si mesma, como uma perspectiva gay/lésbica alternativa.

É claro que a norma da heterossexualidade compulsória de fato opera com a força e a violência descritas por Wittig, mas minha posição é que essa não é sua única maneira de operar. Para Wittig, as estratégias de resistência política à

PROBLEMAS DE GÊNERO

heterossexualidade normativa são bastante diretas. Só o contingente de pessoas incorporadas que não está engajado em relações heterossexuais nos limites da família, que toma a reprodução como fim ou *telos* da sexualidade, contesta efetiva e ativamente as categorias do sexo, ou, ao menos, não concorda com os pressupostos e objetivos normativos desse conjunto de categorias. Para Wittig, ser lésbica ou gay é já não saber o próprio sexo, é estar imerso numa confusão e proliferação de categorias que fazem do sexo uma categoria de identidade impossível. Por mais emancipatório que isso possa parecer, a proposta de Wittig passa por cima dos discursos existentes na cultura gay e lésbica, que fazem proliferar identidades sexuais especificamente gays por meio de uma apropriação e uma nova manifestação das categorias sexuais. Os termos *queens, butches, femmes, girls,* e até a reapropriação parodística de *dyke, queer* e *fag,** redesdobram e desestabilizam as categorias sexuais e as categorias originalmente derrogatórias da identidade homossexual. Todos eles podem ser entendidos como sintomáticos da "mentalidade hétero", como formas de identificação com a versão do opressor para a identidade do oprimido. Por outro lado, é certo dizer que o termo *lésbica* foi em parte resgatado de seus significados históricos, e que as categorias parodísticas servem ao propósito de desnaturalizar o sexo. Quando o restaurante gay da vizinhança fecha de férias, o proprietário põe um letreiro, explicando que "ela trabalhou demais e precisa descansar". Essa apropriação gay do feminino funciona no sentido de multiplicar os lugares possíveis de aplicação do termo, de

---

*Trata-se de variações de termos como "veado", "sapatão", "boiola" etc. (*N. T.)*

ATOS CORPORAIS SUBVERSIVOS

revelar a relação arbitrária entre o significante e o significado, e de desestabilizar e mobilizar o signo. Tratar-se-ia de uma "apropriação" colonizadora do feminino? Creio que não. Tal acusação supõe que o feminino pertença às mulheres, uma suposição certamente suspeita.

Nos contextos lésbicos, a "identificação" com a masculinidade que se manifesta na identidade *butch* não é uma simples assimilação do retorno do lesbianismo aos termos da heterossexualidade. Como explicou uma lésbica *femme*, ela gosta que os seus garotos sejam garotas, significando que "ser garota" contextualiza e ressignifica a "masculinidade" numa identidade *butch*.* Como resultado, essa masculinidade, se é que podemos chamá-la assim, é sempre salientada em contraste com um "corpo feminino" culturalmente inteligível. É precisamente essa justaposição dissonante e a tensão sexual gerada por sua transgressão que constituem o objeto do desejo. Em outras palavras, o objeto (e claramente não há somente um) do desejo da lésbica *femme* não é nem um corpo de mulher descontextualizado, nem uma identidade masculina distinta, ainda que sobreposta, mas sim a desestabilização de ambos os termos, quando eles entram na interação erótica. De modo semelhante, algumas mulheres heterossexuais ou bissexuais podem preferir que a relação de "figura" e "fundo" funcione na direção oposta — isto é, podem preferir que suas garotas sejam garotos. Neste caso, a percepção da identidade "feminina" se justaporia ao corpo "masculino" como fundo, mas, por meio dessa justaposição, ambos os termos perderiam sua estabilidade interna e sua distinção

---

Butch é o termo reservado à lésbica supostamente "ativa", em contraposição a *"femme"*. (*N. R. T.*)

PROBLEMAS DE GÊNERO

um em relação ao outro. Claramente, essa maneira de pensar as trocas de desejo marcadas pelo gênero permite uma complexidade muito maior, pois a interação entre masculino e feminino, assim como a inversão entre figura e fundo, pode constituir uma produção altamente complexa e estruturada do desejo. Significativamente, tanto o corpo sexuado como "fundo" quanto a identidade *butch* ou *femme* como "figura" podem deslocar-se, inverter-se e criar uma confusão erótica de vários tipos. Nenhuma delas pode reclamar "o real", ainda que ambas possam se qualificar como objeto de crença, dependendo da dinâmica da troca sexual. A ideia de que *butch* e *femme* são, em algum sentido, "réplicas" ou "cópias" da interação heterossexual subestima a significância erótica dessas identidades, que são internamente dissonantes e complexas em sua ressignificação das categorias hegemônicas pelas quais elas são possibilitadas. Em certo sentido, as lésbicas *femmes* podem evocar o cenário heterossexual, por assim dizer, mas também o deslocam ao mesmo tempo. Em ambas as identidades, *butch* e *femme*, a própria noção de uma identidade natural ou original é colocada em questão; aliás, é precisamente essa questão, tal como se incorpora nessas identidades, que se torna fonte de sua significação erótica.

Embora Wittig não discuta o significado das identidades *butch/femme*, sua noção de sexo fictício sugere uma dissimulação semelhante da noção natural ou original da coerência do gênero supostamente existente entre corpos sexuados, identidades de gênero e sexualidades. A noção de que os vários componentes do "sexo" podem se desagregar está implícita na descrição que Wittig faz do sexo como categoria fictícia. Nesse tipo de ruptura da coerência

ATOS CORPORAIS SUBVERSIVOS

corporal, a categoria do sexo já não poderia operar descritivamente em nenhum domínio cultural. Se a categoria do "sexo" se estabelece mediante *atos* repetidos, então, inversamente, a ação social dos corpos no interior do campo cultural pode retirar o próprio poder de realidade por eles mesmos investido na categoria.

Para que o poder seja retirado, ele mesmo tem que ser entendido como uma operação de volição que pode ser retratada; de fato, o contrato heterossexual seria compreendido como sustentado por uma série de escolhas, exatamente como o contrato social em Locke ou Rousseau é tido como pressupondo a escolha racional ou a vontade deliberada dos que ele supostamente governa. Contudo, se não reduzirmos o poder à vontade, e se recusarmos o modelo liberal e existencialista clássico da liberdade, poderemos entender as relações de poder, como penso que devem ser entendidas, como relações restritivas e constituintes das próprias possibilidades de volição. Consequentemente, o poder não pode ser retirado nem recusado, mas somente deslocado. De fato, na minha opinião, o foco normativo sobre as práticas lésbicas e gays deve recair sobre o deslocamento parodístico e subversivo do poder, ao invés da fantasia impossível de sua completa transcendência.

Enquanto Wittig obviamente encara o lesbianismo como uma recusa completa da heterossexualidade, eu diria que mesmo essa recusa constitui um compromisso e, em última análise, uma dependência radical em relação aos próprios termos que o lesbianismo pretende transcender. Se sexualidade e poder são coextensivos, e se a sexualidade lésbica não é nem mais nem menos construída do que as outras formas de sexualidade, não há promessa de prazer ilimitado depois que os grilhões da categoria sexual

PROBLEMAS DE GÊNERO

forem tirados. A presença estruturadora de construtos heterossexuais no interior das sexualidades gay e lésbica não significa que esses construtos *determinem* essas sexualidades nem que elas sejam deriváveis desses construtos ou a eles redutíveis. De fato, basta pensarmos nos efeitos destituidores de poder e desnaturalizantes de um deslocamento especificamente gay dos construtos heterossexuais. A presença dessas normas não só constitui um lugar de poder que não pode ser recusado, mas pode constituir, e de fato constitui, um lugar de competição e manifestação parodísticas, o qual rouba à heterossexualidade compulsória sua afirmação de naturalidade e originalidade. Wittig conclama a uma posição além do sexo que faz sua teoria retornar a um humanismo problemático, baseado numa metafísica problemática da presença. Todavia, seus trabalhos literários parecem exibir um tipo de estratégia política diferente daquela a que ela conclama explicitamente em seus ensaios teóricos. Em *The Lesbian Body* e em *Les Guérillères,* a estratégia narrativa por meio da qual se articula a transformação política volta e meia lança mão de deslocamentos e transvalorizações, tanto para fazer uso de termos originalmente opressivos como para privar esses termos das suas funções legitimadoras.

Ainda que Wittig seja "materialista", o termo tem um significado específico em sua perspectiva teórica. Ela quer superar a cisão entre materialidade e representação que caracteriza o pensamento *"hétero"*. O materialismo não implica nem uma redução das ideias à matéria, nem uma visão da teoria como reflexo de sua base econômica, estritamente concebida. O materialismo de Wittig toma as instituições e práticas sociais, especialmente a instituição da heterossexualidade, como base da análise crítica. Em "The

ATOS CORPORAIS SUBVERSIVOS

Straight Mind" e "The Social Contract",[53] ela entende a instituição da heterossexualidade como base fundadora das ordens sociais dominadas pelo masculino. A "natureza" e o campo da materialidade são ideias, construtos ideológicos, produzidas por essas instituições sociais para apoiar os interesses políticos do contrato heterossexual. Nesse sentido, Wittig é uma idealista clássica, para quem a natureza é compreendida como uma representação mental. Uma linguagem de significados compulsórios produz essa representação da natureza para promover a estratégia política da dominação sexual e para racionalizar a instituição da heterossexualidade compulsória.

À diferença de Beauvoir, Wittig vê a natureza não como uma materialidade resistente, um meio, superfície ou objeto; trata-se de uma "ideia" gerada e sustentada em nome do controle social. A própria elasticidade da aparente materialidade do corpo é mostrada em *The Lesbian Body*, à medida que a linguagem desenha e redesenha as partes do corpo em configurações sociais novas e radicais de forma (e antiforma). Como as linguagens leigas e científicas que difundem a ideia de "natureza", e assim produzem a concepção naturalizada de corpos sexuais distintos, a própria linguagem de Wittig cria uma desfiguração e redesenho alternativos do corpo. Seu objetivo é mostrar que a ideia de um corpo natural é um construto, e apresentar um conjunto de estratégias desconstrutivas/reconstrutivas para configurar corpos que contestem o poder da heterossexualidade. O molde e a forma dos corpos, seu princípio unificador, suas partes combinadas são sempre figurados por uma linguagem impregnada de interesses políticos. Para Wittig, o desafio político consiste em tomar a *linguagem* como meio de representação *e* produção, tratá-la como um instrumento

PROBLEMAS DE GÊNERO

que constrói invariavelmente o campo dos corpos e que deve ser usado para desconstruí-lo e reconstruí-lo, fora das categorias opressivas do sexo.

Se a multiplicação das possibilidades de gênero denuncia e rompe as reificações binárias do gênero, qual a natureza dessa ordenação subversiva? Como pode essa ordenação constituir uma subversão? Em *The Lesbian Body*, o ato de fazer amor literalmente dilacera os corpos dos parceiros. Como sexualidade *lésbica*, esse conjunto de atos fora da matriz reprodutora produz o corpo como centro incoerente de atributos, gestos e desejos. Em *Les Guérrillères*, o mesmo tipo de efeito desintegrador, ou mesmo de violência, emerge na luta entre as "mulheres" e seus opressores. Nesse contexto, Wittig distancia-se claramente dos que defendem a noção de um prazer, escrita ou identidade "especificamente femininos"; ela praticamente deboscha das que exibem o "círculo" como emblema. Para Wittig, a tarefa não é preferir o lado feminino do binário ao masculino, mas afastar o binário como tal, por meio de uma desintegração especificamente lésbica de suas categorias constitutivas.

A desintegração é literal no texto ficcional, como o é a luta violenta em *Les Guérillères*. Os textos de Wittig têm sido criticados por usarem essa força e violência — ideias aparentemente antitéticas aos objetivos feministas. Observemos, porém, que a estratégia narrativa de Wittig não é identificar o feminino mediante um estratagema de diferenciação ou exclusão do masculino. Tal estratégia consolidaria hierarquias e binarismos por intermédio de uma transvalorização pela qual as mulheres passariam a representar o campo do valor positivo. Em contraste com essa estratégia, que consolidaria a identidade das mulheres mediante um processo excludente de diferenciação,

ATOS CORPORAIS SUBVERSIVOS

Wittig propõe uma estratégia de reapropriação e deslocamento subversivo precisamente daqueles "valores" que originalmente pareciam pertencer ao domínio masculino. Poder-se-ia objetar que Wittig assimilou valores masculinos ou que, a rigor, se identifica com o masculino, mas a noção mesma de "identificação" ressurge no contexto de sua produção literária como algo incomensuravelmente mais complexo do que sugere o uso acrítico do termo. A luta e a violência em seu texto, significativamente, são recontextualizadas, deixando de sustentar os mesmos significados que têm nos contextos opressivos. Não se trata nem de uma simples "virada de mesa", em que as mulheres passariam a exercer a violência contra os homens, nem de uma simples *internalização* das normas masculinas, as mulheres passando a exercer a violência contra si mesmas. A violência no texto tem como alvo a identidade e a coerência da categoria sexual, um construto sem vida, um construto feito para mortificar o corpo. Considerando que a categoria sexual é o construto naturalizado que faz a instituição da heterossexualidade normativa parecer inevitável, a violência textual de Wittig é praticada contra essa instituição, e não contra sua heterossexualidade em primeiro lugar, mas contra seu caráter compulsório.

Observe-se igualmente que a categoria sexual e a instituição naturalizada da heterossexualidade são *construtos,* fantasias ou "fetiches" socialmente instituídos e socialmente regulados, e não categorias *naturais,* mas *políticas* (categorias que provam que, nesses contextos, o recurso ao "natural" é sempre político). Consequentemente, o corpo dilacerado e as guerras travadas entre as mulheres são violências *textuais,* são a desconstrução dos construtos que desde sempre representam uma espécie de violência contra as possibilidades do corpo.

PROBLEMAS DE GÊNERO

Mas aqui devemos perguntar: o que resta quando o corpo, que ganhou coerência por meio da categoria sexual, é *desagregado*, tornado caótico? Pode esse corpo ser remembrado, reunificado? Há possibilidades de ação que não exijam a remontagem coerente desse construto? O texto de Wittig não só desconstrói o sexo e oferece uma maneira de desintegrar a falsa unidade designada pela categoria de "sexo", mas também põe em cena uma espécie de ação corporal difusa, gerada a partir de vários centros de poder. Com efeito, a fonte da ação pessoal e política não provém do indivíduo, mas se dá nas e pelas trocas culturais complexas entre corpos nos quais a própria identidade é sempre cambiante, em que a própria identidade é construída, desintegrada e recirculada exclusivamente no contexto de um campo dinâmico de relações culturais. Para Wittig e para Beauvoir, portanto, *ser* mulher é *tornar-se* mulher, mas, como esse processo nada tem de fixo, é possível tornar-se um ser que nem a categoria de *homem* nem a de *mulher* descrevem verdadeiramente. Não se trata aqui de androginia e nem de um hipotético "terceiro gênero", tampouco é questão de uma *transcendência* do binário. Trata-se, ao invés disso, de uma subversão interna, em que o binário tanto é pressuposto como multiplicado, a ponto de não mais fazer sentido. A força da ficção de Wittig, seu desafio linguístico, é apresentar uma experiência que vai além das categorias da identidade, uma luta erótica para criar novas categorias a partir das ruínas das velhas, novas maneiras de ser um corpo no campo cultural, e linguagens inteiramente novas para descrevê-las.

Em resposta à noção de Beauvoir de que "Ninguém nasce mulher: *torna-se* mulher", Wittig afirma que, em vez de tornar-se mulher, alguém (qualquer um?) pode tornar-se lésbica. Ao recusar a categoria de mulher, o feminismo lésbico de Wittig parece eliminar qualquer tipo de

ATOS CORPORAIS SUBVERSIVOS

solidariedade com as mulheres heterossexuais, e pressupor implicitamente que o lesbianismo é a consequência lógica ou politicamente necessária do feminismo. Esse tipo de receituário separatista decerto já não é viável. Mas, supondo que fosse politicamente desejável, que critérios seriam usados para decidir a questão da "identidade" sexual?

Se tornar-se lésbica é um *ato*, um adeus à heterossexualidade, uma autonomeação que contesta os significados compulsórios da heterossexualidade, *mulheres* e *homens*, o que impedirá o nome lésbica de tornar-se uma categoria igualmente compulsória? O que qualifica alguém como lésbica? Alguém sabe? Se a lésbica refuta a disjunção radical promovida por Wittig entre as economias heterossexual e homossexual, então já não é uma lésbica? E se esse é um "ato" que funda a identidade como realização *performativa* da sexualidade, haverá tipos de atos que se qualifiquem mais do que outros como *fundadores*? É possível praticar esse ato com uma "mentalidade hétero"? Pode-se entender a sexualidade lésbica como contestação não só das categorias de "sexo", "mulheres" e "corpos naturais", mas também de "lésbica"?

Curiosamente, Wittig sugere uma relação necessária entre o ponto de vista homossexual e aquele da linguagem figurada, como se o fato de ser homossexual contestasse a sintaxe e a semântica compulsórias que constroem "o real". Excluído do real, o ponto de vista homossexual, se houver realmente um, pode entender que o real é constituído mediante um conjunto de exclusões, margens que não aparecem, ausências que não se mostram. Que trágico erro, então, construir uma identidade gay/lésbica por intermédio dos mesmos meios excludentes, como se os excluídos não fossem, precisamente por sua exclusão, sempre pressupostos e, a rigor, *necessários* à construção dessa identidade. Para-

PROBLEMAS DE GÊNERO

doxalmente, essa exclusão institui precisamente a relação de dependência radical que quer superar: o lesbianismo *exigiria* assim a heterossexualidade. O lesbianismo que se define por sua exclusão radical da heterossexualidade priva a si mesmo da capacidade de ressignificar os próprios construtos heterossexuais pelos quais é parcial e inevitavelmente constituído. Resulta que essa estratégia lésbica consolidaria a heterossexualidade compulsória em suas formas opressivas.

A estratégia mais insidiosa e eficaz, ao que parece, é a completa apropriação e deslocamento das próprias categorias de identidade, não meramente para contestar o "sexo", mas para articular a convergência de múltiplos discursos sexuais para o lugar da "identidade", a fim de problematizar permanentemente essa categoria, sob qualquer de suas formas.

Inscrições corporais, subversões performativas

> *Garbo "virava drag" toda vez que desempenhava um papel marcadamente glamoroso, sempre que se derretia nos braços de um homem ou fugindo deles, sempre que deixava aquele pescoço divinamente torneado [...] suportar o peso da sua cabeça jogada para trás [...] Como é esplendorosa a arte de representar! É toda travestimento, seja ou não verdadeiro o sexo que está por trás.*
>
> Parker Tyler, "The Garbo Image", citado em Esther Newton, *Mother Camp*

As categorias do sexo verdadeiro, do gênero distinto e da sexualidade específica têm constituído o ponto de referência estável de grande parte da teoria e da política

ATOS CORPORAIS SUBVERSIVOS

feministas. Esses construtos de identidade servem como pontos de partida epistemológicos a partir dos quais emerge a teoria e a política é formulada. No caso do feminismo, a política é ostensivamente formulada para expressar os interesses, as perspectivas das "mulheres". Mas há uma forma política das "mulheres", por assim dizer, que preceda e prefigure a elaboração política de seus interesses e do ponto de vista epistemológico? Como essa identidade é modelada? Estamos tratando de uma modelagem política, que toma as próprias fronteiras e a morfologia do corpo sexuado como base, superfície ou lugar da inscrição cultural? O que circunscreve esse lugar como "o corpo feminino"? É "o corpo" ou "o corpo sexuado" a base sólida sobre a qual operam o gênero e os sistemas da sexualidade compulsória? Ou será que "o corpo" em si é modelado por forças políticas com interesses estratégicos em mantê-lo limitado e constituído pelos marcadores sexuais?

A distinção sexo/gênero e a própria categoria sexual parecem pressupor uma generalização do "corpo" que preexiste à aquisição de seu significado sexuado. Amiúde, esse "corpo" parece ser um meio passivo, que é significado por uma inscrição a partir de uma fonte cultural representada como "externa" em relação a ele. Contudo, quando "o corpo" é apresentado como passivo e anterior ao discurso, qualquer teoria do corpo culturalmente construído tem a obrigação de questioná-lo como um construto cuja generalidade é suspeita. Essas concepções têm precedentes cristãos e cartesianos, os quais, antes do surgimento da biologia vitalista no século XIX, compreendiam "o corpo" como matéria inerte que nada significa ou, mais especificamente, significa o vazio profano, a condição decaída: engodo e pecado, metáforas premonitórias do inferno e do eterno feminino. Tanto no trabalho de Sartre quanto no de Beauvoir, há muitas ocasiões em que "o corpo" é representado como uma facticidade muda, antecipadora de algum significado que só pode ser atribuído por uma consciência transcendental, compreendida, em termos cartesianos, como radicalmente imaterial. Mas o que estabelece esse dualismo para nós? O que separa "o corpo", caracterizando-o como indiferente à significação, da própria significação como ato de consciência radicalmente desencarnado — ou, antes, como ato que desencarna radicalmente essa consciência? Em que medida esse dualismo cartesiano é pressuposto na fenomenologia adaptada à perspectiva estruturalista em que mente/corpo são redescritos como cultura/natureza? Quanto ao discurso sobre o gênero, em que medida esses dualismos problemáticos continuam a operar no interior das próprias descrições que supostamente deveriam nos levar para fora desse binarismo e de sua hierarquia implícita? De que modo se marcam claramente os contornos do corpo como a base ou superfície presumida sobre a qual se inscrevem as significações do gênero, uma mera facticidade desprovida de valor, anterior à significação?

Wittig sugere que um *a priori* epistemológico específico da cultura estabelece a naturalidade do "sexo". Mas por que meios enigmáticos terá "o corpo" sido aceito como um dado *prima facie* que não admite genealogia? Mesmo no ensaio de Foucault sobre o tema da genealogia, o corpo é apresentado como superfície e cenário de uma inscrição cultural: "o corpo é a superfície inscrita pelos acontecimentos".[54] A tarefa da genealogia, afirma ele, é "expor um corpo totalmente impresso pela história". Sua frase continua, entretanto, fazendo referência ao objetivo da "história" — aqui claramente entendida segundo o

ATOS CORPORAIS SUBVERSIVOS

modelo da "civilização" de Freud — de "destruir o corpo" (p. 148). As forças e impulsos multiplamente direcionados são precisamente aqueles que a história destrói e preserva mediante o *Entstehung* (evento histórico) da inscrição. Como "volume em perpétua desintegração" (p. 148), o corpo está sempre sitiado, sofrendo a destruição pelos próprios termos da história. E a história é a criação de valores e significados por uma prática significante que exige a sujeição do corpo. Essa destruição corporal é necessária para produzir o sujeito falante e suas significações. Trata-se de um corpo descrito pela linguagem da superfície e da força, enfraquecido por um "drama único" de dominação, inscrição e criação (p. 150). Não se trata do *modus vivendi* de um tipo de história em oposição a um outro, mas, para Foucault, da "história" (p. 148) em seu gesto essencial e repressor.

Ainda que Foucault escreva que "nada no homem [*sic*] — nem mesmo seu corpo — é suficientemente estável para servir como base para o autorreconhecimento ou para a compreensão dos outros homens [*sic*]" (p. 153), ele destaca a constância da inscrição cultural como "drama único" a atuar sobre o corpo. Se a criação de valores, forma histórica de significação, exige a destruição do corpo, do mesmo modo que o instrumento de tortura em *Na colônia penal*, de Kafka, destrói o corpo em que escreve, então deve haver um corpo anterior a essa inscrição, estável e idêntico a si mesmo, sujeito a essa destruição sacrificial. Num sentido, para Foucault, assim como para Nietzsche, os valores culturais surgem como resultado de uma inscrição no corpo, o qual é compreendido como um meio, uma página em branco; entretanto, para que essa inscrição confira um sentido, o próprio meio tem de ser destruído — isto é, tem que ter seu

PROBLEMAS DE GÊNERO

valor inteiramente transposto para um domínio sublimado de valores. Na metáfora dessa ideia de valores culturais está a figura da história como instrumento implacável de escrita, e está o corpo como o meio que tem que ser destruído e transfigurado para que surja a "cultura".

Ao afirmar um corpo anterior à sua inscrição cultural, Foucault parece supor a existência de uma materialidade anterior à significação e à forma. Sendo essa distinção essencial à operação da tarefa da genealogia, tal como definida por ele, a própria distinção é excluída como objeto da investigação genealógica. Ocasionalmente, em sua análise de Herculine, Foucault ratifica a noção de uma multiplicidade de forças corporais pré-discursivas que irrompem pela superfície do corpo para desbaratar as práticas reguladoras da coerência cultural, impostas ao corpo por um regime de poder compreendido como uma vicissitude da "história". Recusada a presunção da existência de algum tipo de fonte pré-categórica de ruptura, ainda será possível dar uma explicação genealógica da demarcação do corpo como essa prática significante? Tal demarcação não é iniciada pela história reificada ou pelo sujeito. É resultado de uma estruturação difusa e ativa do campo social. Essa prática significante efetiva um espaço social para o e do corpo, dentro de certas grades reguladoras da inteligibilidade.

Purity and Danger [Pureza e perigo], de Mary Douglas, sugere que os próprios contornos do "corpo" são estabelecidos por meio de marcações que buscam estabelecer códigos específicos de coerência cultural. Todo discurso que estabelece as fronteiras do corpo serve ao propósito de instaurar e naturalizar certos tabus concernentes aos limites, posturas e formas de troca apropriados, que definem o que constitui o corpo:

ATOS CORPORAIS SUBVERSIVOS

... as ideias sobre separar, purificar, demarcar e punir as transgressões têm a função principal de impor um sistema a uma experiência intrinsecamente desordenada. Somente pela exageração da diferença entre dentro e fora, acima e abaixo, masculino e feminino, com e contra é que se cria uma aparência de ordem.[55]

Embora Douglas ratifique claramente a distinção estruturalista entre a natureza intrinsecamente rebelde e a ordem imposta por meios culturais, a "desordem" à qual se refere pode ser descrita como a região em que não há controle ou concerto *cultural*. Supondo a estrutura inevitavelmente binária da distinção natureza/cultura, Douglas não pode apontar uma configuração cultural alternativa em que tais distinções se tornem maleáveis ou proliferem além da perspectiva binária. Contudo, sua análise provê um possível ponto de partida para compreender a correlação pela qual os tabus sociais instituem e mantêm as fronteiras do corpo como tal. Ela sugere que o que constitui o limite do corpo nunca é meramente material, mas que a superfície, a pele, é sistemicamente significada por tabus e transgressões antecipadas; de fato, em sua análise, as fronteiras do corpo se tornam os limites do social *per se*. Uma apropriação pós-estruturalista de sua opinião poderia compreender as fronteiras do corpo como os limites do socialmente *hegemônico*. Numa variedade de culturas, diz ela, há

> forças poluidoras inerentes à própria estrutura das ideias e que punem a ruptura simbólica daquilo que deveria estar junto ou a junção daquilo que deve estar separado. Decorre daí que essa poluição é um tipo de perigo que só

PROBLEMAS DE GÊNERO

> tende a ocorrer onde as fronteiras da estrutura, cósmicas ou sociais, são claramente definidas.
>
> Uma pessoa poluidora está sempre errada. Ele [*sic*] desenvolveu uma condição errada ou simplesmente ultrapassou alguma fronteira que não deveria ter sido ultrapassada, e tal deslocamento representa perigos para alguém.[56]

Num dado sentido, em *Desire: Aids, Pornography, and the Media*, Simon Watney identificou a construção contemporânea da "pessoa poluidora" com a pessoa portadora de aids.[57] Não só a doença é representada como a "peste gay", mas na reação histérica e homofóbica da mídia à doença registra-se a construção tática de uma continuidade entre o *status* poluído do homossexual, em virtude da violação de fronteiras que *é o* homossexualismo, e a doença como modalidade específica de poluição homossexual. O fato de a doença ser transmitida pela troca de fluidos corporais sugere, nos gráficos sensacionalistas dos sistemas significantes homofóbicos, os perigos que as fronteiras corporais permeáveis representam para a ordem social como tal. Douglas observa que "o corpo é um modelo que pode simbolizar qualquer sistema delimitado. Suas fronteiras podem representar qualquer fronteira ameaçada ou precária".[58] E ela faz uma pergunta que seria de se esperar em Foucault: "Por que pensar que as fronteiras corporais são especificamente investidas de poder e perigo?"[59]

Douglas sugere que todos os sistemas sociais são vulneráveis em suas margens e que todas as margens, em função disso, são consideradas perigosas. Se o corpo é uma sinédoque para o sistema social *per se* ou um lugar em que convergem sistemas abertos, então todo tipo de permeabilidade não regulada constitui um lugar de poluição e

ATOS CORPORAIS SUBVERSIVOS

perigo. Como o sexo anal e oral entre homens estabelece claramente certos tipos de permeabilidade corporal não sancionados pela ordem hegemônica, a homossexualidade masculina constituiria, desse ponto de vista hegemônico, um lugar de perigo e poluição, anterior à presença cultural da aids e independente dela. De modo semelhante, o *status* "poluído" das lésbicas, a despeito de sua situação de baixo risco com respeito à aids, põe em relevo os perigos de suas trocas corporais. Significativamente, estar "fora" da ordem hegemônica não significa estar "dentro" de um estado sórdido e desordenado de natureza. Paradoxalmente, a homossexualidade é quase sempre concebida, nos termos da economia significante homofóbica, *tanto* como incivilizada *quanto* como antinatural.

A construção de contornos corporais estáveis repousa sobre lugares fixos de permeabilidade e impermeabilidade corporais. As práticas sexuais que abrem ou fecham superfícies ou orifícios à significação erótica em ambos os contextos, homossexual e heterossexual, reinscrevem efetivamente as fronteiras do corpo em conformidade com novas linhas culturais. O sexo anal entre homens é um exemplo, assim como o é o remembramento radical do corpo em *The Lesbian Body,* de Wittig. Douglas faz alusão a "um tipo de poluição sexual expressiva do desejo de conservar o corpo (físico e social) intacto",[60] sugerindo que a noção naturalizada de "o" corpo é ela própria uma consequência dos tabus que tornam esse corpo distinto, em virtude de suas fronteiras estáveis. Além disso, os ritos de passagem que governam os vários orifícios corporais pressupõem uma construção heterossexual da troca, das posições e das possibilidades eróticas marcadas pelo gênero. A desregulação dessas trocas rompe, consequentemente, as próprias fronteiras que determinam o que deve ser um corpo. Aliás, a investigação crítica que levanta as práticas reguladoras no âmbito das quais os contornos corporais são construídos constitui precisamente a genealogia do "corpo" em sua singularidade, capaz de radicalizar a teoria de Foucault.[61]

Significativamente, a discussão de Kristeva sobre a abjeção, em *The Powers of Horror* [Os poderes do horror], começa a sugerir os usos dessa ideia estruturalista de um tabu construtor de fronteiras para construir o sujeito singular por exclusão.[62] O "abjeto" designa aquilo que foi expelido do corpo, descartado como excremento, tornado literalmente "Outro". Parece uma expulsão de elementos estranhos, mas é precisamente atraves dessa expulsão que o estranho se estabelece. A construção do "não eu" como abjeto estabelece as fronteiras do corpo, que são também os primeiros contornos do sujeito. Kristeva escreve:

> a *náusea* me faz recusar esse leite, me separa da mãe e do pai que o ofertam. "Eu" não quero nem ver esse elemento, signo do desejo deles; "eu" não quero ouvir, "eu" não o assimilo, "eu" o expilo. Mas já que a comida não é um "outro" para "mim", que existo apenas no desejo deles, eu expilo *a mim mesma, cuspo-me* fora, torno-me *eu mesma* abjeta no próprio movimento através do qual "eu" afirmo me estabelecer.[63]

A fronteira do corpo, assim como a distinção entre interno e externo, se estabelece mediante a ejeção e a transvalorização de algo que era originalmente parte da identidade em uma alteridade conspurcada. Como sugeriu Íris Young, em sua leitura de Kristeva para entender o

ATOS CORPORAIS SUBVERSIVOS

sexismo, a homofobia e o racismo, o repúdio de corpos em função de seu sexo, sexualidade e/ou cor é uma "expulsão" seguida por uma "repulsa" que fundamenta e consolida identidades culturalmente hegemônicas em eixos de diferenciação de sexo/raça/sexualidade.[64] Em sua apropriação de Kristeva, Young mostra como a operação da repulsa pode consolidar "identidades" baseadas na instituição do "Outro", ou de um conjunto de Outros, por meio da exclusão e da dominação. O que constitui mediante divisão os mundos "interno" e "externo" do sujeito é uma fronteira e divisa tenuemente mantida para fins de regulação e controle sociais. A fronteira entre o interno e o externo é confundida pelas passagens excrementícias em que efetivamente o interno se torna externo, e essa função excretora se torna, por assim dizer, o modelo pelo qual outras formas de diferenciação da identidade são praticadas. Com efeito, é dessa forma que o Outro "vira merda". Para que os mundos interno e externo permaneçam completamente distintos, toda a superfície do corpo teria que alcançar uma impermeabilidade impossível. Essa vedação de suas superfícies constituiria a fronteira sem suturas do sujeito; mas esse enclave seria invariavelmente explodido pela própria imundície excrementícia que ele teme.

Independentemente das metáforas convincentes das distinções espaciais entre o interno e o externo, eles continuam a ser termos linguísticos que facilitam e articulam um conjunto de fantasias, temidas e desejadas. "Interno" e "externo" só fazem sentido em referência a uma fronteira mediadora que luta pela estabilidade. E essa estabilidade, essa coerência, é determinada em grande parte pelas ordens culturais que sancionam o sujeito e impõem sua diferenciação do abjeto. Consequentemente, "interno" e

PROBLEMAS DE GÊNERO

"externo" constituem uma distinção binária que estabiliza e consolida o sujeito coerente. Quando esse sujeito é questionado, o significado e a necessidade dos termos ficam sujeitos a um deslocamento. Se o "mundo interno" já não designa mais um *topos*, então a fixidez interna do eu e, a rigor, o local interno da identidade do gênero se tornam semelhantemente suspeitos. A questão crucial não é *como* essa identidade foi *internalizada* — como se a internalização fosse um processo ou mecanismo que pudesse ser descritivamente reconstruído. Em vez disso, a pergunta é: de que posição estratégica no discurso público e por que razões se afirmaram o tropo da interioridade e binário disjuntivo interno/externo? Em que linguagem é representado o "espaço interno"? Que tipo de representação é essa, e por meio de que imagem do corpo é ela significada? Como representa o corpo em sua superfície a própria invisibilidade das suas profundezas ocultas?

Da interioridade aos performativos do gênero

Em *Vigiar e punir,* Foucault questiona a linguagem da internalização, por ela operar a serviço do regime disciplinar da sujeição e da subjetivação de criminosos.[65] Ainda que tenha feito objeções, em *História da sexualidade,* ao que compreendia como a crença psicanalítica na verdade "interna" do sexo, Foucault volta-se, no contexto de sua história da criminologia, com propósitos distintos, para uma crítica da doutrina da internalização. Num sentido, *Vigiar e punir* pode ser lido como um esforço do autor para reescrever, sob o modelo da *inscrição,* a doutrina da internalização de Nietzsche, exposta em *Genealogia da moral.* No contexto dos prisioneiros, escreve Foucault, a

ATOS CORPORAIS SUBVERSIVOS

estratégia não foi impor a repressão de seus desejos, mas obrigar seus corpos a significarem a lei interditora como sua própria essência, estilo e necessidade. A lei não é internalizada literalmente, mas incorporada, com a consequência de que se produzem corpos que expressam essa lei no corpo e por meio dele; a lei se manifesta como essência do eu deles, significado de suas almas, sua consciência, a lei de seu desejo. Com efeito, a lei é a um só tempo plenamente manifesta e plenamente latente, pois nunca aparece como externa aos corpos que sujeita e subjetiva. Foucault escreve:

> Seria errado dizer que a alma é uma ilusão, ou um efeito ideológico. Ao contrário, ela existe, tem uma realidade, é permanentemente produzida *em torno, sobre* e *dentro* do corpo, pelo funcionamento de um poder que se exerce sobre os que são punidos [grifo meu].[66]

A figura da alma interior, compreendida como "dentro" do corpo, é significada por meio de sua inscrição *sobre* o corpo, mesmo que seu modo primário de significação seja por sua própria ausência, por sua poderosa invisibilidade. O efeito de um espaço interno estruturante é produzido por via da significação do corpo como recinto vital e sagrado. A alma é precisamente o que falta ao corpo; consequentemente, o corpo se apresenta como uma falta significante. Essa falta, que o corpo *é,* significa a alma como o que não pode ser mostrado. Nesse sentido, o corpo é uma significação de superfície que contesta e desloca a própria distinção interno/externo, a imagem de um espaço psíquico interno inscrito *sobre* o corpo como significação social que renuncia perpetuamente a si mesma como tal. Nos termos de Foucault, a alma não é aprisionada pelo

PROBLEMAS DE GÊNERO

ou dentro do corpo, como sugeririam algumas imagens cristãs, mas "a alma é a prisão do corpo".[67]

Redescrever os processos intrapsíquicos em termos da política da superfície do corpo implica uma redescrição corolária do gênero como produção disciplinar das imagens da fantasia pelo jogo da presença e ausência da superfície do corpo, como construção do corpo e seu gênero por meio de uma série de exclusões e negações, ausências significantes. Mas o que determina o texto manifesto e latente da política do corpo? Qual é a lei interditora que gera a estilização corporal do gênero, a representação fantasiada e fantasiosa do corpo? Já consideramos o tabu do incesto e o tabu anterior contra a homossexualidade como os momentos generativos da identidade de gênero, como as proibições que produzem a identidade nas grades culturalmente inteligíveis de uma heterossexualidade idealizada e compulsória. Essa produção disciplinar do gênero leva a efeito uma falsa estabilização do gênero, no interesse da construção e regulação heterossexuais da sexualidade no domínio reprodutor. A construção da coerência oculta as descontinuidades do gênero, que grassam nos contextos heterossexuais, bissexuais, gays e lésbicos, nos quais o gênero não decorre necessariamente do sexo, e o desejo, ou a sexualidade em geral, não parece decorrer do gênero — nos quais, a rigor, nenhuma dessas dimensões de corporeidade significante expressa ou reflete outra. Quando a desorganização e desagregação do campo dos corpos rompe a ficção reguladora da coerência heterossexual, parece que o modelo expressivo perde sua força descritiva. O ideal regulador é então denunciado como norma e ficção que se disfarça de lei do desenvolvimento a regular o campo sexual que se propõe descrever.

ATOS CORPORAIS SUBVERSIVOS

Entretanto, segundo a compreensão da identificação como fantasia ou incorporação posta em ato, é claro que essa coerência é desejada, anelada, idealizada, e que essa idealização é um efeito da significação corporal. Em outras palavras, atos, gestos e desejo produzem o efeito de um núcleo ou substância interna, mas o produzem *na superfície* do corpo, por meio do jogo de ausências significantes, que sugerem, mas nunca revelam, o princípio organizador da identidade como causa. Esses atos, gestos e atuações, entendidos em termos gerais, são *performativos,* no sentido de que a essência ou identidade que por outro lado pretendem expressar são *fabricações* manufaturadas e sustentadas por signos corpóreos e outros meios discursivos. O fato de o corpo gênero ser marcado pelo *performativo* sugere que ele não tem *status* ontológico separado dos vários atos que constituem sua realidade. Isso também sugere que, se a realidade é fabricada como uma essência interna, essa própria interioridade é efeito e função de um discurso decididamente social e público, da regulação pública da fantasia pela política de superfície do corpo, do controle da fronteira do gênero que diferencia interno de externo e, assim, institui a "integridade" do sujeito. Em outras palavras, os atos e gestos, os desejos articulados e postos em ato criam a ilusão de um núcleo interno e organizador do gênero, ilusão mantida discursivamente com o propósito de regular a sexualidade nos termos da estrutura obrigatória da heterossexualidade reprodutora. Se a "causa" do desejo, do gesto e do ato pode ser localizada no interior do "eu" do ator, então as regulações políticas e as práticas disciplinares que produzem esse gênero aparentemente coerente são de fato deslocadas, subtraídas à visão. O deslocamento da origem política e discursiva da identidade

PROBLEMAS DE GÊNERO

de gênero para um "núcleo" psicológico impede a análise da constituição política do sujeito marcado pelo gênero e as noções fabricadas sobre a interioridade inefável de seu sexo ou sua verdadeira identidade.

Se a verdade interna do gênero é uma fabricação, e se o gênero verdadeiro é uma fantasia instituída e inscrita sobre a superfície dos corpos, então parece que os gêneros não podem ser nem verdadeiros nem falsos, mas somente produzidos como efeitos da verdade de um discurso sobre a identidade primária e estável. Em *Mother Camp: Female Impersonators in America* [Maneirismos da mamãe: os travestis da América], a antropóloga Esther Newton sugere que a estrutura do travestimento revela um dos principais mecanismos de fabricação através dos quais se dá a construção social do gênero.[68] Eu sugeriria, igualmente, que o travesti subverte inteiramente a distinção entre os espaços psíquicos interno e externo, e zomba efetivamente do modelo expressivo do gênero e da ideia de uma verdadeira identidade do gênero. Newton escreve:

> Em sua expressão mais complexa, [o travesti] é uma dupla inversão que diz que "a aparência é uma ilusão". O travesti diz [curiosa personificação de Newton]: "minha aparência 'externa' é feminina, mas minha essência 'interna' [o corpo] é masculina." Ao mesmo tempo, simboliza a inversão oposta: "minha aparência 'externa' [meu corpo, meu gênero] é masculina, mas minha essência 'interna' [meu eu] é feminina".[69]

Essas duas afirmações de verdade contradizem uma à outra, assim eliminando toda a vigência das significações do gênero do discurso do verdadeiro e do falso.

ATOS CORPORAIS SUBVERSIVOS

A noção de uma identidade original ou primária do gênero é frequentemente parodiada nas práticas culturais do travestismo e na estilização sexual das identidades *butch/femme*. Na teoria feminista, essas identidades paródísticas têm sido entendidas seja como degradantes das mulheres, no caso das *drags* e do travestismo, seja como uma apropriação acrítica da estereotipia dos papéis sexuais da prática heterossexual, especialmente no caso das identidades lésbicas *butch/femme*. Mas a relação entre a "imitação" e o "original" é mais complicada, penso eu, do que essa crítica costuma admitir. Além disso, ela nos dá uma indicação sobre a maneira como a relação entre a identificação primária — isto é, os significados originais atribuídos aos gêneros — e as experiências posteriores do gênero pode ser reformulada. A *performance* da *drag* brinca com a distinção entre a anatomia do performista e o gênero que está sendo performado. Mas estamos, na verdade, na presença de três dimensões contingentes da corporeidade significante: sexo anatômico, identidade de gênero e *performance* de gênero. Se a anatomia do performista já é distinta de seu gênero, e se os dois se distinguem do gênero da *performance,* então a *performance* sugere uma dissonância não só entre sexo e *performance,* mas entre sexo e gênero, e entre gênero e *performance*. Por mais que crie uma imagem unificada da "mulher" (a que seus críticos se opõem frequentemente), o travesti também revela a distinção dos aspectos da experiência do gênero que são falsamente naturalizados como uma unidade através da ficção reguladora da coerência heterossexual. *Ao imitar o gênero, a* drag *revela implicitamente a estrutura imitativa do próprio gênero — assim como sua contingência*. Aliás, parte do prazer, da vertigem da *performance,*

237

PROBLEMAS DE GÊNERO

está no reconhecimento da contingência radical da relação entre sexo e gênero diante das configurações culturais de unidades causais que normalmente são supostas naturais e necessárias. No lugar da lei da coerência heterossexual, vemos o sexo e o gênero desnaturalizados por meio de uma *performance* que confessa sua distinção e dramatiza o mecanismo cultural da sua unidade fabricada.

A noção de paródia de gênero aqui defendida não presume a existência de um original que essas identidades parodísticas imitem. Aliás, a paródia que se faz é *da* própria ideia de um original; assim como a noção psicanalítica da identificação com o gênero é constituída pela fantasia de uma fantasia, pela transfiguração de um Outro que é desde sempre uma "imagem" nesse duplo sentido, a paródia do gênero revela que a identidade original sobre a qual se molda o gênero é uma imitação sem origem. Para ser mais precisa, trata-se de uma produção que, com efeito — isto é, em seu efeito —, coloca-se como imitação. Esse deslocamento perpétuo constitui uma fluidez de identidades que sugere uma abertura à ressignificação e à recontextualização; a proliferação parodística priva a cultura hegemônica e seus críticos da reivindicação de identidades de gênero naturalizadas ou essencializadas. Embora os significados de gênero assumidos nesses estilos parodísticos sejam claramente parte da cultura hegemônica misógina, são todavia desnaturalizados e mobilizados por meio de sua recontextualização parodista. Como imitações que deslocam efetivamente o significado do original, imitam o próprio mito da originalidade. No lugar de uma identificação original a servir como causa determinante, a identidade de gênero pode ser reconcebida como uma história pessoal/cultural de significados recebidos, sujeitos a um conjunto

ATOS CORPORAIS SUBVERSIVOS

de práticas imitativas que se referem lateralmente a outras imitações e que, em conjunto, constroem a ilusão de um eu de gênero primário e interno marcado pelo gênero, ou parodiam o mecanismo dessa construção.

Segundo Fredric Jameson, em "Posmodernism and Consumer Society" [Pós-Modernismo e sociedade de consumo], a imitação que zomba da ideia de um original é mais característica do pastiche do que da paródia:

> O pastiche é, como a paródia, a imitação de um estilo único ou peculiar, é vestir uma máscara estilística, falar uma língua morta: mas é uma prática neutra de mímica, sem a motivação ulterior da paródia, sem o impulso satírico, sem o riso, sem aquele sentimento ainda latente de que existe algo *normal,* comparado ao qual aquilo que é imitado é sumamente cômico. O pastiche é a paródia esvaziada, a paródia que perdeu seu humor.[70]

A perda do sentido do "normal", contudo, pode ser sua própria razão de riso, especialmente quando se revela que "o normal", "o original" é uma cópia, e, pior, uma cópia inevitavelmente falha, um ideal que ninguém *pode* incorporar. Nesse sentido, o riso surge com a percepção de que o original foi sempre um derivado.

A paródia não é subversiva em si mesma, e deve haver um meio de compreender o que torna certos tipos de repetição parodística efetivamente disruptivos, verdadeiramente perturbadores, e que repetições são domesticadas e redifundidas como instrumentos da hegemonia cultural. Uma tipologia dos atos certamente não bastaria, pois o deslocamento parodístico, o riso da paródia, depende de um contexto e de uma recepção em que se possam fomentar

PROBLEMAS DE GÊNERO

confusões subversivas. Que *performance* inverterá a distinção interno/externo e obrigará a repensar radicalmente as pressuposições psicológicas da identidade de gênero e da sexualidade? Que *performance* obrigará a reconsiderar o *lugar* e a estabilidade do masculino e do feminino? E que tipo de *performance* de gênero representará e revelará o caráter *performativo* do próprio gênero, de modo a desestabilizar as categorias naturalizadas de identidade e desejo?

Se o corpo não é um "ser", mas uma fronteira variável, uma superfície cuja permeabilidade é politicamente regulada, uma prática significante dentro de um campo cultural de hierarquia do gênero e da heterossexualidade compulsória, então que linguagem resta para compreender essa representação corporal, esse gênero, que constitui sua significação "interna" em sua superfície? Sartre talvez chamasse este ato de "estilo de ser"; Foucault, de "estilística da existência". Na minha leitura de Beauvoir, sugeri que os corpos marcados pelo gênero são "estilos da carne". Esses estilos nunca são plenamente originais, pois os estilos têm uma história, e suas histórias condicionam e limitam suas possibilidades. Consideremos o gênero, por exemplo, como um estilo *corporal*, um "ato", por assim dizer, que tanto é intencional como *performativo*, onde "*performativo*" sugere uma construção dramática e contingente do sentido.

Wittig entende o gênero como operações do "sexo", em que o "sexo" é uma injunção obrigatória de que o corpo se torne um signo cultural, de que se materialize em obediência a uma possibilidade historicamente delimitada, e que o faça não uma ou duas vezes, mas como um projeto corporal contínuo e repetido. Contudo, a noção de "projeto" sugere a força originária de uma vontade radical,

ATOS CORPORAIS SUBVERSIVOS

e visto que o gênero é um projeto que tem como fim sua sobrevivência cultural, o termo *estratégia* sugere mais propriamente a situação compulsória em que ocorrem, sempre e variadamente, as *performances* do gênero. Portanto, como estratégia de sobrevivência em sistemas compulsórios, o gênero é uma *performance* com consequências claramente punitivas. Os gêneros distintos são parte do que "humaniza" os indivíduos na cultura contemporânea; de fato, habitualmente punimos os que não desempenham corretamente o seu gênero. Os vários atos de gênero criam a ideia de gênero, e sem esses atos não haveria gênero algum, pois não há nenhuma "essência" que ele expresse ou exteriorize, nem tampouco um ideal objetivo ao qual aspire, bem como não é um dado de realidade. Assim, o gênero é uma construção que oculta normalmente sua gênese; o acordo coletivo tácito de exercer, produzir e sustentar gêneros distintos e polarizados como ficções culturais é obscurecido pela credibilidade dessas produções — e pelas punições que penalizam a recusa a acreditar neles; a construção "obriga" nossa crença em sua necessidade e naturalidade. As possibilidades históricas materializadas por meio dos vários estilos corporais nada mais são do que ficções culturais punitivamente reguladas, alternadamente incorporadas e desviadas sob coação.

Imaginemos que a sedimentação das normas do gênero produza o fenômeno peculiar de um "sexo natural", uma "mulher real", ou qualquer das ficções sociais vigentes e compulsórias, e que se trate de uma sedimentação que, ao longo do tempo, produziu um conjunto de estilos corporais que, em forma reificada, aparecem como a configuração natural dos corpos em sexos que existem numa relação binária uns com os outros. Se esses estilos são impostos, e se produzem sujeitos e gêneros coerentes que figuram como seus originadores, que tipo de *performance* poderia revelar que essa "causa" aparente é um "efeito"?

Assim, em que sentidos o gênero é um ato? Como em outros dramas sociais rituais, a ação do gênero requer uma *performance repetida*. Essa repetição é a um só tempo reencenação e nova experiência de um conjunto de significados já estabelecidos socialmente; e também é a forma mundana e ritualizada de sua legitimação.[71] Embora existam corpos individuais que encenam essas significações estilizando-se em formas do gênero, essa "ação" é uma ação pública. Essas ações têm dimensões temporais e coletivas, e seu caráter público não deixa de ter consequências; na verdade, a *performance* é realizada com o objetivo estratégico de manter o gênero em sua estrutura binária — um objetivo que não pode ser atribuído a um sujeito, devendo, ao invés disso, ser compreendido como fundador e consolidador do sujeito.

O gênero não deve ser construído como uma identidade estável ou um *locus* de ação do qual decorrem vários atos; em vez disso, o gênero é uma identidade tenuemente constituída no tempo, instituído num espaço externo por meio de uma *repetição estilizada de atos*. O efeito do gênero se produz pela estilização do corpo e deve ser entendido, consequentemente, como a forma corriqueira pela qual os gestos, movimentos e estilos corporais de vários tipos constituem a ilusão de um eu permanente marcado pelo gênero. Essa formulação tira a concepção do gênero do solo de um modelo substancial da identidade, deslocando-a para um outro que requer concebê-lo como uma *temporalidade social* constituída. Significativamente, se o gênero é instituído mediante atos internamente descontínuos, então

ATOS CORPORAIS SUBVERSIVOS

a *aparência de substância é* precisamente isso, uma identidade construída, uma realização *performativa* em que a plateia social mundana, incluindo os próprios atores, passa a acreditar, exercendo-a sob a forma de uma crença. O gênero também é uma norma que nunca pode ser completamente internalizada: "o interno" é uma significação de superfície, e as normas do gênero são afinal fantasísticas, impossíveis de incorporar. Se a base da identidade de gênero é a repetição estilizada de atos ao longo do tempo, e não uma identidade aparentemente sem suturas, então a metáfora espacial de uma "base" é deslocada e se revela como uma configuração estilizada, a rigor, uma corporificação do tempo com marca de gênero. Mostrar-se-á então que o eu de gênero permanente é estruturado por atos repetidos que buscam aproximar o ideal de uma base substancial de identidade, mas revelador, em sua descontinuidade ocasional, da falta de fundamento temporal e contingente dessa "base". É precisamente nas relações arbitrárias entre esses atos que se encontram as possibilidades de transformação do gênero, na possibilidade da incapacidade de repetir, numa deformidade, ou numa repetição parodística que denuncie o efeito fantasístico da identidade permanente como uma construção politicamente tênue.

Entretanto, se os atributos de gênero não são expressivos mas *performativos,* então constituem efetivamente a identidade que pretensamente expressariam ou revelariam. A distinção entre expressão e performatividade é crucial. Se os atributos e atos do gênero, as várias maneiras como o corpo mostra ou produz sua significação cultural, são *performativos,* então não há identidade preexistente pela qual um ato ou atributo possa ser medido; não haveria atos de gênero verdadeiros ou falsos, reais ou distorcidos,

PROBLEMAS DE GÊNERO

e a postulação de uma identidade de gênero verdadeira se revelaria uma ficção reguladora. O fato de a realidade do gênero ser criada mediante *performances* sociais contínuas significa que as próprias noções de sexo essencial e de masculinidade ou feminilidade verdadeiras ou permanentes também são constituídas, como parte da estratégia que oculta o caráter *performativo* do gênero e as possibilidades *performativas* de proliferação das configurações de gênero fora das estruturas restritivas da dominação masculinista e da heterossexualidade compulsória.

Os gêneros não podem ser verdadeiros nem falsos, reais nem aparentes, originais nem derivados. Como portadores críveis desses atributos, contudo, eles também podem se tornar completa e radicalmente *incríveis*.

Conclusão

Da paródia à política

Comecei pela questão especulativa de saber se a política feminista poderia funcionar sem um "sujeito" na categoria de mulheres. A questão em jogo não é se ainda tem sentido, estratégica ou transicionalmente, fazer referência às mulheres para fazer reivindicações representativas em nome delas. O "nós" feminista é sempre e somente uma construção fantasística, que tem seus propósitos, mas que nega a complexidade e a indeterminação internas do termo, e só se constitui por meio da exclusão de parte da clientela, que simultaneamente busca representar. Todavia, a situação tênue ou fantasística "nós" não é motivo de desesperança, ou pelo menos não é *só* motivo de desesperança. A instabilidade radical da categoria põe em questão as restrições *fundantes* que pesam sobre a teorização política feminista, abrindo outras configurações, não só de gêneros e corpos, mas da própria política.

O raciocínio *fundacionista* da política da identidade tende a supor que primeiro é preciso haver uma identidade, para que os interesses políticos possam ser elaborados, e, subsequentemente, empreender a ação política. Meu argumento é que não há necessidade de existir um "agente por trás do ato", mas que o "agente" é diversamente construído

PROBLEMAS DE GÊNERO

no e através do ato. Não se trata de um retorno a uma teoria existencialista do eu constituído por seus atos, pois a teoria existencialista afirma uma estrutura pré-discursiva do eu e de seus atos. É exatamente a construção discursiva variável de cada um deles, no e através do outro, que me interessa aqui.

A questão de situar o "agente" é geralmente associada à viabilidade do "sujeito", entendendo-se que o "sujeito" tem uma existência estável, anterior ao campo cultural que ele articula. Ou então, se o sujeito é culturalmente construído, mesmo assim ele *é* dotado de ação, usualmente representada como a capacidade de mediação reflexiva, a qual se preserva intacta, independentemente de sua inserção cultural. Neste modelo, "cultura" e "discurso" *enredam* o sujeito, mas não o constituem. Assim, esse movimento de restringir e desenredar o sujeito preexistente pareceu necessário para deixar claro um ponto de ação que não é completamente *determinado* pela cultura e pelo discurso. Todavia, esse tipo de raciocínio presume falsamente (a) que só se pode estabelecer a ação mediante o recurso a um "eu" pré-discursivo, mesmo que esse "eu" se encontre no centro de uma convergência discursiva, e (b) que ser *constituído* pelo discurso significa ser *determinado* por ele, com a determinação excluindo a possibilidade de ação.

Mesmo nas teorias que postulam um sujeito altamente restrito ou situado, o sujeito continua a encontrar seu ambiente discursivamente constituído numa estrutura epistemológica de oposição. O sujeito culturalmente enredado negocia suas construções, mesmo quando estas constituem os próprios atributos de sua própria identidade. Em Beauvoir, por exemplo, há um "eu" que constrói seu gênero, que se torna seu gênero, mas esse "eu", invariavelmente

CONCLUSÃO

associado a seu gênero, é todavia um ponto de ação nunca plenamente identificável com seu gênero. Este *cogito* nunca é completamente *do* mundo cultural que ele negocia, seja qual for a estreiteza da distância ontológica que o separa de seus atributos culturais. As teorias da identidade feminista que elaboram os atributos de cor, sexualidade, etnia, classe e saúde corporal concluem invariavelmente sua lista com um envergonhado "etc.". Por meio dessa trajetória horizontal de adjetivos, essas posições se esforçam por abranger um sujeito situado, mas invariavelmente não logram ser completas. Contudo, esse fracasso é instrutivo: que impulso político devemos derivar desse exasperado "etc.", que tão frequentemente ocorre ao final dessas enumerações? Trata-se de um sinal de esgotamento, bem como do próprio processo ilimitável de significação. É o *supplément*, o excesso que necessariamente acompanha qualquer esforço de postular a identidade de uma vez por todas. Entretanto, esse *et cetera* ilimitável se oferece como um novo ponto de partida para a teorização política feminista.

Se a identidade se afirma por intermédio de um processo de significação, se é desde sempre significada e se, mesmo assim, continua a significar à medida que circula em vários discursos interligados, a questão da ação não deve ser respondida mediante recurso a um "eu" que preexista à significação. Em outras palavras, as condições que possibilitam a afirmação do "eu" são providas pela estrutura de significação, pelas normas que regulam a invocação legítima ou ilegítima desse pronome, pelas práticas que estabelecem os termos de inteligibilidade pelos quais ele pode circular. A linguagem não é um *meio ou instrumento externo* em que despejo um eu e onde vislumbro um reflexo desse eu. O modelo hegeliano de autorreconhecimento,

PROBLEMAS DE GÊNERO

que foi apropriado por Marx, Lukács e uma variedade de discursos libertários contemporâneos, pressupõe uma adequação potencial entre o "eu" que confronta seu mundo, inclusive sua linguagem, como objeto, e o "eu" que descobre a si próprio como objeto nesse mundo. Mas a dicotomia sujeito/objeto, que pertence aqui à tradição da epistemologia ocidental, condiciona a própria problemática da identidade que ela busca resolver.

Que tradição discursiva estabelece o "eu" e seu "Outro" num confronto epistemológico que decide subsequentemente onde e como as questões da cognoscibilidade e da ação devem ser determinadas? Que tipos de ação são impedidos pela postulação de um sujeito epistemológico, justamente porque as regras e práticas que regem a invocação desse sujeito e regulam antecipadamente sua ação são excluídas como lugar de análise e de intervenção crítica? O fato de esse ponto de partida epistemológico não ser em nenhum sentido inevitável é confirmado, de forma ingênua e difundida, pelas operações corriqueiras da linguagem comum — amplamente documentadas pela antropologia —, que veem a dicotomia sujeito/objeto como uma imposição filosófica estranha e contingente, se não violenta. A linguagem de apropriação, da instrumentalidade e do distanciamento que se ajusta à forma epistemológica, também pertence a uma estratégia de dominação que joga o "eu" contra um "Outro", e, uma vez efetuada a separação, cria um conjunto artificial de questões sobre a possibilidade de conhecer e resgatar esse Outro.

Como parte da herança epistemológica dos discursos políticos contemporâneos da identidade, essa oposição binária é um movimento estratégico num dado conjunto de práticas significantes, que estabelece o "eu" na e

CONCLUSÃO

através da oposição e que reifica essa oposição como uma necessidade, ocultando o aparato discursivo pelo qual o próprio binário é constituído. A passagem de uma explicação *epistemológica* da identidade para uma que situa a problemática nas práticas de *significação* permite uma análise que toma o próprio modo epistemológico como prática significante possível e contingente. Além disso, a questão da *ação* é reformulada como indagação acerca de como funcionam a significação e a ressignificação. Em outras palavras, o que é significado como identidade não o é num ponto dado do tempo, depois do qual ela simplesmente existe como uma peça inerte da linguagem criadora de entidades. Claramente, as identidades *podem* parecer substantivos inertes; aliás, os modelos epistemológicos tendem a tomar essa aparência como seu ponto de partida teórico. Contudo, o substantivo "eu" só aparece como tal por meio de uma prática significante que busca ocultar seu próprio funcionamento e naturalizar seus efeitos. Além disso, qualificar-se como uma identidade substantiva é tarefa das mais árduas, pois tais aparências são identidades geradas por regras, que se fiam na invocação sistemática e repetida de regras que condicionam e restringem as práticas culturalmente inteligíveis da identidade. Aliás, compreender a identidade como uma *prática,* e uma prática significante, é compreender sujeitos culturalmente inteligíveis como efeitos resultantes de um discurso amarrado por regras, e que se insere nos atos disseminados e corriqueiros da vida linguística. Abstratamente considerada, a linguagem se refere a um sistema aberto de sinais, por meio dos quais a inteligibilidade é insistentemente criada e contestada. Como organizações historicamente específicas da linguagem, os discursos se

PROBLEMAS DE GÊNERO

apresentam no plural, coexistindo em contextos temporais e instituindo convergências imprevisíveis e inadvertidas, a partir das quais são geradas modalidades específicas de possibilidades discursivas.

Como processo, a significação abriga em si o que o discurso epistemológico chama de "ação". As regras que governam a identidade inteligível, *i.e.,* que facultam e restringem a afirmação inteligível de um "eu", regras que são parcialmente estruturadas em conformidade com matrizes da hierarquia do gênero e da heterossexualidade compulsória, operam por *repetição*. De fato, quando se diz que o sujeito é constituído, isso quer dizer simplesmente que o sujeito é uma consequência de certos discursos regidos por regras, os quais governam a invocação inteligível da identidade. O sujeito não é *determinado* pelas regras pelas quais é gerado, porque a significação *não é um ato fundador, mas antes um processo regulado de repetição* que tanto se oculta quanto impõe suas regras, precisamente por meio da produção de efeitos substancializantes. Em certo sentido, toda significação ocorre na órbita da compulsão à repetição; a "ação", portanto, deve ser situada na possibilidade de uma variação dessa repetição. Se as regras que governam a significação não só restringem, mas permitem a afirmação de campos alternativos de inteligibilidade cultural, *i.e.,* novas possibilidades de gênero que contestem os códigos rígidos dos binarismos hierárquicos, então é somente *no interior* das práticas de significação repetitiva que se torna possível a subversão da identidade. A ordem de *ser* de um dado gênero produz fracassos necessários, uma variedade de configurações incoerentes que, em sua multiplicidade, excedem e desafiam a ordem pela qual foram geradas. Além disso, a própria ordem de

CONCLUSÃO

ser de um dado gênero ocorre por caminhos discursivos: ser uma boa mãe, ser um objeto heterossexualmente desejável, ser uma trabalhadora competente, em resumo, significar uma multiplicidade de garantias em resposta a uma variedade de demandas diferentes, tudo ao mesmo tempo. A coexistência ou convergência dessas injunções discursivas produz a possibilidade de uma reconfiguração e um reposicionamento complexos; não é um sujeito transcendental que permite a ação em meio a essa convergência. Não há *eu* que seja anterior à convergência ou que mantenha uma "integridade" anterior à sua entrada nesse campo cultural conflituoso. Há apenas um pegar as ferramentas onde elas estão, sendo esse próprio "pegar" facultado pela ferramenta que ali está.

O que constitui uma repetição subversiva no interior das práticas significantes do gênero? Eu afirmei (o "eu" manifesta a gramática que rege o estilo da conclusão filosófica, mas note-se que é a própria gramática que posiciona e faculta esse "eu", mesmo quando o "eu" que insiste aqui repete, reposiciona e — como determinarão os críticos — contesta a gramática filosófica através da qual é facultado e restringido) que na distinção sexo/gênero, o sexo figura como "o real" e o "factual", a base material ou corporal em que o gênero pratica um ato de *inscrição* cultural. Todavia, o gênero não é escrito no corpo como se inscreve ininteligivelmente na carne dos acusados o torturante instrumento de escrita de *Na colônia penal,* de Kafka. Não se trata de saber que sentido essa inscrição traz em si, mas sim que aparato cultural organiza esse encontro entre o instrumento e o corpo, que intervenções são possíveis nessa repetição ritualística. O "real" e o "sexualmente factual" são construções fantasísticas — ilusões de substância

— de que os corpos são obrigados a se aproximar, mas nunca podem realmente fazê-lo. O que, então, permite a denúncia da brecha entre o fantasístico e o real pela qual o real se admite como fantasístico? Será que isso oferece a possibilidade de uma repetição que não seja inteiramente cerceada pela injunção de reconsolidar as identidades naturalizadas? Assim como as superfícies corporais são impostas *como* o natural, elas podem tornar-se o lugar de uma *performance* dissonante e desnaturalizada, que revela o *status performativo* do próprio natural.

As práticas parodísticas podem servir para reconvocar e reconsolidar a própria distinção entre uma configuração de gênero privilegiada e outra que parece derivada, fantasística e mimética — uma cópia malfeita, por assim dizer. E é certo que a paródia tem sido usada para promover uma política de desesperança que afirma a exclusão aparentemente inevitável dos gêneros marginais do território do natural e do real. Todavia, essa impossibilidade de tornar-se "real" e de encarnar "o natural" é, diria eu, uma falha constitutiva de todas as imposições do gênero, pela razão mesma de que esses lugares ontológicos são fundamentalmente inabitáveis. Consequentemente, há um riso subversivo no efeito de pastiche das práticas parodísticas em que o original, o autêntico e o real são eles próprios constituídos como efeitos. A perda das normas do gênero teria o efeito de fazer proliferar as configurações de gênero, desestabilizar as identidades substantivas e despojar as narrativas naturalizantes da heterossexualidade compulsória de seus protagonistas centrais: os "homens" e "mulheres". A repetição parodística do gênero denuncia também a ilusão da identidade de gênero como uma profundeza intratável e uma substância interna. Como efeito de uma

CONCLUSÃO

performatividade sutil e politicamente imposta, o gênero é um "ato", por assim dizer, que está aberto a cisões, sujeito a paródias de si mesmo, a autocríticas e àquelas exibições hiperbólicas do "natural" que, em seu exagero, revelam seu *status* fundamentalmente fantasístico.

Tentei sugerir que as categorias de identidade frequentemente presumidas como fundantes na política feminista — isto é, consideradas necessárias para mobilizar o feminismo como política da identidade — trabalham simultaneamente no sentido de limitar e restringir de antemão as próprias possibilidades culturais que o feminismo deveria abrir. As restrições tácitas que produzem o "sexo" culturalmente inteligível têm de ser compreendidas como estruturas políticas generativas, e não como fundações naturalizadas. Paradoxalmente, a reconceituação da identidade como *efeito*, isto é, como *produzida* ou *gerada*, abre possibilidades de "ação" que são insidiosamente excluídas pelas posturas que tomam as categorias da identidade como fundantes e fixas. Pois o fato de uma identidade ser um efeito significa que ela não é nem inevitavelmente determinada nem totalmente artificial e arbitrária. O fato de o *status constituído* da identidade ser mal interpretado nos termos dessas duas linhas conflitantes sugere as maneiras como o discurso feminista sobre a construção cultural continua preso na armadilha do binarismo desnecessário do livre-arbítrio e do determinismo. Construção não se opõe a ação; a construção é o cenário necessário da ação, os próprios termos em que a ação se articula e se torna culturalmente inteligível. A tarefa crucial do feminismo não é estabelecer um ponto de vista fora das identidades construídas; essa pretensão é obra de um modelo epistemológico que pretende renegar sua própria inserção da

PROBLEMAS DE GÊNERO

cultura, promovendo-se, consequentemente, como um tema global, posição esta que instaura precisamente as estratégias imperialistas que o feminismo tem a obrigação de criticar. Sua tarefa crucial é, antes, a de situar as estratégias de repetição subversiva facultadas por essas construções, afirmar as possibilidades locais de intervenção pela participação precisamente nas práticas de repetição que constituem a identidade e, portanto, apresentar a possibilidade imanente de contestá-las.

Esta investigação teórica procurou situar o político nas próprias práticas significantes que criam, regulam e desregulam a identidade. Este esforço, todavia, só pode realizar-se mediante a introdução de um conjunto de perguntas que ampliam a própria noção do político. Como romper os fundamentos que encobrem as configurações culturais de gênero alternativas? Como desestabilizar e apresentar em sua dimensão fantasística as "premissas" da política da identidade?

Essa tarefa exigiu uma genealogia crítica da naturalização do sexo e dos corpos em geral. Demandou também uma reconsideração da imagem do corpo como matéria muda, anterior à cultura, à espera de significação, imagem esta que se reitera mutuamente com aquela do feminino, à espera da inscrição-como-corte do significante masculino para poder entrar na linguagem e na cultura. A partir de uma análise política da heterossexualidade compulsória, tornou-se necessário questionar a construção do sexo como binário, como um binário hierárquico. Do ponto de vista do gênero como imposto, surgiram questões sobre a fixidez da identidade de gênero como uma profundeza interior pretensamente externalizada sob várias formas de "expressão". Mostrou-se que a construção implícita

CONCLUSÃO

da edificação heterossexual primária do desejo persiste, mesmo quando aparece sob a forma da bissexualidade primária. Mostrou-se também que as estratégias de exclusão e hierarquia persistem na formulação da distinção sexo/gênero e em seu recurso ao "sexo" como pré-discursivo, bem como na prioridade da sexualidade sobre a cultura e, em particular, na construção cultural da sexualidade como pré-discursiva. Finalmente, o modelo epistemológico que presume a prioridade do agente em relação ao ato cria um sujeito global e globalizante que renega sua própria localização e as condições de intervenções locais.

Se tomados como base da teoria ou da política feministas, esses "efeitos" da hierarquia do gênero e da heterossexualidade compulsória não só são mal descritos como fundações, mas as práticas significantes que permitem essa descrição metaléptica equivocada ficam fora do alcance da crítica feminista das relações de gênero. Entrar nas práticas repetitivas desse terreno de significação não é uma escolha, pois o "eu" que poderia entrar está dentro delas desde sempre: não há possibilidade de ação ou realidade fora das práticas discursivas que dão a esses termos a inteligibilidade que eles têm. A tarefa não consiste em repetir ou não, mas em como repetir ou, a rigor, repetir e, por meio de uma proliferação radical do gênero, *afastar* as normas do gênero que facultam a própria repetição. Não há ontologia do gênero sobre a qual possamos construir uma política, pois as ontologias do gênero sempre operam no interior de contextos políticos estabelecidos como injunções normativas, determinando o que se qualifica como sexo inteligível, invocando e consolidando as restrições reprodutoras que pesam sobre a sexualidade, definindo as exigências prescritivas por meio das quais os corpos sexuados e com marcas de gênero adquirem inteligibilidade cultural. A ontologia é, assim, não uma fundação, mas uma injunção normativa que funciona insidiosamente, instalando-se no discurso político como sua base necessária.

A desconstrução da identidade não é a desconstrução da política; ao invés disso, ela estabelece como políticos os próprios termos pelos quais a identidade é articulada. Esse tipo de crítica põe em questão a estrutura *fundante* em que o feminismo, como política da identidade, vem se articulando. O paradoxo interno desse *fundacionismo* é que ele presume, fixa e restringe os próprios "sujeitos" que espera representar e libertar. A tarefa aqui não é celebrar toda e qualquer nova possibilidade *como* possibilidade, mas redescrever as possibilidades que *já* existem, mas que existem dentro de domínios culturais apontados como culturalmente ininteligíveis e impossíveis. Se as identidades deixassem de ser fixas como premissas de um silogismo político, e se a política não fosse mais compreendida como um conjunto de práticas derivadas dos supostos interesses de um conjunto de sujeitos prontos, uma nova configuração política surgiria certamente das ruínas da antiga. As configurações culturais do sexo e do gênero poderiam então proliferar ou, melhor dizendo, sua proliferação atual poderia então tornar-se articulável nos discursos que criam a vida cultural inteligível, confundindo o próprio binarismo do sexo e denunciando sua não inaturalidade fundamental. Que outras estratégias locais para combater o "inatural" podem levar à desnaturalização do gênero como tal?

Notas

1. Sujeitos do sexo/gênero/desejo

1. Ver Michel Foucault, "Right of Death and Power over Life", in *The History of Sexuality, Volume I, An Introduction*, trad. Robert Hurley, Nova York: Vintage, 1990, publicado originalmente como *Histoire de la sexualité 1: La volonté de savoir*, Paris: Galimard, 1978. Nesse capítulo final, Foucault discute a relação entre a lei jurídica e a produtiva. Sua noção da produtividade da lei deriva claramente de Nietzsche, embora não seja idêntica à vontade de poder deste autor. Usar a noção de capacidade produtiva de Foucault não significa "aplicá-la" de maneira simplificadora às questões do gênero. Como demonstro no capítulo 3, seção 2, "Foucault, Herculine e a política da descontinuidade sexual", a consideração da diferença sexual nos termos do próprio trabalho de Foucault revela contradições centrais em sua teoria. Sua visão do corpo também é criticada no último capítulo.

2. As referências, ao longo deste trabalho, ao sujeito diante da lei são extrapolações da leitura que faz Derrida da parábola de Kafka "Before the Law", in *Kafka and the Contemporary Critical Performance: Centenary Readings*, Alan Udoff (org.), Bloomington: Indiana University Press, 1987.

3. Ver Denise Riley, *Am I That Name?: Feminism and the Category of 'Women' in History*, Nova York: Macmillan, 1988.

4. Ver Sandra Harding, "The Instability of the Analytical Categories of Feminist Theory", in *Sex and Scientific Inquiry*, Sandra Harding e Jean F. O'Barr (orgs.), Chicago: University of Chicago Press, 1987, pp. 283-302.

PROBLEMAS DE GÊNERO

5. Isso me faz lembrar a ambiguidade intrínseca do título de Nancy Cott, *The Grounding of Modern Feminism* (New Haven: Yale University Press, 1987). Ela argumenta que o feminismo americano do começo do século XX buscou "basear-se" num programa que acabou "aprisionando" o movimento. Sua tese histórica levanta implicitamente a questão de saber se as bases aceitas acriticamente funcionam como o "retorno do recalcado"; fundamentadas em práticas excludentes, as identidades políticas estáveis que fundam os movimentos políticos são invariavelmente ameaçadas pela própria instabilidade criada pelo gesto *fundante*.

6. Uso o termo *matriz heterossexual* ao longo de todo o texto para designar a grade de inteligibilidade cultural por meio da qual os corpos, gêneros e desejos são naturalizados. Busquei minha referência na noção de Monique Wittig de "contrato heterossexual" e, em menor medida, naquela de Adrienne Rich de "heterossexualidade compulsória" para caracterizar o modelo discursivo/epistemológico hegemônico da inteligibilidade do gênero, o qual presume que, para os corpos serem coerentes e fazerem sentido (masculino expressa macho, feminino expressa fêmea), é necessário haver um sexo estável, expresso por um gênero estável, que é definido oposicional e hierarquicamente por meio da prática compulsória da heterossexualidade.

7. Para uma discussão sobre a distinção sexo/gênero na antropologia estruturalista e nas apropriações e críticas feministas dessa formulação, ver o capítulo 2, seção 1, "A permuta crítica do estruturalismo".

8. Para um interessante estudo do *berdache* e dos arranjos de gêneros múltiplos nas culturas nativas americanas, ver Walter L. Williams, *The Spirit and the Flesh*: *Sexual Diversity in American Indian Culture*, Boston: Beacon Press, 1988. Ver também Sherry B. Ortner e Harriet Whitehead (orgs.), *Sexual Meanings*: *The Cultural Construction of Sexuality*, Nova York: Cambridge University Press, 1981. Para uma análise estimulante e politicamente sensível do *berdache*, dos transexuais e da contingência das dicotomias de gênero, ver Suzanne J. Kessler e Wendy McKenna, *Gender*: *An Ethnomethodological Approach*, Chicago: University of Chicago Press, 1978.

NOTAS

9. Grande parte da pesquisa feminista foi conduzida nos campos da biologia e da história da ciência, que avaliam os interesses políticos inerentes aos vários processos discriminatórios que estabelecem a base científica do sexo. Ver Ruth Hubbard e Marian Lowe (orgs.), *Genes and Gender*, v. 1 e 2, Nova York: Gordian Press, 1978; 1979; as duas edições sobre feminismo e ciência de *Hypatia: A Journal of Feminist Philosophy*, v. 2, n. 3, outono de 1987, e v. 3, n. 1, primavera de 1988; e especialmente The Biology and Gender Study Group, "The Importance of Feminist Critique for Contemporary Cell Biology", nesta última edição (primavera de 1988); Sandra Harding, *The Science Question in Feminism*, Ithaca: Cornell University Press, 1986; Evelyn Fox-Keller, *Reflections on Gender and Science*, New Haven: Yale University Press, 1984; Donna Haraway, "In the Beginning Was the Word: The Genesis of Biological Theory", *Signs: Journal of Women in Culture and Society*, v. 6, n. 3, 1981; Donna Haraway, *Primate Visions*, Nova York: Routledge, 1989; Sandra Harding e Jean F. O'Barr, *Sex and Scientific Inquiry*, Chicago: University of Chicago Press, 1987; Anne Fausto-Sterling, *Myths of Gender: Biological Theories About Women and Men*, Nova York: Norton, 1979.

10. É claro que a *História da sexualidade*. de Foucault, apresenta uma maneira de repensar a história do "sexo" num dado contexto eurocêntrico moderno. Para considerações mais detalhadas, ver Thomas Lacquer e Catherine Gallagher (orgs.), *The Making of the Modern Body: Sexuality and Society in the 19th Century*, Berkeley, University of Califórnia Press, 1987, publicado originalmente como uma edição de *Representations*, n. 14, primavera de 1986.

11. Ver meu "Variations on Sex and Gender: Beauvoir, Wittig, Foucault", in *Feminism as Critique*, Seyla Benhabib e Drucilla Cornell (orgs.), Basil Blackwell, dist. por University of Minnesota Press, 1987.

12. Simone de Beauvoir, *The Second Sex*, trad. E. M. Parshley, Nova York: Vintage, 1973, p. 301.

13. *Ibid.*, p. 38.

14. Ver meu "Sex and Gender in Beauvoir's *Second Sex*", *Yale French Studies, Simone de Beauvoir: Witness to a Century*, n. 72, inverno de 1986.

PROBLEMAS DE GÊNERO

15. Observe-se até que ponto teorias fenomenológicas como as de Sartre, Merleau-Ponty e Beauvoir tendem a usar o termo *encarnação*. Retirado como é de contextos teológicos, o termo tende a representar o "corpo" como uma forma de encarnação e, consequentemente, a preservar a correlação externa e dualística entre uma imaterialidade significante e a materialidade do próprio corpo.

16. Ver Luce Irigaray, *The Sex Which is Not One*, trad. Catherine Porter com Carolyn Burke, Ithaca: Cornell University Press, 1985, originalmente publicado como *Ce sexe qui n'en est pas un*, Paris: Éditions de Minuit, 1977.

17. Ver Joan Scott, "Gender as a Useful Category of Historical Analysis", in *Gender and the Politics of History*, Nova York: Columbia University Press, 1988, pp. 28-52, reproduzido da *American Historical Review*, v. 91, n. 5, 1986.

18. Beauvoir, *The Second Sex*, p. xxvi.

19. Ver meu "Sex and Gender in Beauvoir's *Second Sex*".

20. O ideal normativo do corpo como "situação" e como "instrumentalidade" é abraçado tanto por Beauvoir, em relação ao gênero, quanto por Franz Fanon, com respeito à raça. Fanon conclui sua análise da colonização recorrendo ao corpo como um instrumento de liberdade, em que a liberdade é, à maneira cartesiana, igualdade à capacidade consciente de duvidar: "Ó meu corpo, sempre faça de mim um homem que questiona!" (Franz Fanon, *Black Skin, White Masks*, Nova York: Grove Press, 1967, p. 323, publicado originalmente como *Peau noire, masques blancs*, Paris, Éditions du Seuil, 1952).

21. Em Sartre, a disjunção ontológica radical entre consciência e corpo é parte da herança cartesiana de sua filosofia. Significativamente, é essa distinção de Descartes que Hegel questiona implicitamente no começo da parte "dialética do senhor e do escravo" da *Fenomenologia do espírito*. A análise de Beauvoir do Sujeito masculino e do Outro feminino se situa claramente na dialética de Hegel e na reformulação sartriana dessa dialética, na parte sobre sadismo e masoquismo de *O ser e o nada*. Crítico em relação à própria possibilidade de uma "síntese" entre a consciência e o corpo, Sartre

NOTAS

retorna efetivamente à problemática cartesiana que Hegel buscou superar. Beauvoir insiste em que o corpo pode ser o instrumento e a situação de liberdade, e em que o sexo pode ser a oportunidade de um gênero que não é uma reificação, mas uma modalidade de liberdade. À primeira vista, parece que estamos em presença de uma síntese entre corpo e consciência, em que a consciência é compreendida como condição da liberdade. Resta, contudo, saber se essa síntese exige e mantém a distinção ontológica entre corpo e mente de que é composta e, por associação, a hierarquia da mente sobre o corpo e do masculino sobre o feminino.

22. Ver Elizabeth V. Spelman, "Woman as Body: Ancient and Contemporary Views", *Feminist Studies*, v. 8, n. 1, primavera de 1982.

23. Gayatri Spivak elabora detalhadamente esse tipo particular de explicação binária como ato colonizador de marginalização. Numa crítica da "autopresença do eu supra-histórico cognoscente", que é característica do imperialismo epistemológico do *cogito* filosófico, ela situa a política na produção de conhecimento que cria e censura as margens que constituem, por exclusão, a inteligibilidade contingente do regime de conhecimento dado do sujeito: "Chamo de 'política como tal' a proibição da marginalidade que está implícita na produção de toda e qualquer explicação. Deste ponto de vista, a escolha de oposições binárias particulares [...] não é uma mera estratégia intelectual. É, em cada caso, a condição da possibilidade de centralização (com as desculpas apropriadas) e da marginalização correspondente" (Gayatri Chakravorty Spivak, "Explanation and Culture: Marginalia", *in In Other Worlds: Essays in Cultural Politics*, Nova York: Routledge, 1987, p. 113).

24. Ver a tese contra as "opressões classificatórias" em Cherríe Moraga, "La Güera", *in This Bridge Called My Back: Writings of Radical Women of Color*, Gloria Anzaldua e Cherríe Moraga (orgs.), Nova York: Kitchen Table, Women of Color Press, 1982.

25. Para uma elaboração mais completa da irrepresentabilidade das mulheres no discurso falocêntrico, ver Luce Irigaray, "Any Theory of the 'Subject' Has Always Been Appropriated by the Masculine", *in Speculum of the Other Woman*, trad. Gillian C. Gill, Ithaca:

PROBLEMAS DE GÊNERO

Cornell University Press, 1985. Irigaray parece rever essa tese em sua discussão sobre "o gênero feminino" em *Sexes et Parentés*.

26. Monique Wittig, "One is Not Born a Woman", *Feminist Issues*, v. 1, n. 2, inverno de 1981, p. 53.

27. A noção de "Simbólico" é discutida com certa minúcia no capítulo 2 deste livro. Deve ser entendida como um conjunto ideal e universal de leis culturais que governam o parentesco e a significação e, nos termos do estruturalismo psicanalítico, a produção da diferença sexual. Baseado na noção de uma "lei paterna" idealizada, o Simbólico é reformulado por Irigaray, que o apresenta como discurso dominante e hegemônico do falocentrismo. Algumas feministas francesas propõem uma linguagem alternativa àquela governada pelo Falo ou pela lei paterna, e empreendem assim uma crítica contra o Simbólico. Kristeva propõe o "semiótico" como uma dimensão especificamente materna da linguagem, e tanto Irigaray como Hélène Cioux têm sido associadas à *écriture feminine*. Wittig, entretanto, sempre resistiu a esse movimento, afirmando que, em sua estrutura, a linguagem não é nem misógina nem feminista, mas um *instrumento* a ser empregado em propostas políticas desenvolvidas. E claro, sua crença em um "sujeito cognitivo" que existe antes da linguagem facilita sua compreensão da linguagem como instrumento, ao invés de um campo de significações que preexiste e estrutura a própria formação do sujeito.

28. Monique Wittig, "The Point of View: Universal or Particular?", *Feminist Issues*, v. 3, n. 2, outono de 1983, p. 64.

29. "As pessoas têm de assumir *tanto* um ponto de vista particular *quanto* universal, ao menos para ser parte da literatura", Monique Wittig, "The Trojan Horse", *Feminist Issues*, v. 4, n. 2, outono de 1984, p. 69.

30. O jornal *Questions Feministes*, disponível em tradução em inglês como *Feminist Issues*, defendeu geralmente um ponto de vista "materialista", que considera as práticas, a instituição e o *status* construídos da linguagem como "bases materiais" da opressão da mulher. Wittig fazia parte do corpo editorial original. Juntamente com Monique Plaza, Wittig argumentava que a diferença

NOTAS

sexual era essencialista, por derivar o significado da função social das mulheres de sua facticidade fisiológica, mas também por subscrever a noção de uma significação primária dos corpos das mulheres como maternos, dando, consequentemente, força ideológica à hegemonia da sexualidade reprodutora.

31. Michel Haar, "Nietzsche and Metaphysical Language", *The New Nietzsche: Contemporary Styles of Interpretation*, org. David Allison, Nova York: Delta, 1977, pp. 17-18.

32. Monique Wittig, "The Mark of Gender", *Feminist Issues*, v. 5, n. 2, outono de 1985, p. 4.

33. *Ibid.*, p. 3.

34. A música de Aretha, escrita originalmente por Carole King, também contesta a naturalização do gênero. *"Like a natural woman"* é uma frase que sugere que a "naturalidade" só é obtida por meio de analogia ou metáfora. Em outras palavras, "você me faz sentir como uma metáfora do natural"; sem o "você", alguma base desnaturalizada seria revelada. Para uma discussão adicional sobre a afirmação de Aretha à luz do argumento de Beauvoir de que "Ninguém nasce mulher: torna-se mulher", ver meu "Beauvoir's Philosophical Contribution", *in Women, Knowledge, and Reality*, Ann Garry e Marjorie Pearsall (orgs.), Rowman and Allenheld, Londres: Routledge.

35. Michel Foucault, (org.) *Herculine Babin, Being the Recently Discovered Memories of a Nineteenth-Century Hermaphrodite*, trad. Richard Mc-Dougall, Nova York: Colophon, 1980, publicado originalmente como *Herculine Babin, dite Alexina B. presenté par Michel Foucault*, Paris: Gallimard, 1978. A versão francesa não conta com a introdução apresentada por Foucault na tradução em inglês.

36. Ver capítulo 2, seção 2.

37. Foucault (org.), *Herculine Babin*, p. x.

38. Robert Stoller, *Presentations of Gender*, New Haven: Yale University Press, 1985, pp. 11-14.

39. Friedrich Nietzsche, *On the Genealogy of Morals*, trad. Walter Kaufmann, Nova York: Vintage, 1969, p. 45.

40. Wittig, "One is Not Born a Woman", p. 48. Wittig credita tanto a noção de "marca" do gênero como a de "formação imaginária"

PROBLEMAS DE GÊNERO

de grupos naturais a Colette Guillaumin, cujo trabalho sobre a marca da raça provê uma analogia para a análise de Wittig sobre o gênero em "Race et Nature: Système des marques, idée de group naturel et rapports sociaux", *Pluriel*, v. 11, 1977. O "Mito da Mulher" é um capítulo de *O segundo sexo*, de Beauvoir.

41. Monique Wittig, "Paradigm", *in Homossexualities and French Literature: CulturalContexts/Critical Texts*, Elaine Marks e George Stambolian (orgs.), Ithaca: Cornell University Press, 1979, p. 114.

42. Claramente, Wittig não compreende a sintaxe como a elaboração ou reprodução linguística de um sistema de parentesco paternalmente organizado. Sua recusa do estruturalismo neste nível lhe permite compreender a linguagem como neutra em termos de gênero. Em *Parler n'est jamais neutre*, Paris: Éditions de Minuit, 1985, Irigaray critica precisamente o tipo de posição humanista, aqui característico de Wittig, que afirma a neutralidade política e de gênero da linguagem.

43. Monique Wittig, "The Point of View: Universal or Particular?", p. 63.

44. Monique Wittig, "The Straight Mind", *Feminist Issues*, v. 1, n. 1, verão de 1980, p. 108.

45. Monique Wittig, *The Lesbian Body*, trad. Peter Owen, Nova York: Avon, 1976, originalmente publicado como *Le corps lesbien*, Paris: Éditions de Minuit, 1973.

46. Sou grata a Wendy Owen por esta frase.

47. É claro, o próprio Freud fazia uma distinção entre "o sexual" e "o genital", fornecendo a própria distinção que Wittig usa contra ele. Veja, por exemplo, "The Development of the Sexual Function", *in* Freud, *Outline of a Theory of Psychoanalysis*, trad. James Strachey, Nova York: Norton, 1979.

48. Uma análise mais abrangente da posição lacaniana é apresentada em várias partes do capítulo 2 deste livro.

49. Jacqueline Rose, *Sexuality in the Field of Vision*, Londres: Verso, 1987.

50. Jane Gallop, *Reading Lacan*, Ithaca: Cornell University Press, 1985; *The Daughter's Seduction: Feminism and Psychoanalysis*, Ithaca: Cornell University Press, 1982.

NOTAS

51. "O que distingue a psicanálise das explicações sociológicas do gênero (e consequentemente, para mim, o impasse fundamental no trabalho de Nancy Chodorow) é que enquanto a última supõe que a internalização das normas grosso modo funciona, a premissa básica e a rigor o ponto de partida da psicanálise é que não o faz. O inconsciente revela constantemente o 'fracasso' da identidade" (Jacqueline Rose, *Sexuality in the Field of Vision*, p. 90).

52. Não é talvez de admirar que a noção estruturalista singular de "a Lei" ecoe claramente a lei interditora do Velho Testamento. A "lei paterna" cai portanto sob a crítica pós-estruturalista, através do compreensível caminho da reapropriação francesa de Nietzsche. Nietzsche acusa a "moral do escravo" judaico-cristã de conceber a lei tanto em termos singulares e de proibição. A vontade de poder, por outro lado, designa as possibilidades produtivas e múltiplas da lei, efetivamente denunciando a concepção da "Lei" em sua singularidade como noção fictícia e repressora.

53. Ver Gayle Rubin, "Thinking Sex: Notes for a Radical Theory of the Politics of Sexuality", in *Pleasure and Danger*, Carole S. Vance (orgs.), Boston: Routledge and Kegan Paul, 1984, pp. 267-319. Também em *Pleasure and Danger*, ver Carole Vance, "Pleasure and Danger: Towards a Politics of Sexuality", pp. 1-28; Alice Echols, "The Taming of the Id: Feminist Sexual Politics, 1968-83", pp. 50-72; Amber Hollibaugh, "Desire for the Future: Radical Hope in Pleasure and Passion", pp. 401-410. Ver Amber Hollibaugh e Cherríe Moraga, "What We're Rollin Around in Bed with: Sexual Silences in Feminism", e Alice Echols, "The New Feminism of Yin and Yang", in *Powers of Desire: The Politics of Sexuality*, Ann Snitow, Christine Stansell e Sharon Thompson (orgs.), Londres: Virago, 1984; *Heresies*, n. 12,1981, a "questão sexual"; Samois (org.), *Coming to Power*, Berkeley: Samois, 1981; Dierdre English, Amber Hollibaugh e Gayle Rubin, "Talking Sex: A Conversation on Sexuality and Feminism", *Socialist Review*, n. 58, julho-agosto, 1981; Barbara T. Kerr e Mirtha N. Quintanales, "The Complexity of Desire: Conversations on Sexuality and Difference", *Conditions*, # 8; v. 3, n. 2, 1982, pp. 52-71.

PROBLEMAS DE GÊNERO

54. A afirmação mais polêmica de Irigaray talvez tenha sido a de que a estrutura da vulva, com "dois lábios a se tocarem", constitui o prazer não unitário e autoerótico da mulher antes da "separação" dessa duplicidade pelo ato destituidor de prazer da penetração do pênis. Ver Irigaray, *Ce sexe qui n'en est pas un*. Juntamente com Monique Plaza e Christine Delphy, Wittig argumentou que a valorização dessa especificidade anatômica por Irigaray é em si mesma uma duplicação acrítica do discurso reprodutor, que marca e entalha o corpo feminino em "partes" artificiais, como "vagina", "clitóris" e "vulva". Numa conferência no Vassar College, perguntaram a Wittig se ela tinha vagina, e ela respondeu que não.

55. Ver um convincente argumento precisamente dessa interpretação, por Diana J. Fuss, *Essentially Speaking*, Nova York: Routledge, 1989.

56. Se fôssemos aplicar a distinção de Fredric Jameson entre paródia e pastiche, as identidades *gays* seriam mais bem compreendidas como pastiches. Jameson argumenta que, enquanto a paródia tem alguma simpatia com o original de que é cópia, o pastiche questiona a possibilidade de um "original", ou, no caso do gênero, revela o "original" como esforço malogrado de "copiar" um ideal fantasístico que não pode ser copiado sem fracasso. Ver Fredric Jameson, "Postmodernism and Consumer Society", in *The Anti-Aesthetic: Essays on Postmodern Culture*, Hal Foster (org.), Port Townsend, WA: Bay Press, 1983.

2. Proibição, psicanálise e a produção da matriz heterossexual

1. No semestre em que escrevo este capítulo, estou lecionando sobre *Na colônia penal*, de Kafka, o qual descreve um instrumento de tortura que fornece uma interessante analogia para o campo contemporâneo do poder, e particularmente do poder masculinista. A narrativa hesita repetidamente em sua tentativa de contar a história que santificaria esse instrumento como parte vital de uma tradição. As origens não podem ser recuperadas, e o mapa que poderia levar a elas tornou-se ilegível com o passar do tempo.

NOTAS

Aqueles a quem isso poderia ser explicado não falam a mesma língua e não têm como recorrer a traduções. Na verdade, não é possível imaginar plenamente a máquina em si; suas partes não se encaixam num todo concebível, de modo que o leitor é forçado a imaginar seu estado de fragmentação sem recurso a uma noção ideal de sua integridade. Isso parece ser uma representação literal da noção de Foucault de que o "poder" se tornou tão difuso que já não existe mais como totalidade sistemática. Derrida questiona a autoridade problemática de tal lei no contexto de "Before the Law" [Derrida, "Before the Law", in *Kafka and the Contemporary Critical Performance: Centenary Readings*, Alan Udoff (org.), Bloomington: Indiana University Press, 1987]. Ele subestima o aspecto injustificável radical dessa repressão por meio de uma recapitulação narrativa de um tempo anterior à lei. Significativamente, também é impossível articular uma crítica dessa lei através de um recurso a um tempo anterior à lei.

2. Ver Carol MacCormack e Marilyn Strathern (orgs.), *Nature, Culture and Gender*, Nova York: Cambridge University Press, 1980.

3. Para uma discussão mais completa desse tipo de questões, ver o capítulo de Donna Haraway, "Gender for a Marxist Dictionary: The Sexual Politics of a Word", in *Simians, Cyborgs, and Women: The Reinvention of Nature*, Londres: Routledge.

4. Gayle Rubin considera extensamente esse processo em "The Traffic in Women: Notes on the 'Political Economy' of Sex", in *Toward an Anthropology of Women*, org. Rayna R. Reiter, Nova York: Monthly Review Press, 1975. Seu ensaio será, posteriormente, um ponto central deste capítulo. Ela usa a noção de noiva-como-dote, do ensaio de Mauss, *Essay on the Gift*, para mostrar como as mulheres como objeto de troca efetivamente consolidam e definem o vínculo social entre os homens.

5. Ver Claude Lévi-Strauss, "The Principies of Kinship", in *The Elementary Structures of Kinship*, Boston: Beacon Press, 1969, p. 496.

6. Ver Jacques Derrida, "Structure, Sign, and Play", in *The Structuralist Controversy*, Richard Macksey e Eugene Donato (orgs.), Baltimore: Johns Hopkins University Press, 1964; "Linguis-

PROBLEMAS DE GÊNERO

tics and Grammatology", in *Of Grammatology*, trad. Gayatri Chakravorty Spivak, Baltimore: Johns Hopkins University Press, 1974; "Différance", in *Margins of Philosophy*, trad. Alan Bass, Chicago: University of Chicago Press, 1982.

7. Ver Lévi-Strauss, *The Elementary Structures of Kinship*, p. 480; "A troca — e, consequentemente, a regra de exogamia que a expressa — tem em si um valor social. Propicia os meios de manter os homens vinculados."

8. Luce Irigaray, *Speculum of the Other Woman*, trad. Gillian C. Gill, Ithaca: Cornell University Press, 1985, pp. 101-103.

9. Pode-se considerar a análise literária da obra de Eve Sedgwick, *Between Men: English Literature and Homosocial Desire*, Nova York: Columbia University Press, 1985, à luz da descrição de Lévi-Strauss das estruturas de reciprocidade no interior do parentesco. Sedgwick argumenta efetivamente que as lisonjeiras atenções dispensadas às mulheres na poesia romântica são um desvio e uma elaboração do desejo homossocial masculino. As mulheres são "objetos [poéticos] de troca", no sentido de que mediam a relação de desejo não reconhecida entre os homens como objeto explícito e aparente do discurso.

10. Luce Irigaray, *Sexes et parentes*, Paris: Éditions de Minuit, 1987.

11. Lévi-Strauss perde claramente a oportunidade de analisar o incesto *tanto* como fantasia *quanto* como prática social, já que as duas de modo algum são mutuamente excludentes.

12. Lévi-Strauss, *The Elementary Structures of Kinship*, p. 491.

13. Ser o Falo é "encarnar" o Falo como o lugar em que ele penetra, mas também é expressar a promessa de um retorno ao gozo pré-individuada o que caracteriza a relação indiferenciada com a mãe.

14. Dedico um capítulo à apropriação lacaniana da dialética do senhor e do escravo em Hegel, chamado "Lacan: The Opacity of Desire", em meu *Subjects of Desire: Hegelian Reflections in Twentieth Century France*, Nova York: Columbia University Press, 1987.

15. Freud entendia que a conquista da feminilidade exigia uma dupla onda de recalcamento: "A menina" tem não só que transferir

NOTAS

sua ligação libidinal da mãe para o pai, como também deslocar o desejo pelo pai para outro objeto mais aceitável. Para um re lato que dá um cunho quase mítico à teoria de Lacan, ver Sarah Kofman, *The Enigma of Woman: Woman in Freud's Writings*, trad. Catherine Porter, Ithaca: Cornell University Press, 1985, pp. 143-148, publicado originalmente como *L'enigme de la femme: La femme dans les textes de Freud*, Paris, Éditions Galilée, 1980.

16. Jacques Lacan. "The Meaning of the Phallus", *in Feminine Sexuality: Jacques Lacan and the Ecole Freudienne*, Juliet Michel e Jacqueline Rose (orgs.), trad. Jacqueline Rose, Nova York: Norton, 1985, pp. 83-85. [Edição brasileira: "A significação do falo", *Escritos*, trad. Vera Ribeiro, Rio de Janeiro: Zahar, 1998, p. 701]. Doravante as referências de página a esse trabalho irão aparecer no próprio texto [conforme a edição brasileira].

17. Luce Irigaray, *Ce sexe qui n'en est pas un* (Paris· Éditions de Minuit, 1977), p. 131.

18. A literatura feminista sobre a mascarada é de amplo espectro, a tentativa se restringe aqui a uma análise da mascarada em relação à problemática da expressão e à *performatividade*. Em outras palavras, a questão aqui é saber se a mascarada oculta uma feminilidade que poderia ser entendida como genuína ou autêntica, ou se a mascarada é o meio pelo qual a feminilidade e as controvérsias sobre sua "autenticidade" são produzidas. Para uma discussão mais completa da apropriação feminista da mascarada, ver Mary Ann Doane, *The Desire to Desire: The Woman's Film of the 1940's*, Bloomington: Indiana University Press, 1987; "Film and Masquerade: Theorizing the Female Spectator", *Screen*, v. 23, n. 3-4, setembro-outubro de 1982, pp. 74-87; "Woman's Stake: Filming the Female Body", *October*, v. 17, verão de 1981. Gayatri Spivak apresenta uma leitura estimulante da mulher-como-mascarada, inspirada em Nietzsche e Derrida, in "Displacement and the Discourse of Woman", in *Displacement: Derrida and After*, Mark Krupnick (org.), Bloomington: Indiana University Press, 1983. Ver também "Female Grotesques: Carnival and Theory", de Mary Russo, Working Paper, Center for Twentieth-Century Studies, University of Wisconsin-Milwaukee, 1985.

PROBLEMAS DE GÊNERO

19. Na parte seguinte deste capítulo, "Freud e a melancolia do gênero", tento esquematizar o significado central da melancolia como consequência de uma tristeza renegada ao aplicar-se ao tabu do incesto, que funda as posições sexuais e o gênero por meio da instituição de certas formas de perdas renegadas.

20. Significativamente, a discussão de Lacan sobre a lésbica é contígua, no texto, a sua discussão da frigidez, como que a sugerir metonimicamente que o lesbianismo constitui a negação da sexualidade. Uma leitura adicional da operação da "negação" nesse texto é mais do que recomendada.

21. Joan Riviere, "Womanliness as a Masquerade", in *Formations of Fantasy*, Victor Burgin, James Donald e Cora Kaplan (orgs.), Londres: Methuen, 1986, pp. 35-44. O artigo foi primeiramente publicado em *The International Journal of Psychoanalysis*, v. 10, 1929. Doravante, as referências de página a esse trabalho aparecerão no próprio texto. Ver também o excelente ensaio de Stephen Heath, "Joan Riviere and the Masquerade".

22. Para uma refutação contemporânea dessas inferências tão óbvias, ver Esther Newton e Shirley Walton, "The Misunderstanding: Toward a More Precise Sexual Vocabulary", in *Pleasure and Danger*, (org.) Carole Vance, Boston: Routledge, 1984, pp. 242-250. Newton e Walton estabelecem distinções entre identidades eróticas, papéis eróticos e atos eróticos, e mostram como podem existir radicais descontinuidades entre estilos de desejo e estilos de gênero, de modo que as preferências eróticas não podem ser diretamente inferidas a partir da apresentação de uma identidade erótica em contextos sociais. Embora eu considere sua análise útil (e corajosa), fico imaginando se essas categorias não são elas próprias específicas dos contextos discursivos, e se não é verdade que esse tipo de fragmentação da sexualidade em "partes" integrantes só faz sentido como contraestratégia, para refutar a unificação reducionista desses termos.

23. A noção de "orientação" sexual foi habilmente colocada em questão por Bell Hooks *in Feminist Theory: From Margin to Center*, Boston: South End Press, 1984. Ela afirma que isso é uma reificação que sinaliza falsamente uma abertura para todos

NOTAS

os membros do sexo que é designado como objeto do desejo. Embora ela conteste o uso do termo porque ele põe em questão a autonomia da pessoa descrita, eu enfatizaria que as próprias "orientações" raramente são fixas, se é que jamais o são. Obviamente elas podem mudar ao longo do tempo, e estão abertas a reformulações culturais que não são de modo algum unívocas.

24. Heath, "Joan Riviere and the Masquerade", pp. 45-61.

25. Stephen Heath destaca que a situação que Riviere enfrentou como mulher intelectual a competir por reconhecimento pelo *establishment* psicanalítico sugere paralelos marcantes, se não uma identificação pura e simples, com o analisando que ela descreve em seu artigo.

26. Jacqueline Rose, in *Feminine Sexuality*, Mitchell e Rose (orgs.), p. 85.

27. Jacqueline Rose, "Introduction-II", in *Feminine Sexuality*, Mitchell e Rose (orgs.), p. 44.

28. *Ibid.*, p. 55

29. Rose critica o trabalho de Moustapha Safouan, em particular por não conseguir entender a incomensurabilidade entre o simbólico e o real. Ver sua *La sexualité féminine dans la doctrine freudienne*, Paris: Éditions du Seuil, 1976. Estou em dívida com Elizabeth Weed, por ter discutido comigo o ímpeto antidesenvolvimentista em Lacan.

30. Ver Friedrich Nietzsche, "First Essay", *in The Genealogy of Morals*, trad. Walter Kaufmann, Nova York: Vintage, 1969, para sua análise da moral do escravo. Aqui como em todos os seus escritos, Nietzsche argumenta que Deus é criado pela vontade de poder, como um ato autodepreciativo, e que a recuperação da vontade de poder a partir deste construto de autossujeição é possível por meio de uma reafirmação dos próprios poderes criativos que produziram a ideia de Deus e, paradoxalmente, da impotência humana. *Vigiar e punir*, de Foucault, baseia-se claramente em *Genealogia da moral*, mais claramente no "Segundo ensaio", assim como em *Aurora*, também de Nietzsche. Sua distinção entre poder produtivo e jurídico também está claramente enraizada na análise de Nietzsche da autossujeição da vontade. Nos termos de Foucault,

PROBLEMAS DE GÊNERO

a construção da lei jurídica é efeito do poder produtivo, mas um efeito em que o poder produtivo institui sua própria ocultação e subordinação. A crítica de Lacan por Foucault (ver *History of Sexuality, Volume I, An Introduction*, trad. Robert Hurley, Nova York: Vintage, 1980, p. 81) e a hipótese repressiva geralmente estão centradas no *status* sobredeterminado da lei jurídica.

31. Irigaray, *Speculum of the Other Woman*, pp. 66-73.

32. Ver Julia Kristeva, *Desire in Language: A Semiotic Approach to Literature and Art*, Leon Roudiez (org.), Nova York: Columbia University Press, 1980; *Soleil Noir: Dépression et mélancolie*, Paris: Gallimard, 1987. A leitura de Kristeva da melancolia neste último texto baseia-se em parte nos escritos de Melanie Klein. A melancolia é o impulso matricida voltado contra o sujeito feminino e, assim, está ligada ao problema do masoquismo. Kristeva parece aceitar a noção de agressão primária nesse texto, e diferenciar os sexos segundo seu objeto primário de agressão e a maneira como eles se recusam a cometer os assassinatos que desejam mais profundamente cometer. A posição masculina é assim compreendida como um sadismo voltado para fora, ao passo que a feminina é um masoquismo voltado para dentro. Para Kristeva, a melancolia é uma "tristeza voluptuosa" que parece ligada à produção sublimada da arte. A forma mais elevada dessa sublimação parece centrar-se no sofrimento que é sua origem. Como resultado, Kristeva conclui seu livro, abrupta e um pouco polemicamente, enaltecendo as grandes obras do modernismo que articulam a estrutura trágica da ação humana, e condenando o esforço pós-moderno para afirmar, ao invés de sofrer, as fragmentações contemporâneas da psique. Para uma discussão do papel da melancolia em "Motherhood According to Bellini", ver o capítulo 3, seção 1, deste livro, "A corpo-política de Julia Kristeva".

33. Ver Freud, "The Ego and the Super-Ego (Ego-Ideal)", *The Ego and the Id*, trad. Joan Riviere, James Strachey (org.), Nova York: Norton, 1960 (publicado originalmente em 1923), para a discussão freudiana do luto e da melancolia e sua relação com o eu e a formação do caráter, assim como para sua discussão

NOTAS

das resoluções alternativas para o conflito edipiano. Sou grata a Paul Schwaber por ter-me sugerido esse capítulo. As citações de "Mourning and Melancholia" se referem a Sigmund Freud, *General Psychological Theory*, Philip Rieff (org.), Nova York: MacMillan, 1976, e aparecerão a seguir neste capítulo.

34. Para uma discussão interessante sobre a "identificação", ver Richard Wollheim, "Identification and Imagination: The Inner Structure of a Psychic Mechanism", *in Freud: A Collection of Critical Essays*, Richard Wollheim (org.), Garden City: Anchor Press, 1974, pp. 172-195.

35. Nicolas Abraham e Maria Torok opõem-se a essa fusão do luto com a melancolia. Ver nota 39 adiante.

36. Para uma teoria psicanalítica que defende uma distinção entre o supereu como mecanismo punitivo e o ideal do eu (como idealização que serve a um desejo narcísico), distinção que Freud claramente não faz em *The Ego and the Id*, podemos consultar Janine Chasseguet-Smirgell, *The Ego-Ideal, A Psychological Essay on the Malady of the Ideal*, trad. Paul Barrows, com introdução de Christopher Lasch, Nova York: Norton, 1985, originalmente publicado como *L'Ideal du moi*. Seu texto apresenta um modelo ingênuo do desenvolvimento da sexualidade, o qual degrada a homossexualidade e trava regularmente uma polêmica contra o feminismo e contra Lacan.

37. Ver Foucault, *The History of Sexuality, Volume I*, p. 81.

38. Roy Schafer, *A New Language for Psycho-Analysis*, New Haven: Yale University Press, 1976, p. 162. As distinções anteriores de Schafer entre as várias espécies de internalização — introjeção, incorporação, identificação — também oferecem interesse, *in* Roy Schafer, *Aspects of Internalization*, Nova York: International University Press, 1968. Para uma história psicanalítica dos termos *internalização* e *identificação*, ver W. W. Meissner, *Internalization in Psychoanalysis*, Nova York: International University Press, 1968.

39. Essa discussão de Abraham e Torok baseia-se em "Deuil *ou* mélancolie, introjecter-incorporer, réalité métapsychologique et fantasme" in *L'Écorce et le noyau*, Paris: Flammarion, 1987.

PROBLEMAS DE GÊNERO

Parte dessa discussão pode ser encontrada em inglês em Nicolas Abraham e MariaTorok, "Introjection-Incorporation: Mourningor Melancholia", *in Psychoanalyses in France*, Serge Lebovici e Daniel Widlocher (orgs.), Nova York: International University Press, 1980, pp. 3-16. Ver também, dos mesmos autores, "Notes on the Phantom: A Complement to Freud's Metapsychology", *in The Trial(s) of Psychoanalysis*, Françoise Meltzer (org.), Chicago: University of Chicago Press, 1987, pp. 75-80; e "A Poetics of Psychoanalysis: 'The Lost Object-Me'", *Substance*, v. 43, 1984, pp. 3-18.

40. Irigaray, *Speculum of the Other Woman*, p. 68.

41. Ver Schafer, *A New Language for Psychoanalysis*, p. 177. Neste seu trabalho e no anterior, *Aspects of Internalization*, Schafer deixa claro que os tropos dos espaços internalizados são construções fantasísticas, mas não processos. Isso coincide claramente, de uma maneira muito interessante, com a tese apresentada por Nicholas Abraham e Maria Torok, de que "a incorporação é meramente uma fantasia que tranquiliza o eu" ("Introjection-Incorporation", p. 5).

42. Claramente, este é o fundamento teórico de *The Lesbian Body*, de Monique Wittig, trad. Peter Owen, Nova York: Avon, 1976, o qual sugere que o corpo feminino heterossexualizado é compartimentalizado e tornado sexualmente não reativo. O processo de desmembramento e remembramento desse corpo por meio do ato sexual lésbico realiza a "inversão" que revela o chamado corpo integrado como completamente desintegrado e deserotizado, e o corpo "literalmente" desintegrado como capaz do prazer sexual por meio de suas superfícies. Significativamente, não há superfícies estáveis nesses corpos, pois o princípio político da heterossexualidade compulsória é compreendido como determinante do que conta como corpo total, completo e anatomicamente distinto. A narrativa de Wittig (que é ao mesmo tempo uma antinarrativa) questiona essas noções culturalmente construídas sobre a integridade corporal.

43. Essa noção de que a superfície do corpo é projetada é parcialmente articulada pelo próprio conceito freudiano de "eu corporal". A afirmação de Freud de que "o eu é antes de mais nada um eu cor-

NOTAS

poral" (*The Ego and the Id*, p. 16) sugere que há um conceito de corpo que determina o desenvolvimento do eu. E Freud continua a frase acima: "[o corpo] não é meramente uma entidade superficial, mas é ele mesmo a projeção de uma superfície." Para uma interessante discussão da visão de Freud, ver Richard Wolheim, "The bodily ego", in *Philosophical Essays on Freud*, Richard Wolheim e James Hopkins (orgs.), Cambridge: Cambridge University Press, 1982. Para um relato provocativo do "eu-pele", que, infelizmente, não considera suas implicações para o corpo sexuado, ver Didier Anzieu, *Le moi-peau*, Paris: Bordas, 1985, publicado em inglês como *The Skin Ego: A Psychoanalytic Theory of the Self*, trad. Chris Turner, New Haven: Yale University Press, 1989.

44. Ver capítulo 2, n. 4. Doravante, as referências de página a esse ensaio aparecerão no texto.

45. Ver Gayle Rubin, "Thinking Sex: Notes for a Radical Theory of the Politics of Sexuality", in *Pleasure and Danger*, pp. 267-319. A apresentação de Rubin sobre poder e sexualidade, na conferência de 1979 sobre *O segundo sexo*, de Simone de Beauvoir, ocasionou uma modificação importante na minha maneira de pensar sobre o *status* construído da sexualidade lésbica.

46. Ver (ou, melhor, não ver) Joseph Shepher (org.), *Incest: A Biosocial View*, Londres: Academic Press, 1985, para uma explicação determinista do incesto.

47. Ver Michele Z., Rosaldo, "The Use and Abuse of Anthropology: Reflections on Feminism and Cross-Cultural Understanding", *Signs: Journal of Women in Culture and Society*, v. 5, n. 3, 1980.

48. Sigmund Freud, *Three Essays on the Theory os Sexuality*, trad. James Strachey, Nova York: Basic Books, 1962, p. 7.

49. Peter Dews sugere, em *The Logics of Desintegration: Post-Structuralist Thought and the Claims of Critical Theory*, Londres: Verso, 1987, que a apropriação de Lacan do Simbólico de Lévi-Strauss envolve um considerável estreitamento do conceito: "A adaptação de Lévi-Strauss por Lacan transforma os 'sistemas simbólicos' múltiplos daquele em uma ordem simbólica única, e permanece [a] negligência das possibilidades de sistemas de sentido que promovam ou mascarem as relações de força" (p. 105).

PROBLEMAS DE GÊNERO

3. Atos corporais subversivos

1. Esta parte, "A corpo-política de Julia Kristeva", foi originalmente publicada em *Hypatia*, na edição especial sobre a Filosofia Feminista Francesa, v. 3, n. 3, inverno de 1989, pp. 104-118.
2. Julia Kristeva, *Revolution in Poetic Language*, trad. Margaret Walker, com introdução de Leon Roudiez, Nova York: Columbia University Press, 1984, p. 132. O texto original é *La Revolution du language poetique*, Paris: Éditions du Seuil, 1974.
3. *Ibid.*, p. 25.
4. Julia Kristeva, *Desire in Language, A Semiotic Approach to Literature and Art*, Leon S. Roudiez (org.), trad. Thomas Gorz, Alice Jardine e Leon S. Roudiez, Nova York: Columbia University Press, 1980, p. 135. Trata-se de uma coletânea de ensaios compilada a partir de duas fontes diferentes: *Polylogue*, Paris: Éditions du Seuil, 1977, e *Σημειωτιχή: Recherches pour une sémanalyse*, Paris: Éditions du Seuil, 1969.
5. *Ibid.*, p. 135.
6. *Ibid.*, p. 134.
7. *Ibid.*, p. 136.
8. *Ibid.*
9. *Ibid.*, p. 239.
10. *Ibid.*, pp. 239-240.
11. *Ibid.*, p. 240. Para uma análise extremamente interessante das metáforas reprodutoras como descritivas do processo da criatividade poética, ver Wendy Owen, "A Riddle in Nine Syllables; Female Creativity in the Poetry of Sylvia Plath", tese de doutorado, Yale University, Department of English, 1985.
12. Kristeva, *Desire in Language*, p. 239.
13. *Ibid.*, p. 239.
14. Gayle Rubin, "The Traffic in Women Notes on the 'Political Economy' of Sex", in *Toward an Anthropology of Women*, Rayna R. Reiter (org.), Nova York: Monthly Review Press, 1975, p. 182.
15. Ver *O Banquete*, de Platão, 209a: Da "procriação [...] do espírito", ele escreve que esta é uma capacidade específica do poeta.

276

NOTAS

Consequentemente, as criações poéticas são compreendidas como desejo sublimado de reprodução.

16. Michel Foucault, *The History of Sexuality, Volume 1: An Introduction*, trad. Robert Hurley, Nova York: Vintage, 1980, p. 154.

17. Michel Foucault (org.), *Herculine Barbin, Being the Recently Discovered Memoirs of a Nineteenth Century Hermaphrodite*, trad. Richard McDougall, Nova York: Colophon, 1980, publicado originalmente como *Herculine Babin, dite Alexina B. presente par Michel Foucault*, Paris: Gallimard, 1978. Todas as referências serão das versões em inglês e em francês deste texto.

18. "A noção de 'sexo' tornou possível agrupar, numa unidade artificial, elementos anatômicos, funções biológicas, condutas, sensações e prazeres, e permitiu que se usasse essa unidade fictícia como um princípio causal." Foucault, *The History of Sexuality, Volume 1*, p. 154. Ver capítulo 3, seção 1, onde a passagem é citada.

19. "Sexual Choice, Sexual Act: Foucault and Homossexuality", trad. James O'Higgins, publicado originalmente em *Salmagundi*, v. 58-59, outono de 1982 — inverno de 1983, pp. 10-24; republicado em *Michel Foucault, Politics, Philosophy, Culture: Interviews and Others Writings, 1977-1984*, Lawrence Kritzman (org.), Nova York: Routledge, 1988, p. 291.

20. Michel Foucault, *The Order of the Things: An Archaeology of the Human Sciences*, Nova York: Vintage, 1973, p. xv.

21. Michel Foucault (org.), *I, Pierre Rivière, Having Slaughtered My Mother, My Sister, and My Brother: A Case of Parricide in the 19th Century*, trad. Frank Jellinek, Lincoln: University of Nebraska Press, 1975, publicado originalmente como *Moi, Pierre Rivière Ayant Égorgé ma Mère, ma Soeur et mon Frère...*, Paris: Gallimard, 1973.

22. Jacques Derrida, "From Restricted to General Economy: A Hegelianism without Reserve", in *Writingand Difference*, trad. Alan Bass, Chicago: University of Chicago Press, 1978, originalmente publicado como *L'Écriture et la différance*, Paris: Éditions du Seuil, 1967.

23. Ver Hélène Cixous, "The Laugh of Medusa", in *New French Feminisms*.

PROBLEMAS DE GÊNERO

24. Citado in Anne Fausto-Sterling, "Life in the XY Corral", Women's Studies International Fórum, v. 12, n. 3, 1989, Special Issue on Feminism and Science: In Memory of Ruth Bleier, organizado por Sue V. Rosser, p. 328. Todas as demais citações nesta parte são extraídas deste seu artigo e de dois outros artigos por ela citados: David C. Page et all., "The sex-determining region of the human Y chromossome encodes a finger protein", in Cell, n. 51, pp. 1.091-1.104, e Eva Fishere Linda Washburn, "Genetic control of primary sex determination in mice", Annual Review of Genetics, n. 20, pp. 327-360.

25. Wittig observa que, "comparado ao francês, o inglês tem a reputação de quase não possuir gêneros, ao passo que o francês passa por uma língua muito ricamente marcada nesse aspecto. É verdade que, estritamente falando, o inglês não aplica a marca de gênero a objetos inanimados, a coisas ou a seres não humanos. Porém, tratando-se das categorias de pessoas, ambas as línguas são, na mesma medida, portadoras de gênero" ("The Mark of Gender", Feminist Issues, v. 5, n. 2, outono de 1985, p. 3).

26. Embora a própria "Wittig não questione este ponto, sua teoria pode explicar a violência contra os sujeitos sexuados — mulheres, lésbicas, homens gays, para nomear uns poucos — como a imposição violenta de uma categoria violentamente construída. Em outras palavras, os crimes sexuais contra esses corpos os reduzem a seu "sexo", assim reafirmando e impondo a redução da própria categoria. Considerando que o discurso não se restringe à escrita ou à fala, mas é também uma ação social, e mesmo uma ação social violenta, temos a obrigação de entender o estupro, a violência sexual e a "malhação de veados" como a categoria sexual em ação.

27. Monique Wittig, "One is Not Born a Woman", Feminist Issues, v. 1, n. 2, inverno de 1981, p. 48.

28. Ibid., p. 17.

29. Wittig, "The Mark of Gender", p. 4.

30. Monique Wittig, "The Straight Mind", Feminist Issues, v. 1, n. 1, verão de 1980, p. 105.

31. Ibid., p. 107.

32. Ibid., p. 106.

NOTAS

33. "The Mark of Gender", p. 4.

34. *Ibid.*, p. 5.

35. *Ibid.*, p. 6.

36. *Ibid.*

37. *Ibid.*

38. *Ibid.*

39. Monique Wittig, "Paradigm", in *Homosexualities and French Literature: Cultural Contexts/Critical Texts*, Elaine Marks e George Stambolian (orgs.), Ithaca: Cornell University Press, 1979, p. 119. Considere-se, contudo, a diferença radical existente entre a aceitação por Wittig do uso da linguagem que valoriza o sujeito falante como autônomo e universal e, por outro lado, o esforço nietzschiano de Deleuze para deslocar o "eu" falante como centro do poder linguístico. Embora ambos sejam críticos em relação à psicanálise, a crítica do sujeito de Deleuze, pelo recurso à noção de vontade de poder, tem paralelos mais estreitos com os deslocamentos do sujeito falante pelo semiótico/inconsciente dos discursos psicanalíticos lacaniano e pós-lacaniano. Para Wittig, parece que a sexualidade e o desejo são articulações autodeterminadas do sujeito individual, ao passo que tanto para Deleuze quanto para seus oponentes psicanalíticos o desejo desloca e descentra necessariamente o sujeito. "Longe de pressupor um sujeito", argumenta Deleuze, "o desejo não pode se realizar, exceto no ponto em que se é privado do poder de dizer 'eu'"; Gilles Deleuze e Claire Parnet, *Dialogues*, trad. Hugh Tomlinson e Barbara Habberjam, Nova York: Columbia University Press, 1987, p. 89.

40. Ela dá crédito ao trabalho de Mikhail Bahktin em várias ocasiões por este *insight*.

41. Monique Wittig, "The Trojan Horse", *Feminist Issues*, outono de 1984, p. 47.

42. Ver "The Point of View: Universal or Particular?", *Feminist Issues*, v. 3, n. 2, outono de 1983.

43. er Wittig, "The Trojan Horse".

44. Ver Monique Wittig, "The Place of Action", in *Three Decades of the French New Novel*, Lois Oppenheimer (org.), Nova York: International University Press, 1985.

PROBLEMAS DE GÊNERO

45. Wittig, "The Trojan Horse", p. 48.
46. "The Place of Action", p. 135. Nesse ensaio, Wittig faz uma distinção entre um "primeiro" e um "segundo" contrato na sociedade: o primeiro é o de uma reciprocidade radical entre os sujeitos falantes, que trocam palavras que "garantem" a completa e exclusiva disposição da linguagem para todos (p. 135); no segundo contrato, as palavras funcionam para exercer uma força de dominação sobre os outros, ou, a rigor, para privá-los do direito e da capacidade social de falar. Nesta forma "degradada" de reciprocidade, argumenta Wittig, a própria individualidade é obliterada pelo fato de ser enunciada numa linguagem que exclui o ouvinte como falante potencial. Wittig conclui o ensaio com o seguinte: "o paraíso do contrato social só existe na literatura, onde os tropismos, por sua violência, têm a capacidade de se opor a toda e qualquer redução do 'eu' a um denominador comum, de romper a trama opressiva dos lugares-comuns, e de impedir continuamente sua organização em um sistema de significação compulsória" (p. 139).
47. Monique Wittig, *Les Guérillères*, trad. David LeVay, Nova York: Avon, 1973, originalmente publicado sob o mesmo título, Paris: Éditions de Minuit, 1969.
48. Wittig, "The Mark of Gender", p. 9.
49. Em "The Social Contract", dissertação apresentada na Columbia University em 1987 (publicada numa coletânea dos ensaios de Wittig pela Beacon Press), Wittig situa sua própria teoria de um contrato linguístico primário nos termos da teoria de Rousseau do contrato social. Embora ela não seja explícita a este respeito, parece que entende o contrato pré-social (pré-heterossexual) como uma unidade da vontade — isto é, como uma vontade geral, no sentido romântico de Rousseau. Para um uso interessante da teoria de Wittig, ver Teresa de Lauretis, "Sexual Indifference and Lesbian Representation", in *Theatre Journal*, v. 40, n. 2 (maio de 1988), e "The Female Body and Heterosexual Presumption", in *Semiotica*, n. 67, v. 3-4, 1987, pp. 259-279.
50. Wittig, "The Social Contract".
51. Ver Wittig, "The Straight Mind" e "One is Not Born a Woman".

NOTAS

52. Wittig, "The Social Contract", p. 10.

53. "Wittig, "The Straight Mind" e "The Social Contract".

54. Michel Foucault, "Nietzsche, Genealogy, History", in *Language, Counter-Memory, Practice: Selected Essays and interviews by Michel Foucault*, trad. Donald F. Bouchard e Sherry Simon, Donald F. Bouchard (org.), Ithaca: Cornell University Press, 1977, p. 148. As referências no texto dizem respeito a este ensaio.

55. Mary Douglas, *Purity and Danger*, Londres, Boston e Henley: Routledge e Kegan Paul, 1969, p. 4.

56. *Ibid.*, p. 113.

57. Simon Watney, *Policing Desire: Aids, Pornography, and the Media*, Minneapolis: University of Minnesota Press, 1988.

58. Douglas, *Purity and Danger*, p. 115.

59. *Ibid.*, p. 121.

60. *Ibid.*, p. 140.

61. O ensaio de Foucault "A Preface to Transgression" (in *Language, Counter-Memory, Practice*) de fato apresenta uma interessante justaposição com a noção de Douglas das fronteiras do corpo constituídas através de tabus do incesto. Escrito originalmente em homenagem a Georges Bataille, esse ensaio explora em parte a "sujeira" metafórica dos prazeres transgressivos e a associação do orifício proibido com a tumba coberta de pó. Ver pp. 46-48.

62. Kristeva discute o trabalho de Mary Douglas numa pequena parte de *The Powers of Horror: An Essay on Abjection*, trad. Leon Roudiez, Nova York: Columbia University Press, 1982, originalmente publicado como *Pouvoirs de l'horreur*, Paris: Éditions du Seuil, 1980. Assimilando os *insights* de Douglas à sua própria reformulação de Lacan, Kristeva escreve: "A desonra é o que é descartado pelo *sistema simbólico*. E o que escapa à racionalidade social, à ordem lógica em que se baseia uma agregação social, que então se diferencia de uma aglomeração temporária de indivíduos e, em resumo, constitui *um sistema de classificação ou uma estrutura*" (p. 65).

63. *Ibid.*, p. 3.

64. Iris Marion Young, "Abjection and Oppression: Unconscious Dynamics of Racism, Sexism, and Homophobia", artigo apresentado

PROBLEMAS DE GÊNERO

na Society of Phenomenology and Existencial Philosophy Meetings, Northwestern University, 1988. O artigo seria publicado nas atas das reuniões de 1988 pela State University of New York Press. Também seria incluído, como parte de um capítulo mais amplo, em seu *The Politics of Difference*, a ser publicado.

65. Partes da discussão a seguir foram publicadas em dois contextos diferentes, em meus "Gender Trouble, Feminist Theory, and Psychoanalytic Discourse", in *Feminism/Postmodernism*, Linda J. Nicholson (org.), Nova York: Routledge, 1989, e "Performative Acts and Gender Constitution: An Essay in Phenomenology and Feminist Theory", in *Theatre Journal*, v. 20, n. 3, inverno de 1988.

66. Michel Foucault, *Discipline and Punish: the Birth of Prison*, trad. Alan Sheridan, Nova York: Vintage, 1979, p. 29.

67. *Ibid.*, p. 30.

68. Ver o capítulo "Role Models", in Esther Newton, *Mother Camp*: *Female Impersonators in America*, Chicago: University of Chicago Press, 1972.

69. *Ibid.*, p. 103.

70. Fredric Jameson, "Posmodernism and Consumer Society", in *The Anti-Aesthetic*: *Essays on Postmodern Culture*, Hal Foster (org.), Port Townsend, WA.: Bay Press, 1993, p. 114.

71. Ver Victor Turner, *Drama, Fields and Metaphors*, Ithaca: Cornell University Press, 1974. Ver também Clifford Geertz, "Blurred Genres: The Refiguration of Thought", in *Local Knowledge*, *Further Essays in Interpretative Anthropology*, Nova York: Basic Books, 1983.

Índice

abjeto, O, 194, 230, 231
Abraham, Nicolas, 122-123, 273n35, 273n39, 274n41
Anzaldua, Gloria, 261n24
Anzieu, Didier, 274-5n43
Aretha, 51, 263n34

Bakhtin, Mikhail, 207, 279n40
Barnes, Djuna, 207
Beauvoir, Simone de, 7, 29, 31-7, 47, 58, 69, 193-5, 197, 202, 217, 220, 224, 240, 246, 259n11, n12, n14, 260n15, n18, n20, n21, 263n34, 275n45
berdache, 258n8
bissexualidade, 67, 101, 102, 103, 109, 110, 111, 133, 134, 138, 139, 255
Borges, Jorge Luis, 179

Chasseguet-Smirgel, Janine, 273n36
Cixous, Hélène, 180, 277n23
Complexo de Édipo, 109, 111, 115, 116, 132, 137
corpos, como superfícies, 224
Cott, Nancy F., 258n5
cromossomos, 186, 189

Deleuze, Gilles, 205-6, 279n39
Derrida, Jacques, 135, 180, 204, 257n2, 267n1, n6, 269n18, 277n22
Descartes, René, 35, 49, 260n21
Dews, Peter, 275n49
diferença (*differánce*), 79, 80, 204
distinção sexo/gênero, 26, 74, 194, 197, 223, 251, 255, 258n7
Doane, Mary Ann, 269n18
Douglas, Mary, 226, 281n55, 281n62

Édipo, complexo de, 109, 111, 115, 116, 132, 137
Eicher, Eva, 188, 189
Engels, Friedrich, 73
English, Dierdre, 265n53
escrita feminina (*écriture feminine*), 39, 262n27
espaço psíquico interior, crítica do, 122, 132, 233-36
estilo corporal, 240
eu corporal, 128n43

falocentrismo, 35-8, 45-6, 61-2, 65, 67, 79, 180, 262n27

Fausto-Sterling, Anne, 187, 189-90, 259n9, 278n24
feminismo: e política de representação, 17, 19-25, *ver também* política de coalizão
Ferenczi, Sandor, 96, 98
Foucault, Michel, 18, 22-6, 53-5, 57, 60, 63-4, 68, 118, 119, 129-31, 133, 135, 137, 161-80, 183, 185, 192, 225, 226, 228, 230, 232, 233, 240, 257n1, 259n10, 263n35, n37, 266-7n1, 271n30; e o corpo, 186-87, 190; e *Vigiar e punir*, 232, 271n30
Fox-Keller, Evelyn, 14, 259n9
Freud, Sigmund, 59, 60, 81-2, 88, 106-7, 108, 109, 110, 111, 112, 113-5, 117, 118, 120, 125, 126, 129, 130, 131, 182, 192, 225, 264n47, 268n15, 270n19, 272n33, 273n36, 274n43
Fuss, Diana, 266n55

Gallagher, Catherine, 259n10
Gallop, Jane, 61
Garbo, Greta, 22
Geertz, Clifford, 75, 78, 282n71
gênero, categoria de, 66; como *performativo*, 46, 56, 200, 22, 235, 240, 243, 244; como prática reguladora, 45, 60, 67, 68; *ver também* distinção sexo/gênero e Paródia
gênero; e patriarcado, 63-64

genealogia: como crítica, 23, 25, 27, 49, 56, 69, 106, 117, 118, 127, 129, 131, 165, 224, 226, 230
Grupo de Estudo de Biologia e Gênero, 284n9

Haar, Michel, 49
Haraway, Donna, 259n9, 267n4
Harding, Sandra, 257n4, 259n9
Heath, Stephen, 99
Hegel, G. W. F., 260n21
Herculine Barbin, 53-55, 165, 166, 168-84
heterossexualidade compulsória, *ver* matriz heterossexual
hipótese repressiva, *ver* poder, Kristeva
Hollibaugh, Amber, 256n53
homossexualidade, 56-57, 59; e Lacan, 80-87, 224n20; e Joan Riviere, 82-86, 102, 224n21; e Kristeva, 128-33; e melancolia, 153-54; e Wittig, 161-84
Hooks, Bell, 270n23
Hubbard, Ruth, 216n9
Husserl, Edmund, 35

ideal do eu, 108, 114, 115-7, 273n36
identidades *butch/femme*, 66, 212-24, 237
identificação, 103, 213, 219, 273n34
imitação, 66, 107, 237-9
imperialismo epistemológico, 37, 261n23

Índice

internalização, 107-09, 112-17, 219, 232, 265, 273n38

Irigaray, Luce, 31-33, 35-7, 45, 46, 48, 52, 58, 60, 61, 62, 64, 79-81, 90, 99, 103, 106, 125, 180, 203, 260n16, 261n25, 261n27, 264n42, 266n54, 268n8, 268n10, 269n17

Jameson, Fredric. 221n56, 232n70

Jones, Ernest, 95

Kafka, Franz, 225, 251, 257n2, 267n1

Kerr, Barbara T., 265n53

Kessler, Suzanne J., 258n8

Klein, Melanie, 272n32

Kofman, Sarah, 268-9n15

Kristeva, Julia, 107, 121, 139, 141-164, 262n27, 272n32; e o abjeto, 230-2; e o lesbianismo, 154; e o corpo materno, 141-150; e orientalismo, 158; e a hipótese repressiva, 136-39

Lacan, Jacques, 74-82, 220n52, 223n13-15, 230n39; e Kristeva, 121-22, 232n62; e sexualidade lésbica, 80-82, 442n20; e a lei paterna, 52-54, 73, 88-91; e o Simbólico, 41, 52, 73-78, 227n49

Lacquer, Thomas, 259n10

Lauretis, Teresa de, 280n49

lei, concepções da, *ver* poder

Leibniz, 69

Lévi-Strauss, Claude, 74, 77-83, 129, 130, 132, 135, 159, 160, 267n5, 268n7, 268n9, 268n11, n12, 275n48

Lowe, Marian, 259n9

luto, 107-8, 113-4, 123, 126, 150, 272n33, 273n35

MacCormack, Carol, 74, 267n2

Marcuse, Herbert, 130

Marx, Karl, 24, 70, 202, 248

mascarada, a feminilidade como, 84, 89, 90, 91, 92, 93, 95, 97, 98, 99, 100, 269n18

matriz heterossexual, 59, 71, 100, 112, 129, 130, 193, 196, 210, 258n6

McKenna, Wendy, 258n8

melancolia, 89, 92, 94, 95, 106, 107108, 109, 112, 113, 114, 116, 117, 123, 124, 125, 126, 150, 182, 270n19, 270n19, 272n32, 272n33, 273n35

metafísica da substância, 32, 42, 48, 49, 53, 54, 56, 57, 60, 61

Moraga, Cherríe, 261n24, 265n53

Newton, Esther, 222, 236, 270n22, 282n68

Nietzsche, Friedrich, 49, 56, 106, 225, 232, 257n1, 263n31, 263n39, 265n52, 269n18, 271n30

O'Barr, Jean F., 259n9

Owen, Wendy, 264n46, 276n11

Page, David, 186-188, 190, 192, 278n24
parentesco, 61, 74, 77, 78, 82, 84, 118, 131, 132, 134, 154, 159, , 160,
paródia, 67, 211, 238, 239, 245, 252, 253, 266n56
patriarcado, 21, 22, 71, 72
performance, ver gênero
personificação, 236
Platão, 35, 161, 276n15
Pleasure and Danger, 265n53, 270n22
poder, 18, 20, 22, 23, 25, 28, 37, 38, 40, 45, 56, 58, 63-68, 70, 72, 75, 76, 82, 85, 87, 88, 93, 105-6, 115, 118, 129, 131, 135, 136, 138, 140, 162, 165, 166-8, 170, 172, 176, 185, 200, 201, 202-3, 206, 208, 209, 210, 211, 215-7, 220, 226, 225, 233, 254, 257n1, 265n52, 266n1, 271n30, 275n45, 279n39
política de coalizão, 39
política da identidade, 23, 245, 253, 254, 256
predisposições, sexuais, 174, 183
Proust, Marcel, 207

Questions Feministes, 262n30
Quintanales, Mirtha, 265n53

repetição, 63, 65-8, 147, 210, 239, 242, 243, 250, 251, 252, 254, 255
Riley, Denise, 20, 257n3

Riviere, Joan, 84, 91, 95-100, 120, 270n21, 271n24, n25
Rosaldo, Michele, 275n47
Rose, Jacqueline, 61, 102, 264n49, 265n51, 269n16, 271n26
Rubin, Gayle, 130, 131, 132-5, 160, 265n53, 267n4, 275n45, 276n14
Russo, Mary, 269n18

Samois, 265n53
Sarraute, Natalie, 207
Sartre, Jean-Paul, 35, 224, 240, 260n15, **n21**
Schafer, Roy, **122**, 273n38, **274n41**
Schwaber, Paul, 273n33
Scott, Joan W., 260n17
Sedgwick, Eve, 268n9
Semiótico, 142-7, 150-1, 155, 157-60, 163, 262n27
sexo, categoria do, 45, 48, 59, 68, 168, 175, 176, 188, 192, 199, 200, 215
sexualidades, debates sobre, 55-56, 220-21n53
Shepher, Joseph, 275n46
Spelman, Elizabeth V., 261n22
Spivak, Gayatri Chakravorty, 261n23, 267-8n6, 269n18
Stoller, Robert, 55, 263n38
Strathern, Marilyn, 74, 267n2
sujeito, crítica do, 279n39
Simbólico, 7, 61, 79, 81, 84, 85, 86, 88, 103, 104, 105, 106, 121, 124, 138, 141, 142, 144,

ÍNDICE

145, 146, 147-9, 151-2, 156, 158, 160, 275n49

tabu do incesto, 80, 82, 108, 111, 116, 124, 127, 130, 131, 132, 133, 135, 136, 137, 138, 139, 146, 151, 152, 153, 161, 234, 270n19

Torok, Maria, 104-09, 226n35, n39, n41

Transexualidade, 122, 123, 273n35, 273-4n39, 274n41

tristeza, *ver* luto

Turner, Victor, 282n71

Tyler, Parker, 222

Vance, Carole, 265n53

Walton, Shirley, 270n22

Washburn, Linda, 188

Watney, Simon, 228, 281n57

Whitehead, Harriet, 258n8

Williams, Walter C., 258n8

Wittig, Monique, 40-44, 49-53, 58, 63, 161-86, 190, 218n26, 219n30, n32-33, n40-41, 155n42-45, n47, 226n42, 229n25-27, 230-31n28-53; e categoria sexual, 162-69; e o contrato heterossexual, 173-76; e linguagem, 168-69, 174, 184; e materialismo, 49, 169, 172, 180-81

Wollheim, Richard, 273n34

Young, Iris Marion, 230, 231, 281n64

O texto deste livro foi composto em
Sabon LT Std, corpo 11/14,5.

A impressão se deu sobre papel off-white
pelo Sistema Cameron da Divisão Gráfica
da Distribuidora Record.